Erwin Lutzer
Kein Grund, sich zu verstecken
Denen, die anders glauben, mit Überzeugung und Mitgefühl dienen

W0094538

ERWIN LUTZER

KEIN

GRUND

SICH ZU

VERSTECKEN

Denen, die anders glauben,
mit Überzeugung
und Mitgefühl dienen

Erwin Lutzer
Kein Grund, sich zu verstecken
Denen, die anders glauben, mit Überzeugung und Mitgefühl dienen

Best.-Nr. 271870
ISBN 978-3-86353-870-5
Christliche Verlagsgesellschaft Dillenburg

Best.-Nr. 180228
ISBN 978-3-85810-620-9
Verlag Mitternachtsruf, www.mnr.ch

Titel des amerikanischen Originals:
No Reason to Hide
Copyright © 2022 von Erwin W. Lutzer
Veröffentlicht von Harvest House Publishers
Eugene, Oregon 97408
www.harvesthousepublishers.com

Es wurden folgende Bibelübersetzungen verwendet:
Elberfelder Bibel 2006, © 2006 by SCM R.Brockhaus in der
SCM Verlagsgruppe GmbH Witten/Holzgerlingen.
NeÜ bibel.heute © 2010-2023 Karl-Heinz Vanheiden und Christliche Verlagsgesellschaft

1. Auflage
© 2023 Christliche Verlagsgesellschaft Dillenburg
www.cv-dillenburg.de

Übersetzung, Lektorat, Satz und Umschlaggestaltung:
Christliche Verlagsgesellschaft Dillenburg
Umschlagmotive: unsplash.com/Joe Woods (Wand);
© freepik.com/Vectorium (Poster), upklyak (Klebezettel)

Druck: GGP Media GmbH, Pößneck
Printed in Germany

Wenn Sie Rechtschreib- oder Zeichensetzungsfehler entdeckt haben,
können Sie uns gerne kontaktieren: info@cv-dillenburg.de

„Erwin Lutzers kraftvolles neues Buch ist ein überzeugendes Plädoyer dafür, dass Christen aus dem Abseits treten und sich dem Kampf um unsere Kultur und unseren Glauben anschließen sollten. In dem Bestreben, die Gemeinde von der Politik zu trennen, haben führende Persönlichkeiten zugelassen, dass die Politik der Welt in die Gemeinde eindringt und die Moral und Weltanschauung der Gemeindemitglieder beeinflusst. Wenn die Gemeinde Kompromisse in ihrer Mission eingeht und es versäumt, einer sterbenden Welt die ewigen Wahrheiten Gottes zu verkünden, hinterlässt sie eine Lücke, die die Weisheit der Welt niemals füllen kann. Lutzer fordert Christen auf, neu zu überdenken, was es bedeutet, für Christus zu leiden. Es ist eine Entscheidung, die wir alle in diesen gefährlichen Zeiten treffen müssen."

Dr. Carol M. Swain
Distinguished Senior Fellow für konstitutionelle Studien,
Texas Public Policy Foundation

„Einmal mehr hilft Erwin Lutzer, die Frage zu beantworten: Wie sieht Treue in unserer kollabierenden Kultur aus? Mit biblischer Einsicht behandelt er Themen wie kollektive Verteufelung, den Konflikt rund um Rassenfragen, Propaganda und die sexuelle Revolution und ihre zerstörerische Agenda. Er beschreibt auch seine Sorge, dass Evangelikale ihre Botschaft kompromittieren, weil sie in die Falle getappt sind, die Bibel durch die Brille der Kultur zu interpretieren. Lesen Sie dieses Buch, um herausgefordert und überführt zu werden und vor allem, um besser zu verstehen, warum es ein freudiges Privileg ist, Christus trotz wachsender Widerstände zu vertreten. Schließlich haben wir, wie der Titel des Buches sagt, keinen Grund, uns zu verstecken!"

Dr. Tony Evans
Präsident, *The Urban Alternative;*
Leitender Pastor, *Oak Cliff Bible Fellowship*

„Dieses Buch ist ein mutiger und notwendiger Weckruf. Die kulturellen Fragen, die Erwin Lutzer beantwortet, sind in der Tat die drängendsten, mit denen Christen heute konfrontiert sind, und doch würden sich viele von uns lieber bequem verstecken, als sich ihnen zu stellen. Wie Lutzer jedoch eindrücklich zeigt, gibt es *keinen Grund* sich zu verstecken. Die Wahrheit ist auf unserer Seite, und es ist an der Zeit, das ernst zu nehmen. Dies ist ein klarer, relevanter und unschätzbarer Leitfaden, den ich den Christen noch lange Zeit empfehlen werde."

Natasha Crain,
Rednerin, Podcasterin und Autorin von vier Büchern,
darunter *Faithfully Different*

„Erwin Lutzer hat uns ein Warnsignal gegeben und uns in einer Kultur, die kopfüber auf den Wahnsinn zugerast ist, zur Vernunft gerufen. In seinem neuesten Buch *Kein Grund sich zu verstecken* beleuchtet er den Weg aus dem Abgrund der Unsterblichkeit. Lesen Sie es, beherzigen Sie es, und teilen Sie es mit anderen."

Michael Youssef, PhD
Bestsellerautor von *Hope for This Present Crisis*

„Erwin Lutzers' Buch beschreibt aufschlussreich die kulturellen Fallstricke, die allen Christen in der heutigen Gesellschaft drohen, und bietet die dringend benötigte Anleitung, wie man sie vermeiden und überwinden kann. Jeder Christ, der verstehen will, was in unserer Kultur vor sich geht, und weiterhin ein effektiver Jünger Christi sein will, sollte dieses Buch lesen."

Keisha Toni Russell
Rechtsberaterin, First Liberty Institute

„Wenn Sie sich von dem zunehmenden Druck, sich den verdrehten Forderungen der heutigen Gedankenpolizei anzupassen, mehr und mehr überwältigt fühlen, dann ist dieses Buch genau das Richtige für Sie. Es ist eine bis zum Rand gefüllte Feldflasche mit belebender biblischer Weisheit, die dazu bestimmt ist, die durstigen Herzen geistlich auf die Probe gestellter Christen, die ihrem Erlöser treu bleiben wollen, zu stärken, zu ermutigen und auszurüsten. Erwin Lutzer legt nicht nur zeitlose biblische Einsichten dar, sondern analysiert auch geschickt die moralischen Krisen unserer Zeit. Durch die Kombination dieser beiden Aspekte ist ein zutiefst relevantes und zeitgemäßes Buch entstanden."

Dr. Mike Fabarez
Moderator von *Focal Point Radio* und
Präsident des Compass Bible Institute, Aliso Viejo, CA

„Erwin Lutzer hat uns wieder einmal eine aufschlussreiche Perspektive auf die Kultur durch die Linse der Bibel gegeben. In einer Zeit, in der *Wokeness* leider die Gemeinde infiltriert hat, ist dieses Buch eine erfrischende Erinnerung an Gottes unveränderliche Wahrheit."

Gary Hamrick
Leitender Pastor, Cornerstone Chapel, Leesburg, VA

„Im heutigen kulturell und politisch gespaltenen Klima hat Erwin Lutzer die Christen auf Kurs gebracht, wie sie in diesen turbulenten Gewässern navigieren und der biblischen Weltsicht treu bleiben können. Während Begriffe wie *Toleranz*, *Rassismus* und *Vielfalt* neu definiert werden und Anschuldigungen überhand nehmen, gibt uns Lutzer Klarheit darüber, was zurzeit geschieht und wie wir dagegen angehen können. Anhand von Gottes Verheißungen, Heldengeschichten aus dem echten Leben und Aktionsschritten kann jeder Gläubige ausgerüstet werden, um für die Wahrheit einzustehen. Dieses Buch ist nicht nur zeitgemäß, sondern auch notwendig."

Skip Heitzig
Autor, Redner und leitender Pastor der an mehreren
Standorten vertretenen *Calvary Church New Mexico*

„Kein anderes Buch auf dem Markt analysiert die großen kulturellen Fragen, mit denen Gottes Volk konfrontiert ist, so prägnant und klar aus biblischer Sicht mit einer so soliden biblischen Antwort. Mögen wir beherzigen, wozu Gott uns aufgerufen hat, damit wir nicht mit ernsten Konsequenzen sowohl in der Gemeinde als auch in unserem Umgang mit der Kultur konfrontiert werden."

J. Shelby Sharpe
Verfassungsrechtler

Mit diesem Buch übergebe ich den Staffelstab an die nächste Generation von Gläubigen und fordere sie auf, den Lauf des Lebens zu laufen und „auf Jesus [zu] schauen, den Anfänger und Vollender des Glaubens, der um der vor ihm liegenden Freude willen das Kreuz erduldete und sich gesetzt hat zur Rechten des Thrones Gottes" (Hebr 12,2).

Lasst uns ausdauernd, mutig und im Glauben laufen und nur die Anerkennung unseres Herrn suchen, der uns an der Ziellinie begrüßen wird. Lasst uns ernsthaft beten, dass wir dort hören mögen: „Recht so, du guter und treuer Knecht!"

Danksagungen

Das Schreiben eines Buches ist ein gemeinschaftlicher Prozess. Mein Dank geht an Steve Miller von Harvest House Publishers, der nicht nur lektoriert, sondern stets auch hilfreiche Vorschläge zur Verbesserung des Inhalts macht. Mein Dank gilt auch dem gesamten Team von Harvest House für seine Unterstützung, Ermutigung und sein Fachwissen.

Ich möchte auch dem Medien-Team der Moody Church meine Anerkennung aussprechen, das mir bei der Recherche, der Bearbeitung und mit nützlichen Vorschlägen geholfen hat. Letricia Brooks, vielen Dank für die sorgfältige Zusammenstellung und Überprüfung der Endnoten. Daniel Stalker, John Lee, Micah Shumate und Michael Pitts – ihr alle habt mir wertvolle Einblicke gewährt und bei der Bearbeitung geholfen. Ich schulde euch mehr, als ich in Worte fassen kann.

Vor allem zolle ich meiner lieben und geduldigen Frau Rebecca Tribut, die immer wieder fragte: „Ist das Buch noch nicht fertig?" Jetzt kann ich antworten: „Ja, meine Liebe, jetzt ist es fertig!"

Schließlich preise ich meinen Herrn und Erlöser, Jesus Christus, der mich als Teenager gerettet und berufen hat, das Evangelium zu predigen. Zu seinen Füßen verneige ich mich demütig in Dankbarkeit und Anbetung.

Soli Deo gloria.

Inhalt

Vorwort des deutschen Herausgebers

Dieses Buch gründet sich im Wesentlichen auf Gedanken, die bereits vor zwei Jahren (2021) von dem Autor in seinem Buch „Wir werden nicht schweigen" angestoßen wurden. Man könnte es zu Recht als dessen Fortsetzung und Vertiefung ansehen. Daher gilt auch, erneut zu beachten, worauf in seinem „Vorgänger" bereits hingewiesen wurde. Deshalb haben wir uns entschlossen, das damalige Vorwort – mit nur wenigen Abweichungen – auch hier den Ausführungen Lutzers voranzustellen. Zugegebenermaßen auch deshalb, weil vermutlich nicht jeder Lesers dieses Buches dessen „Vorgänger" gelesen hat.

Auf den ersten Blick scheint dies ein Buch zu sein, das uns nichts angeht, weil darin Amerika beschrieben wird. Aber halt! Legen Sie es jetzt bitte nicht wieder aus den Händen.

Denn auf den zweiten Blick erkennen wir uns darin selbst und erahnen, dass im Zeitalter des Globalismus die Probleme „irgendwo in der Welt" bald auch uns erreichen werden bzw. schon längst erreicht haben. Umso wichtiger ist es, dass wir uns so früh und so gut wie möglich darauf vorbereiten.

Schlüpfen Sie also einmal in dieses Ihnen vielleicht eher fremde „Kleid" Amerika, versetzen Sie sich in diesen Teil der Welt und staunen Sie mit darüber, durch welche Kräfte und auf welche Weise eine Gesellschaft, die wie keine andere das Privileg der Freiheit repräsentiert, von Grund auf untergraben und ausgehöhlt wird, ja, wo das Unterste nach oben gekehrt zu werden scheint, sodass am Ende nichts mehr so ist wie bisher.

Was geht uns das an?, mag mancher fragen. Aber wir befinden uns in Deutschland ja keineswegs auf der „Insel der Seligen", und sowieso war das Christentum im Land der Reformation – heute mehr denn je – nie so umfassend an der Basis vorhanden und wirksam wie in der sogenannten „neuen Welt" (Amerika). Es ist vielmehr so, dass wir selbst schon einen hochdramatischen Wandel erleben, ähnlich wie sich das für unsere Glaubensgeschwister in Amerika gemäß Lutzers bestechender Analyse abzeichnet.

Die menschliche Gesellschaft ist ein sensibles Gebilde. Die Kräfte, die auf sie Einfluss nehmen, sind vielfältig. Die jeweils herrschende Ideologie und Machtausübung findet niemals uneingeschränkt Anerkennung. Unterschiedlich ausgerichtete politische und ideologische Kräfte sind offen oder unterschwellig wirksam und nehmen Einfluss auf die Menschen. Wenn irgend möglich sollen dadurch letztlich auch die Machtverhältnisse verändert werden. Die Kräfte, die der Autor im Blick hat, benennt er mit dem umstrittenen Begriff „Kulturmarxismus", der nicht ganz klar zu definieren ist. Er spricht auch vom „radikalen Säkularismus" oder von der „radikalen Linken", ohne damit jedoch bestimmte klar auszumachende Gruppen im Blick zu haben. Es geht ihm eher um unterschwellige Strömungen, die wirksam sind. Unter „Kulturmarxismus" versteht er daher nicht vorrangig die klassischen Prinzipien des Marxismus, etwa die Abschaffung von Privateigentum und die Herstellung von sozialer Gerechtigkeit durch die Maximierung staatlicher Vorherrschaft, sondern vor allem die allmähliche Transformation der Kultur, mit der auch die Veränderung von Moral und Werten einhergeht, teilweise in bewusster Abkehr von traditionell jüdisch-christlichen Wertvorstellungen. Diese marxistisch motivierten ideologischen Bestrebungen sieht er in verschiedenen Bereichen wirksam, nämlich im sozialen, politischen, erzieherischen, religiösen und familiären Leben seiner Nation. Es geht ihm um das Aufzeigen der Auswirkungen von linksorientierten Philosophien (z. B. Marcuse) und Weltanschauungen, die sich in verschiedenen Kanälen und Denkzentren der Gesellschaft festgesetzt haben, zu den vorherrschenden Denkweisen, zur „öffentlichen Meinung" geworden sind und „nach vorne" drängen. Das wiederum löst Prozesse aus, die – aus christlicher Sicht – zu einem bedenklichen Wandel in der Gesellschaft führen werden, der z. T. vor der Gemeinde nicht haltmacht und sie vor enorme Herausforderungen stellt, wenn sie sich diesem Wandel entgegenstellen will. Für den Leser werden Mechanismen transparent, die auch in unserer Gesellschaft hier in Deutschland mehr oder weniger zu beobachten sind. Somit geht es letztlich weltweit für die Gemeinde darum, gerüstet zu sein, wenn ihr der Wind zunehmend stärker entgegenweht.

Der Autor nimmt zur Verdeutlichung dieser Vorgänge an manchen Stellen auch Bezug auf die Zeit und Umstände des Nationalsozialismus in Deutschland. Sogenannte NS-Vergleiche sind aus deutscher Sicht zwar problematisch, weil sie leicht darüber hinwegtäuschen können, wie alleinstehend und schrecklich dieser Nationalsozialismus in seinen weltweiten Auswirkungen war. Ungewollt kann also dadurch eine Verharmlosung des Nationalsozialismus einhergehen. Das jedoch liegt ausdrücklich nicht in der Absicht des Autors. Es geht ihm darum, Parallelen aufzuzeigen und die Gefährlichkeit heutiger ideologisch bedingter Umtriebe und Einflussnahmen deutlich zu machen.

Amerika ist nicht weit entfernt von uns, und auch wenn wir in Deutschland unsere eigenen besonderen Probleme haben, wäre es fatal, wenn wir unser Auge nicht dorthin richten würden, wo noch immer – weltpolitisch und ideell – Maßstäbe und Richtlinien gesetzt werden, die unsere gegenwärtige und zukünftige Welt entscheidend mitprägen und -gestalten.

Die aufregende Reise durch diesen vermeintlich „ganz anderen" Kontinent lohnt sich. Aber es geht dabei nicht um touristische Highlights, sondern um einen zwar kurzweiligen, aber doch tiefgehenden Anschauungsunterricht für unser aller Zukunft als Gemeinde Gottes in der Welt.

Seien Sie für diese Zukunft gerüstet – und am Ende dieses Buches werden Sie es sein. Es geht darum, gerade in der Stunde großer Finsternis ein besonders hell leuchtendes Zeugnis von Jesus Christus zu sein, der immer noch Menschen für sein Reich retten will und dafür sein Leben gegeben hat. Und wir sollten auch jetzt nicht weniger darum bemüht sein, seinem Anspruch auf uns Menschen und seinen

Zielen für diese Welt gerecht zu werden, als wir es mit unserer Lebensübergabe an unseren Retter und Herrn ursprünglich bekundet haben.

Um es mit den Worten Lutzers am Ende dieses Buches zu sagen: Es gibt für uns keinen Grund, uns zu verstecken! Und es zählt nur das, was in der Ewigkeit zählt.

Christliche Verlagsgesellschaft, Dillenburg, im Mai 2023

P. S.: Manche Aussagen, Gegebenheiten und Begriffe machten eine kurze Erläuterung für den dt. Leser notwendig. Sie sind im laufenden Text mit einem * versehen und an Ort und Stelle eingefügt, während die Anmerkungen des Autors sich alle am Ende des Buches befinden.

Beuge dich nicht, wenn Standhaftigkeit gefragt ist

H. B. Charles Jr.

In meiner ersten Gemeinde als junger Pastor wurde ich immer mehr entmutigt. Irgendwann reichte es mir. Es war an der Zeit, aufzugeben und etwas anderes zu tun. Irgendetwas anderes. Ich musste nur noch ein letztes Event überstehen.

Wir feierten das Jubiläum der Gemeinde. Mein Pastor (jeder Pastor braucht einen Pastor) sollte bei dieser Veranstaltung eine Rede halten. Am folgenden Sonntag würde ich meinen Rücktritt mit sofortiger Wirkung einreichen. Ich verheimlichte meinen Plan strategisch vor meinem Pastor. Er hätte versucht, es mir auszureden. Doch als er an diesem Abend predigte, hatte ich das Gefühl, dass er direkt zu mir sprach und dass ich der Einzige im Raum war.

Der Predigttext von Pastor Wade war Daniel 3. Als Prediger, der als Schüler und Sünder Predigten hörte, war ich überrascht. Was würde mein Pastor mit dieser Sonntagsschulgeschichte anfangen? Er überschrieb die Predigt mit „Beuge dich nicht, wenn Standhaftigkeit gefragt ist". Ich habe die meisten Einzelheiten dieser Predigt vergessen. Aber der Herr benutzte sie, um meinen Dienst in einer kritischen Zeit zu bewahren. Ich bete, dass der Herr dieses Buch in Ihrem Leben und in Ihrem Dienst so gebrauchen wird, wie er diese Predigt in meinem gebraucht hat!

Ich hoffe, dass es für Sie keine Neuigkeit ist, dass wir aktuell „schwere Zeiten" durchleben (2Tim 3,1). Der Weg der Gerechtigkeit wurde für die Sackgassen der Sünde verlassen (Spr 14,12). Der gerade und schmale Weg, der zum Leben führt, wurde verworfen.

Suchen die Menschen überhaupt nach ihm? Jeden Tag gehen mehr und mehr Menschen den breiten Weg, der zu Tod und Verderben führt (Mt 7,13-14). Die Schätze der Weisheit und der Erkenntnis, die nur in Christus zu finden sind, wurden für den wertlosen Schmuck sündiger Torheit eingetauscht. Viele spielen mit Diamanten, als wären es Murmeln.

Doch so beunruhigend diese Dinge auch sein mögen, der Götzendienst unserer Kultur heute ist nicht die größte Krise, der wir gegenüberstehen. Wir machen uns oft vor, dass das gesellschaftliche Klima der entscheidendste Faktor ist. Das ist es aber nicht. Die Welt ist die Welt. Und es ist der Gipfel der Absurdität, von Nichtchristen zu erwarten, dass sie denken und handeln wie Christen. Die Welt verneigt sich gerne vor dem goldenen Standbild, das Nebukadnezar aufgestellt hat. Das Problem ist, dass sich auch die Gemeinde beugt, obwohl sie aufrecht stehen sollte.

In *Kein Grund sich zu verstecken* fordert Erwin Lutzer die Anhänger des Herrn Jesus Christus auf, die sirenenhafte Musik zu ignorieren, die von uns verlangt, dass wir vor falschen Göttern auf die Knie gehen. Es gibt nur wenige Stimmen in unserer Zeit, die so klar und mutig sind wie die von Erwin Lutzer. Er ist ein wahres Geschenk für die Gemeinde. Mit göttlicher Weisheit versteht er die Zeit, in der wir leben. Mit biblischer Überzeugung spricht er die zeitgenössischen philosophischen Veränderungen aus einer christlichen Weltanschauung heraus an, die für den Glauben kämpft, der den Heiligen ein für alle Mal überliefert wurde. Mit dem Herzen eines Hirten spricht er die Wahrheit in Liebe aus – jedoch ohne die Wahrheit im Namen der Liebe zu leugnen oder die Liebe im Namen der Wahrheit zurückzuhalten.

Vor Jahrzehnten wurde Pastoren geraten, mit der Bibel in der einen und der Zeitung in der anderen Hand zu predigen. Natürlich hat ein solcher Ansatz seine Tücken und seine fehlerhafte Logik. Das Wort Gottes ist zeitlose Wahrheit. Die Zeitung ist flüchtige Propaganda. Aber der Geist dieser Aussage war ein klarer Aufruf, die Wahrheit des unveränderlichen Wortes Gottes auf die sich verändernden

Philosophien anzuwenden. In klassischer Lutzer-Manier gibt *Kein Grund sich zu verstecken* uns den klugen Rat, in unserer ungläubigen Generation einen heldenhaften Glauben zu leben.

Gelegentlich werde ich gefragt, vor welchen Herausforderungen künftige Prediger stehen werden. Ich bin zwar weder ein Prophet noch der Sohn eines Propheten, aber ich habe eine Antwort auf diese Frage. Und diese Antwort ist keine weise Überlegung; die Zeichen der Zeit sind für uns alle zu sehen, wenn wir nur hinschauen würden.

Ich glaube, dass der Feind unserer Seelen am Werk ist, um die Autorität der Heiligen Schrift zu untergraben. Der Wahrheitsgehalt und die Autorität von Gottes Wort werden angegriffen, um die Wahrheit über die Person und das Werk des Herrn Jesus Christus anzugreifen und zu zerstören. Der Feind versucht, die biblische Verkündigung Christi zu sabotieren, um die Ausbreitung der Botschaft des Evangeliums zu allen Völkern (Mt 28,18-20) aufzuhalten.

Ich glaube aufrichtig, dass *Kein Grund sich zu verstecken* eine Grundausbildung für den geistlichen Kampf bietet, den wir führen müssen. Wenn der Herr sein Kommen hinauszögert und uns am Leben lässt, wird jeder Christ den Moment der Wahrheit erleben, wenn die Herrscher des falschen Wertesystems dieser Welt beginnen, ihre Musik zu spielen. Schöpfen Sie aus Gottes Gnade, Kraft und Weisheit, und beugen Sie sich nicht vor den weltlichen Philosophien, die ein falsches Evangelium sind.

Seien Sie ein Held, der sich nicht beugt, wenn er mit erhobenem Haupt stehen sollte.

H. B. Charles Jr.

KAPITEL 1

Aufgeben, untergehen oder schwimmen

So fürchtet nun den HERRN
und dient ihm in Aufrichtigkeit und Treue! ...
Ist es aber übel in euren Augen, dem HERRN zu dienen,
dann erwählt euch heute, wem ihr dienen wollt ...
Ich aber und mein Haus, wir wollen dem HERRN dienen.
JOSUA 24,14-15

Es gab eine Zeit in Amerika – und das ist noch gar nicht so lange her – da mussten wir Christen in den sogenannten Kulturkriegen um uns herum nicht Partei ergreifen. Wir konnten inmitten aller Menschen leben und unsere Ansichten für uns behalten. Aber auch wenn wir unsere Meinung sagten, ging man davon aus, dass wir das Recht dazu hatten. Wir konnten sagen, was wir von einer bestimmten Sache hielten, und weitergehen.

Das hat sich geändert.

Nach der heutigen Auffassung bedeutet Toleranz nicht mehr die Bereitschaft, andere Standpunkte zu dulden, sondern vielmehr, sich der Revolution anzuschließen und sich auf die „richtige Seite der Geschichte" zu stellen. Schon bald wird man von Ihnen erwarten (oder sogar *erzwingen*), dass Sie auf Bewerbungen für Stellen im Bildungswesen, in der Wirtschaft, in der Kunst und in anderen Bereichen angeben, wie Sie über Themen wie Gender und Rassismus denken. Eltern werden verachtet werden, wenn sie sich weigern, ihre Kinder mit linksradikalen Lehren indoktrinieren zu lassen. Sie werden ideologisch motivierten „Diversitätsseminaren" unterzogen. Und diejenigen, die glauben, einfach neutral bleiben zu können, werden öffentlich bloßgestellt. Wie wir später in diesem Buch sehen werden, sind auch Kirchen und Gemeinden davon nicht ausgenommen.

Heute wollen diejenigen, die behaupten, *tolerant* zu sein, in Wirklichkeit *dominant* sein. Wahrheit wird nicht mehr als Suche nach einer objektiven Realität betrachtet, sondern als individuelle Entscheidung, die nicht von außen überprüft werden kann. Richtig oder falsch, gesunder Menschenverstand oder Irrationalität, echter Dialog oder Verunglimpfung – all diese Unterscheidungen verlieren sich in einem Labyrinth von Ideologien, die nicht infrage gestellt werden dürfen. Die Ideologie übertrumpft sogar die Wissenschaft und bekannte historische Fakten.

Seien Sie gewarnt: Amerika ist nicht mehr das Land, an das sich einige von uns erinnern. Der kulturelle Tsunami ist bereits da, und es gibt keinen Ort mehr, an dem man davor sicher ist.

Helden gesucht

Aufgeben, untergehen oder ans Ufer schwimmen.

Manchmal werden Menschen durch ihren Mut zu Helden, manchmal durch ihre Umstände. Manchmal freiwillig, manchmal, weil sie keine andere Wahl haben.

Während des Zweiten Weltkriegs stand ein 26-jähriger Leutnant der US Navy namens John F. Kennedy am Steuer eines Patrouillenboots, das mit einem japanischen Zerstörer zusammenstieß. Das Boot wurde beschädigt, und die Besatzung war gezwungen, dreieinhalb Meilen zu einer nahe gelegenen Insel zu schwimmen und dort ein Lager aufzuschlagen. Sie hatten keine Vorräte und aufgrund der Nähe zu den Japanern große Angst. Einige Tage später schwammen sie schließlich zu einer anderen Insel, auf der sie nur wenig Nahrung und Schutz hatten.

Kennedy, der später der 35. Präsident der USA werden sollte, war schon immer im Wasser zu Hause gewesen. Er schwamm auf der

Suche nach Unterstützung für seine Besatzung zu einer weiteren Insel. Dort fand er Hilfe, die den Kontakt mit anderen alliierten Streitkräften herstellte, die dann seine Kameraden retteten. Am Morgen des 18. Augusts 1943 kehrten sie sicher zur US-Basis auf der Insel Rendova zurück.

Später wurde Kennedy für seine Tapferkeit und die erlittenen Verletzungen mit der *Navy and Marine Corps Medal* und einem *Purple Heart* ausgezeichnet. Auf die Frage, wie er zum Helden wurde, antwortete er: „Es war unfreiwillig. Sie haben mein Boot versenkt."[1]

Wenn Ihr Boot versenkt wird, haben Sie die Wahl: Sie können sich vom Feind gefangen nehmen lassen, untergehen oder schwimmen. Wenn Sie sich weigern, sich zu ergeben, können Sie lautlos unter den Wellen verschwinden oder den Mut aufbringen, ans Ufer zu schwimmen und ein Held zu werden. Vielleicht ein Held wider Willen, aber dennoch ein Held. Und durch diesen Mut können Sie ein treuer Zeuge für Christus bleiben.

Die heutige Zeit verlangt nach Helden – ob freiwillig oder unfreiwillig. Sie halten ein Buch in den Händen, das Ihnen helfen soll, sich auf eine Zukunft vorzubereiten, die bereits begonnen hat. Die moralische und geistige Revolution, die sich in Amerika vollzieht, schreitet schnell und unaufhaltsam voran; diejenigen, die sich dieser Revolution widersetzen, zahlen bereits einen hohen Preis. Unsere Gesellschaft treibt uns immer mehr in die Enge, und es gibt kein Entrinnen. Wir müssen unseren Standpunkt bekennen und darauf vorbereitet sein, verachtet, abgelehnt oder bloßgestellt zu werden. All dies ist eine Gelegenheit für uns zu beweisen, dass Christus für uns wertvoller ist als unsere finanzielle Lebensgrundlage, unser Ruf oder sogar unsere Familien.

Aufgeben, untergehen oder schwimmen.

Das sind unsere Optionen. Der Druck, der von verschiedenen Seiten auf uns einwirkt – aus den Bereichen Recht, Kultur, Bildung und Politik –, ist groß, und wir müssen uns entscheiden. Zum Glück kann Gott uns Dinge beibringen, selbst wenn wir in offenen

Gewässern treiben, die wir noch nie zuvor befahren haben. Ob Sie es glauben oder nicht, dies ist tatsächlich ein Buch der Hoffnung.

Christen und Politik

Ich wurde oft gefragt: „Sollte sich die Gemeinde in die Politik einmischen?" Das hängt davon ab, unter Politik verstehen. Politik lässt sich nicht von Moral trennen, und Moral lässt sich nicht vom Christentum trennen. Und wenn die Gemeinde unserer politisierten Kultur nichts entgegensetzt, bleiben nur selbstzerstörerische säkulare Ideologien übrig. Unsere Treue zu Christus bedeutet, dass wir es nicht wagen können zu schweigen.

Der berühmte Theologe Jonathan Edwards (1703–1758) aus Neuengland glaubte – und ich stimme ihm zu –, dass Gott uns von politischen Strukturen abhängig gemacht hat; Gott hat uns sogar von unseren nichtchristlichen Mitmenschen abhängig gemacht. Edwards schrieb, dass das Versäumnis, unsere gegenseitige Abhängigkeit anzuerkennen, „eher für Wölfe und andere Raubtiere geeignet ist als für menschliche Wesen".[2] Diese Überzeugung rührte von Edwards' Glauben her, dass Gott die gesamte Menschheit mit guten Gaben ausgestattet hat. Manche Theologen bezeichnen dies als allgemeine Gnade.

Edwards war auch der Meinung, dass Christen sich mit Nichtchristen öffentlich zusammentun sollten, um auf gemeinsame moralische Ziele hinzuarbeiten. Der Grund dafür ist, dass Gott seine Gesetze in die Herzen aller Menschen eingeprägt hat. Aufgrund dieser Überzeugung setzte sich Edwards für die Gleichberechtigung der amerikanischen Ureinwohner ein, z. B. auch dafür, dass deren Mädchen die Möglichkeit haben sollten, zur Schule zu gehen. Er schrieb mehrere Briefe an die nationale Versammlung von Massachusetts, in denen er die Kolonie aufforderte, ihren Vertrag mit dem Stamm der Housatonic einzuhalten und ihnen Decken und Kleidung zur Verfügung zu stellen.[3]

Die Quintessenz: Dadurch, dass wir die Gesellschaft voreilig in verschiedene Lager einteilen, vergessen wir als Christen allzu oft, dass die allgemeine Gnade bedeutet, dass wir in einigen Fragen zusammenarbeiten können. Manchmal sollten wir Politiker unterstützen und manchmal nicht; wir können einige politische Maßnahmen unterstützen und andere nicht. Aber wir sollten zu jeder Zeit über uns selbst hinausblicken, um einer müden und missmutigen Welt Hoffnung und Gnade weiterzugeben. Das Evangelium von Jesus Christus ist ein besonderer Schatz, den wir nicht verlieren oder vernachlässigen dürfen.

Einige Christen erinnern uns daran, dass das Christentum auch unter den schlimmsten politischen Regimen überlebt hat. Das mag zwar zum Teil zutreffen, aber wir müssen den heutigen Unterschied zwischen der Gemeinde in Nordkorea und in Südkorea bedenken. Als ich mit einigen Gemeindeleitern aus Südkorea sprach, fragte ich sie nach der Gemeinde auf der anderen Seite der demilitarisierten Zone. Sie sagten, man höre sehr wenig über das Schicksal ihrer Brüder und Schwestern im Norden, aber man wisse, dass ein Rest trotz schrecklicher Verfolgung überlebt habe. Die Familien sind getrennt, die Gläubigen sind verstreut und verstecken sich im Untergrund. Laut einer jährlich von Open Doors USA erstellten Stellungnahme ist es in Nordkorea ein Todesurteil, als Christ entlarvt zu werden. „Wenn man nicht sofort getötet wird, wird man als politischer Gefangener in ein Arbeitslager gebracht. In diesen unmenschlichen Gefängnissen herrschen entsetzliche Zustände, die nur wenige Gläubige überleben. Jeder in der Familie wird die gleiche Strafe erleiden."[4]

Historisch gesehen hat Gott sogar zugelassen, dass politische Regime seine Gemeinde zerstören. Im 7. Jahrhundert löschten islamische Invasoren (der Islam ist eine offenkundig politische Religion) die Gemeinde in ganz Nordafrika aus. Wenn die Freiheit erst einmal beendet ist, wird die Gemeinde entweder kleiner oder, schlimmer noch, zerstört. Meist bleibt nur ein kleiner Rest übrig. Jeder Kampf für die Freiheit hat in irgendeiner Form mit Politik zu tun, aber als

Christen muss unser Kampf für die Freiheit immer der Sache des Evangeliums dienen, die wir voranbringen wollen.

Vor einigen Jahren trafen sich einige von uns führenden Pastoren mit einem Mitglied des US-Kongresses, das uns anflehte: „Sie erwarten von uns, dass wir hier in Washington gerechte Gesetze verabschieden, aber wie können wir das tun, wenn Sie uns keine Kongressteilnehmer schicken, die an Gerechtigkeit glauben?" Das sollte uns zu denken geben.

Fällt Ihnen ein einziges politisches oder kulturelles Thema ein, das nicht auf einer Weltanschauung beruht, sei sie nun säkular, pseudoreligiös oder biblisch? Die meisten dieser Themen berühren biblische Lehren oder Grundsätze. Als Pastor habe ich nie einen politischen Kandidaten oder eine Partei unterstützt, aber wenn wir an einer biblischen Weltanschauung festhalten, müssen wir uns auch zu den Themen äußern, die viele als „rein politisch" ansehen.

Diejenigen, die meinen, es sei in Ordnung, der Politik gegenüber gleichgültig zu sein, sollten die Christen, die unter Nero oder in Nazideutschland lebten, fragen, ob sie die Politik für wichtig hielten. Fragen Sie die Christen heute in Nordkorea, China, Russland und in Dutzenden anderen Ländern, und sie werden Ihnen sagen, dass Politik *sehr* wichtig ist! Diese Gläubige kostet die Treue zu Gott nach wie vor ihr Leben.

Ich verstehe die Spannung, die wir als Christen empfinden. Wir würden es vorziehen, uns lieber nicht in Politik oder Kulturkämpfe einzumischen. Wir wollen als liebevoll und fürsorglich bekannt sein und für das, was wir unterstützen, nicht für das, wogegen wir sind. Wir wollen aus gutem Grund als unpolitisch bekannt sein; wir wollen nicht zulassen, dass uns vermeintlich zweitrangige Meinungsverschiedenheiten auseinanderbringen. Wir wollen keine unnötigen Stolpersteine für das Evangelium aufstellen. Ich stimme zu, dass Neutralität zu manchen Zeiten am besten ist, aber zu anderen Zeiten ist sie schlicht nicht möglich. Manchmal zwingen uns politische Fragen in eine moralische Ecke, in der wir uns für eine Seite entscheiden müssen.

Deshalb werde ich in diesem Buch über Themen sprechen, die die Politik betreffen: Religionsfreiheit, biblische Lehren über den Wert jedes Menschen (einschließlich der Ungeborenen), über Geschlecht und Sexualität, Ehe, Rassismus und dergleichen. Auch das Recht der Eltern auf eine gewisse Mitsprache bei der Schulbildung ihrer Kinder ist heute ein politisches Thema. All diese Fragen spielen bei unseren politischen Differenzen eine Rolle. Darüber hinaus müssen wir uns mit der Frage auseinandersetzen, ob es transzendente Werte gibt, die für alle Kulturen gelten, oder ob es nur relative Werte gibt, die individuell gewählt und verworfen werden können. Und manchmal sind unsere Entscheidungen nicht einfach.

Wir sollten nicht so tun, als könnten wir zusehen, wie Amerika zerstört wird, ohne dass dies schlimme Folgen für uns und die Welt hätte. Wir dürfen nicht vergessen, dass ein großer Prozentsatz der weltweiten Missionsarbeit mit amerikanischen Dollars unterstützt wird. Zahlreiche Länder sehen in den USA die letzte Bastion der Hoffnung auf Freiheit und Chancen. In diesem kritischen kulturellen Moment steht viel auf dem Spiel.

Aber – und das muss ich betonen – im Umgang mit diesen Dingen müssen wir uns immer vom Evangelium leiten lassen; die biblische Erlösung muss im Mittelpunkt unserer Motivation stehen. Unser Ziel ist nicht, dass unser Leben entspannter oder komfortabler ist, sondern dass wir mehr Freiheit haben, über uns selbst hinaus auf Christus hinzuweisen, der uns erlöst hat. Selbst unsere zusammenbrechende Kultur müssen wir immer durch die Linse des Evangeliums sehen.

Wir müssen uns immer daran erinnern,
dass der Widerstand, den wir erfahren,
uns oft neue Gelegenheiten bietet,
unseren Glauben zu bezeugen.

Im alttestamentlichen Buch Ester lesen wir, wie der heidnische König Ahasveros einen Erlass unterzeichnete, alle Juden in seinen 127 Provinzen zu töten. Esters Cousin Mordechai überzeugte sie, beim König um ihr eigenes und um das Leben ihres Volkes zu bitten. Mordechai musste nicht davon überzeugt werden, dass Politik wichtig war; er wusste, dass die Maßnahmen eines Politikers ernste Konsequenzen hatten. Ester riskierte ihr Leben, indem sie an den König appellierte, und die Juden wurden vor dem sicheren Tod bewahrt.

Wie Ester sind wir *gerade für einen Zeitpunkt wie diesen zur Königswürde gelangt* (vgl. Est 4,14).

Wir müssen uns dem politischen und moralischen Gegenwind stellen, der uns entgegenbläst, und uns gleichzeitig immer daran erinnern, dass der Widerstand, den wir erfahren, uns oft neue Gelegenheiten bietet, unseren Glauben zu bezeugen. Wir müssen derartigen Widerstand immer nutzen, um zu zeigen, dass uns unsere Liebe zu Christus wichtiger ist als persönlicher Aufstieg und der Beifall der Welt.

In dem Kirchenlied „Ein feste Burg ist unser Gott" schrieb Martin Luther:

Und nehm'n sie den Leib,
Gut, Ehr, Kind und Weib:
lass fahren dahin,
sie haben's kein Gewinn,
das Reich muss uns doch bleiben!

In Christus haben wir die Kraft und den Mut, die wir in diesem Augenblick brauchen. Aber wir brauchen auch einander, wenn die Stromschnellen unserer Kultur uns durcheinanderwirbeln. Als Gläubige sitzen wir gemeinsam in diesem Boot. Aufgeben sollte keine Option sein.

Die Gemeinde wird Rechenschaft ablegen müssen

Es ist an der Zeit, dass wir, die wir in der Gemeindearbeit tätig sind, in den Spiegel schauen und uns fragen: Rüsten wir unsere Leute wirklich für die kommenden Tage zu, oder leben wir Gemeinde wie eh und je? Wir sollten uns auch fragen, warum so viele Christen ihren Glauben „dekonstruieren" und sich vom Christentum entfernen. Sehen die Menschen in uns mehr Zorn als Reue? Sind wir selbstgerecht? Sind wir heuchlerisch und verleugnen mit unserem Leben, was wir mit unserem Mund bekennen? Oder sehen die Menschen ein liebevolles, mutiges und demütiges Zeugnis für das Evangelium? Was für ein Vermächtnis hinterlassen die älteren Gläubigen denen, die nach ihnen kommen? Hinterlassen wir ihnen ein paar Helden als Vorbilder, denen sie folgen können?

Ich glaube, entweder werden wir künftig eine erneuerte, umfassende Hingabe erleben, mit der wir Christus über unsere erwarteten Annehmlichkeiten erheben, oder die Gemeinde wird ihr Zeugnis durch weitere Kompromisse und fortschreitenden Abfall von der gesunden Lehre verlieren. Für die Christen wird es immer schwieriger, inmitten aller Menschen zu bleiben. Die Furchtsamen gehen in die eine Richtung, die Vertrauensstarken in die andere. Schon jetzt trennt sich die Spreu vom Weizen.

Ich habe einen Freund in Deutschland, der erzählt, dass er ein Konzert besuchte, bei dem ein Handglockenchor ein Stück gespielt hat. Während ihres Auftritts kam ein Betrunkener und zog das Tuch vom Tisch, wodurch die Handglocken umgeworfen wurden. Doch die Musik lief ohne Unterbrechung weiter! Wie sich herausstellte, spielten die verlegenen Musiker nur scheinbar die vorprogrammierte Musik aus den Lautsprechern. *Handglocken-Playback!*

Als Pastor habe ich mich schon oft gefragt: *Was wäre, wenn Gott etwas in der Gemeinde tun wollte, was nicht im Gemeindebrief steht? Machen wir tatsächlich Musik, oder tun wir nur so als ob? Sind wir als Gemeindeleiter offen für die Führung durch den Heiligen Geist? Oder verlassen wir uns nur auf die Vergangenheit, ohne frischen Wind für die Gegenwart und die Zukunft? Werden unsere Leute von ihren Abhängigkeiten befreit? Sehen wir, wie Ehen wieder zusammengeführt werden? Erleben wir, wie wir selbst und unsere Geschwister harte und schmerzhafte Entscheidungen zugunsten von Jesus treffen?*

Mein Freund Pastor Gary Hamrick sagt, dass es drei Arten von Gemeinden gibt: Einige werden *mitschuldig* sein, indem sie an der Kultur teilhaben, ohne sich gegen sie zu stellen; andere werden *selbstgefällig* sein, indem sie mit der Kultur zwar nicht einverstanden sind, sich ihr aber auch nicht aktiv widersetzen, und wieder andere werden *mutig* sein, indem sie sagen, was gesagt werden muss, und tun, was getan werden muss, und die Konsequenzen ohne Selbstmitleid oder Zorn akzeptieren. Nehmen wir uns ein Beispiel daran, wie sich die Apostel verhielten, nachdem sie für ihr Zeugnis geschlagen worden waren: „Die Apostel verließen den Hohen Rat und waren voller Freude, dass Gott sie gewürdigt hatte, für den Namen des Herrn so gedemütigt zu werden" (Apg 5,41; NeÜ).

In seinem Gedicht mit dem Titel „The Rock" schrieb T. S. Eliot: „Hast du gut gebaut?" Und er fügte hinzu: „Die Kirche muss immer wieder aufgebaut werden, denn sie ist beständig von innen dem Verfall ausgesetzt und wird immer wieder von außen angegriffen".[5] Ja, wir müssen ohne Unterlass bauen, denn die Kirche ist immer wieder dem Zerfall ausgesetzt. Und wenn das Fundament zerstört ist, müssen wir uns nicht wundern, dass das Gebäude zusammenbricht.

Der große Prophet Elia, der den Propheten des Baal auf dem Berg Karmel vollmächtig entgegentrat, floh später 300 Meilen weit und versteckte sich in einer Höhle, weil er den Zorn der heidnischen Königin Isebel fürchtete. Wir lesen: „Dort ging er in die Höhle und übernachtete da. Und siehe, das Wort des HERRN geschah zu ihm, und er sprach zu ihm: ,Was tust du hier, Elia?' Und er sagte: ,Ich habe sehr geeifert für den Herrn, den Gott der Heerscharen ...' Da sprach er [Gott]: ,Geh hinaus und stell dich auf den Berg vor den HERRN'" (1Kö 19,9-11). Erst als Elia gehorchte und wieder aus der Höhle heraustrat, erhielt er weitere Anweisungen.

Viele von uns geben sich damit zufrieden, in ihrer isolierten Blase, ihrer Höhle zu leben, unempfindlich gegenüber den kulturellen Realitäten, mit denen wir konfrontiert sind; aber unsere Kinder und Enkelkinder stehen vor einer schwierigen Zukunft. Und von uns allen wird erwartet, dass wir uns an die Regeln halten, die für uns aufgestellt worden sind. Vielleicht schlafwandeln wir geradewegs auf einen verborgenen, aber sehr gefährlichen Abgrund zu.

Hinter verschlossenen Türen

Wir sind nicht die ersten Gläubigen, die sich verstecken wollen. Jemand wies einmal darauf hin, dass die heutige Gemeinde an demselben Punkt ist, an dem die Jünger waren, als sie Jesus für tot hielten: „Als es nun Abend war an jenem Tag, dem ersten der Woche, und *die Türen*, wo die Jünger waren, aus Furcht vor den Juden *verschlossen* waren ..." (Joh 20,19, Hervorhebung durch den Autor).

Verschlossene Türen! Furcht vor anderen! Ungewissheit über die Zukunft! Sie versteckten sich aus Angst vor Verfolgung! Sie schwiegen und fragten sich, wer den ersten Schritt machen würde. Sie berechneten, was es sie kosten würde, ihre Hingabe für Christus mit anderen zu teilen. Sie fühlten sich allein und verlassen. So wie wir uns vielleicht fühlen, wenn wir uns gegen die Angriffe unserer Gesellschaft wehren.

Plötzlich und völlig unerwartet „kam Jesus und trat in die Mitte und spricht zu ihnen: ‚Friede euch'" (Vers 19).

Die Anwesenheit von Jesus veränderte alles. Die Jünger hatten so getan, als ob Jesus tot wäre. Aber jetzt gab ihnen seine Gegenwart die Gewissheit, dass sie die Türen aufschließen und mit ihm an ihrer Seite in eine feindlich gesinnte Welt gehen konnten. Sie waren nicht auf sich allein gestellt! Christus war also doch nicht tot. Wenn er lebte – und das tat er –, konnten sie die Helden werden, nach denen ihre Zeit verlangte. Die meisten von ihnen sollten später für ihren

Glauben den Märtyrertod erleiden. Aber das änderte nichts. Weil Jesus lebte, würden auch sie leben!

In der Einleitung zu seinem Buch *Gott erkennen* schreibt Dr. J. I. Packer, dass wir kleine Christen sind, weil wir uns einen kleinen Gott geschaffen haben.[6] Als John Stott über diese Aussage nachdachte, schrieb er: „Wir brauchen vor allem eine neue und wahre Vision von Jesus Christus – nicht zuletzt in seiner absoluten Überlegenheit." Dann fügte er hinzu: „Wo sollten wir sein, wenn nicht auf unserem Angesicht vor ihm?"[7]

Kleine Christen haben einen kleinen Christus geschaffen!

Jesus ist der wahre Held, der die Seinen inspirieren kann, in seine Fußstapfen zu treten.

Nach der Himmelfahrt würden die Jünger Jesus nicht mehr mit den Augen sehen, aber das brauchten sie auch nicht. Sie wussten, dass er bei ihnen war, aufgrund seiner Verheißungen und der Gegenwart seines Geistes. Das Sehen mit den Augen ist nicht notwendig, wenn wir seinen Geist in unseren Herzen haben.

Hören wir auf, zu jammern und uns zu ducken. Erinnern wir uns wie die frühe Gemeinde daran, dass Jesus nicht tot ist und wir ihn nicht mit den Augen sehen müssen, um zu glauben, dass er bei uns ist – sogar bis ans Ende der Zeit.

Wir können von Menschen abgelehnt werden, aber durch den Glauben an Christus haben wir die Gewissheit, dass Gott uns niemals ablehnt. Jesus ist der wahre Held, der die Seinen inspirieren kann, in seine Fußstapfen zu treten.

Warum dieses Buch?

Ich weiß nicht, wer es zuerst gesagt hat, aber eine der Bemerkungen, die ich in letzter Zeit gehört habe und die am meisten Klarheit spendet, lautet, dass das Böse niemals von sich aus zurückweicht; es weicht nur zurück, wenn ihm eine größere Macht entgegengestellt wird. Offensichtlich ist die einzige Macht, die größer ist als das Böse, Gott selbst. Und er wirkt durch die Gemeinde, die Braut Christi, deren Haupt unser siegreicher Herr ist. Mit Paulus müssen wir beten, dass wir erkennen,

> was die überragende Größe seiner Kraft an uns, den Glaubenden, ist, nach der Wirksamkeit der Macht seiner Stärke. Die hat er in Christus wirksam werden lassen, indem er ihn aus den Toten auferweckt und zu seiner Rechten in der Himmelswelt gesetzt hat, hoch über jede Gewalt und Macht und Kraft und Herrschaft und jeden Namen, der nicht nur in diesem Zeitalter, sondern auch in dem zukünftigen genannt werden wird. Und alles hat er seinen Füßen unterworfen und ihn als Haupt über alles der Gemeinde gegeben, die sein Leib ist, die Fülle dessen, der alles in allen erfüllt. (Eph 1,19-23)

Als Antwort auf Paulus' Gebet wurde dieses Buch nicht geschrieben, um die Kontrolle über die Kultur zurückzufordern, sondern über die Gemeinde und ihre rechtmäßige Autorität, inmitten unserer kollabierenden Kultur für die Gerechtigkeit einzutreten. Ich möchte die Gläubigen ermutigen, nicht mehr wegzulaufen und sich zu verstecken, sondern zu schwimmen, anstatt aufzugeben, und es erfolgreich ans Ufer zu schaffen, anstatt von den Wellen der heutigen politischen, gesellschaftlichen Unterströmungen und Gesetzesinitiativen mitgerissen zu werden. Ich habe es nicht geschrieben, um Wut zu schüren, jemanden anzugreifen oder in unserer bereits polarisierten Gesellschaft weitere, unnötige Spaltungen hervorzurufen. Mein

Wunsch ist es, dass die wahre Gemeinde geeint und nicht gespalten ist, dass sie andere herzlich aufnimmt und nicht selbstgerecht ist, dass sie Zeugnis ablegt und nicht klagt.

Wir können uns nicht länger hinter verschlossenen Türen verstecken.

Als die russischen Truppen 2022 in die Ukraine einmarschierten, wurde Vasyl Ostryi, ein Pastor in der Nähe von Kiew, gefragt, ob er nicht fliehen wolle, aber er versicherte seinen Leuten, dass er bei ihnen bleiben würde, und fügte dann hinzu: „Wenn die Kirche in einer Zeit der Krise nicht relevant ist, dann ist sie auch in einer Zeit des Friedens nicht relevant."[8]

Die Gemeinde in Amerika befindet sich ebenfalls in einer Krise – zwar in einer anderen Art von Krise, aber dennoch in einer Krise. Wir sollten jedoch nicht fliehen, sondern trotz Widerstand und persönlichem Leid für die Wahrheit des Evangeliums kämpfen. Wir sind in diese Stunde berufen worden; dies ist unser Moment in Gottes Zeitplan. Dieses Buch soll uns über einige der gesellschaftlichen und geistlichen Herausforderungen informieren, vor denen wir heute stehen, und gleichzeitig Ermutigung und Orientierung für die Zukunft geben. Es ist ein Aufruf an uns alle, *in der* Welt zu sein, aber nicht *von der* Welt, uns mit der Kultur auseinanderzusetzen, ohne uns von ihr anstecken zu lassen. Es ist ein Aufruf, der uns daran erinnert, dass es nicht um uns, sondern um Christus geht. Und eine Erinnerung daran, dass wir ihn repräsentieren sollen.

Wie die frühe Gemeinde müssen wir für die Welt attraktiv sein und gleichzeitig damit rechnen, von ihr gehasst zu werden. Ungläubige sollten sich von uns als einer liebevollen Gemeinschaft angezogen fühlen, aber sie werden von unseren biblischen Maßstäben für ein heiliges Leben abgestoßen. Die Menschen sollten in der Lage sein, zähneknirschend unseren Mut zu bewundern, auch wenn sie uns Fanatismus und Intoleranz vorwerfen. Unsere Demut sollte entwaffnend sein, auch wenn unser Engagement für die biblische Lehre wegen ihrer vermeintlichen Engstirnigkeit verachtet wird. Wir müssen stets erkennen, dass wir selbst geistlich bedürftig sind, bevor wir die Bedürfnisse anderer ansprechen.

Offensichtlich ist unsere Aufgabe zu groß, als dass wir sie allein bewältigen könnten. Unsere einzige Hoffnung ist, dass Christus, der die Gemeinde geliebt hat, seinen Auftrag erfüllen wird, wie es in Epheser 5,25-27 heißt: „... und sich selbst für sie hingegeben hat. Er tat das, um sie zu heiligen, indem er sie im Wasserbad seines Wortes reinigte. Denn er wollte, dass die Gemeinde sich ihm wie eine Braut in makelloser Schönheit darstellt; ohne Flecken, Falten oder sonstige Fehler, heilig und tadellos" (NeÜ).

Ich habe schon in verschiedenen Gemeinden über das allgemeine Thema der Rolle der Gemeinde in der Welt gesprochen. Eine Frage, die mir dabei häufig gestellt wird, ist diese: „Meine Gemeinde ist wie eine christliche Blase, die weitermacht wie bisher, ohne zu bemerken, dass die Gesellschaft um uns herum kollabiert. Was kann ich als Einzelner tun, um mich zu behaupten und mich nicht dem Druck, der auf mich und meine Familie ausgeübt wird, zu beugen?"

Einen anderen, ähnlichen Kommentar, den ich oft höre, hat ein Freund von mir sehr treffend in einer E-Mail formuliert: „Wir haben unsere Gemeinde und unsere Freunde schweren Herzens verlassen, weil unsere Gemeinde sich der ‚Woke-Kultur' hingegeben hat. Wir hören ständig Predigten über soziale Gerechtigkeit, in denen wir aufgefordert werden, das Knie vor spaltenden kulturellen Zwängen zu beugen. Wie können wir Christus inmitten von Rassismusvorwürfen gemeinsam anbeten?"

Da das Wort *woke* (wörtlich übersetzt: wachsam) in diesem Buch noch häufig auftauchen wird, möchte ich erklären, was ich damit meine. Ursprünglich bezeichnete der Ausdruck ein Bewusstsein für Ungerechtigkeit, insbesondere rassistischer Natur. Aber das Wort hat sich im Laufe der Zeit mehr und mehr erweitert, sodass es nun eine Ideologie beschreibt, deren Vertreter überempfindlich auf wahrgenommene Ungerechtigkeiten reagieren. In diesem Buch verwende ich den Begriff *woke,* um über Folgendes zu sprechen: eine linksradikale Auslegung der Menschen- und Bürgerrechte, die zu extremer politischer Korrektheit führt. In Kapitel 7 wird detailliert beschrieben, was passiert, wenn eine Gemeinde *woke* wird.

Dieses Buch richtet sich nicht nur an die Gemeinde im Gesamten, sondern an all diejenigen, die sich fragen, wie sie persönlich auf diese gesellschaftlichen Herausforderungen reagieren sollen; es richtet sich an diejenigen, die Vorbilder brauchen, die sie inspirieren und ermutigen. Mut erfordert keinen Beifall, sondern eine Überzeugung. Wie es in dem Lied „Ich bin entschieden, zu folgen Jesus" heißt: „Ob niemand mit mir geht, doch will ich folgen."[9] Mit anderen Worten: Ich möchte uns alle herausfordern, treu zu leben, wo immer wir sind, und Widerstand als Ehrenabzeichen zu akzeptieren.

Zweitens möchte ich uns daran erinnern, dass Gott in unseren Zweifeln und Ängsten bei uns ist. Gott ist auch dann noch souverän, wenn unsere gewählten Vertreter eine Politik verfolgen, die uns spaltet, demoralisiert oder sogar zerstört. Im Großen und Ganzen sind unsere Herausforderungen nichts Neues in der Kirchengeschichte. Königreiche sind gekommen und gegangen, Kirchen wurden gegründet und sind wieder verschwunden, Christen wurden gefeiert und zu Tode gefoltert. Dennoch sinnt Gott immer auf das Wohl seines Volkes, und außerdem: „Wenn Gott für uns ist, wer könnte dann gegen uns sein?" (Röm 8,31; NeÜ).

Jedes Kapitel in diesem Buch endet mit einer Geschichte über einen Helden, den wir feiern können, gefolgt von einem Aktionsschritt, den wir praktisch umsetzen können. Denn was wir lernen, müssen wir auch in die Tat umsetzen.

Wenn Sie mit dem, was ich geschrieben habe, nicht einverstanden sind, sollten Sie wissen, dass ich nicht behaupte, alle Antworten zu haben. Und historisch gesehen hatten Christen schon immer unterschiedliche Auffassungen darüber, wie wir auf die gegenwärtige Kultur reagieren sollten. Einige der jüngeren Differenzen, mit denen wir zu kämpfen hatten, sind zum Beispiel: Hätten unsere Gemeinden während der pandemiebedingten Lockdowns geöffnet bleiben sollen? Sollten wir Masken tragen oder nicht? Wie sollten wir mit Fragen im Zusammenhang mit dem COVID-19-Impfstoff umgehen?

Wie sollten wir auf den Konflikt in Rassenfragen reagieren? Was ist biblische Gerechtigkeit?

Wir können über diese Themen diskutieren, aber sie müssen uns nicht entzweien. Dieses Buch ist ein bescheidener Versuch, Licht in die gesellschaftlichen Fragen der Gegenwart zu bringen, die uns alle angehen, unabhängig davon, welcher politischen Partei oder welcher Gemeinde wir angehören. Ich versuche, diese Themen sowohl durch die Brille der Bibel als auch anhand von Beispielen von Gläubigen zu erforschen, die vor uns unterwegs waren und ähnliche Schlachten geschlagen haben. Kurz gesagt: Ich möchte Themen ansprechen, die wir als Christen nicht länger ignorieren können.

Gott ruft uns zu einem Maß an Hingabe auf, wie wir es so noch nicht erlebt haben.

Wenn Sie wollen, dass man Sie als Christ kennt, der keinen Unfrieden stiften will – wenn Sie leben und leben lassen wollen –, müssen Sie diese Seiten wahrscheinlich nicht lesen. Wenn Sie aber darüber nachdenken möchten, was ein Leben für Christus in einer Kultur bedeutet, die Gott zum großen Teil entschieden ablehnt, dann bete ich, dass dieses Buch eine Hilfe sein wird. Wenn Sie ein zutiefst hingegebener Christ in einer nichtchristlichen Welt sind, ist Verstecken keine Option mehr.

Meiner Meinung nach stehen wir heute vor der folgenden Herausforderung: *Werden wir die Heilige Schrift durch die Brille der Kultur interpretieren, oder werden wir die Kultur durch die Brille der Heiligen Schrift interpretieren?* Welche von beiden wird unsere oberste Autorität sein? Wir stehen unter dem Druck, uns der Kultur zu unterwerfen und unsere Lehre so zu gestalten, dass sie mit dem Zeitgeist vereinbar ist. Ich glaube, Gott ruft uns zu einem Maß an Hingabe auf, wie wir es so noch nicht erlebt haben.

Jesus sagte voraus, dass solche Tage kommen würden.

Dieser kulturelle Moment verlangt nach Helden jeglicher Herkunft und aus allen Lebensbereichen. Wir brauchen Helden aus republikanisch und demokratisch geprägten Staaten. Wir brauchen Väter und Mütter und Kinder, die Helden sind. Wir müssen gemeinsam aufstehen und sagen, dass Christus uns mehr bedeutet als gesellschaftliche Anerkennung; er bedeutet uns mehr als unsere Gehälter und unser Ansehen. „Geschmäht, segnen wir; verfolgt, dulden wir; gelästert, reden wir gut zu" (1 Kor 4,12-13). Jesus ist alles wert, was wir für seinen Namen riskieren.

Dieses Buch stellt zehn Fragen darüber, ob wir uns der Kultur unterwerfen oder gegen sie aufstehen werden – ob wir unser Licht freudig leuchten lassen oder uns bestmöglich verstecken und unser Schicksal beklagen. Wir haben die Wahl zwischen Wut und Optimismus, Angst und Mut, Selbstmitleid und Freude.

Selbst ein blinder Passagier wird entweder schwimmen oder ertrinken, wenn das Boot, in dem er sich versteckt, versenkt wurde. Neutralität ist unmöglich.

Aufgeben, untergehen oder schwimmen. Es gibt keinen Grund, sich zu verstecken.

Ein Versprechen, mit uns zu leben

Der Prophet Jesaja verkündete eine Verheißung, die Gott Israel gegeben hat und die auch wir für uns in Anspruch nehmen können: „Mein Knecht bist du, ich habe dich erwählt und nicht verworfen – fürchte dich nicht, denn ich bin mit dir! Habe keine Angst, denn ich bin dein Gott! Ich stärke dich, ja, ich helfe dir, ja, ich halte dich mit der Rechten meiner Gerechtigkeit" (Jes 41,9-10).

Ein Held, der keinen Grund hatte, sich zu verstecken

Du bist noch lange kein Held, nur weil du dich freiwillig dazu meldest, einer zu sein!

Der erste Held, den ich für dieses Buch ausgewählt habe, ist der Apostel Petrus, weil er sich mutig als Held zur Verfügung stellte, aber innerhalb weniger Stunden seinen Eifer verlor. Zuerst sagte er: „Herr, mit dir bin ich bereit, auch ins Gefängnis und in den Tod zu gehen" (Lk 22,33). Doch noch am selben Abend, nur kurze Zeit später, leugnete er, Christus je gekannt zu haben, und schwor es sogar. Ein gescheiterter Held.

Wochen später, nachdem Christus in den Himmel aufgefahren war und den Heiligen Geist gesandt hatte, wurde Petrus zu einem überaus mutigen Zeugen, bis hin zu dem Punkt, dass er es als Privileg erachtete, ausgepeitscht zu werden für das, was er für seinen Herrn tat (Apg 5,40-41). Er schrieb Worte wie diese: „Freut euch vielmehr darüber, dass ihr so Anteil an den Leiden des Messias habt. Denn wenn er dann in seiner Herrlichkeit erscheint, werdet ihr mit Jubel und Freude erfüllt sein. Wenn ihr beschimpft werdet, weil ihr zu Christus gehört, seid ihr glücklich zu nennen, denn dann ruht der Geist der Herrlichkeit Gottes auf euch" (1Petr 4,13-14; NeÜ).

Nach einem langen und treuen Dienst wurde Petrus zum Märtyrer. Der Überlieferung zufolge bat er mutig darum, kopfüber gekreuzigt zu werden, weil er sich unwürdig fühlte, auf dieselbe Weise gekreuzigt zu werden wie sein Herr. Der selbstsichere Möchtegern-Held wurde tatsächlich einer!

Jesus führt die anfängliche Feigheit des Petrus auf den Einfluss des Satans zurück: „Simon, Simon, der Satan hat euch haben wollen, um euch durchsieben zu können wie den Weizen. Doch ich habe für dich gebetet, dass du deinen Glauben nicht verlierst. Wenn du also später umgekehrt und zurechtgekommen bist, stärke den Glauben deiner Brüder!" (Lk 22,31-32; NeÜ). Der Übergang des Petrus von der Feigheit zum Mut ist auf zwei Faktoren zurückzuführen: auf die Gebete Jesu und auf die Gabe des Heiligen Geistes. Er lernte, dass wir, auch wenn wir es vielleicht gut meinen, schwach sind; nur Jesus ist stark. Freiwillig ein Held zu sein ist eine Sache – tatsächlich einer zu sein eine andere. Wir alle wollen gerne Helden sein, solange wir nicht in Gefahr sind. Es ist eine andere Sache, wenn die Treue erfordert, dass wir durch das Feuer öffentlicher Verunglimpfung und wirtschaftlichen Ruins gehen. Oder noch Schlimmeres.

Aktionsschritt

Lasst uns innehalten und uns Zeit nehmen, um unsere Ängste zu bereuen und Gott zu bitten, dass er uns unsere Schwäche zeigt und uns hilft, ihm zu vertrauen, dass er unsere Stärke ist. Wir befinden uns in einem Kampf, der nicht durch menschliche Entschlossenheit gewonnen werden kann, sondern nur durch göttliche Kraft. Nur wenn wir uns als bußfertige Helden zeigen, kann Gott uns befähigen, das zu tun, was menschliche Entschlossenheit nicht vermag. Gott sucht nach Helden, die ihre eigenen Schwächen kennen und sich auf seine Stärke verlassen.

Wir sind aufgerufen, demütige Helden zu sein.

Zeit zum Beten

Beten Sie dieses Gebet, das mir ein Freund geschickt hat:

> Kämpfe für uns, o Gott, dass wir nicht taub, blind und töricht in eitle und leere Aufregung abdriften. Das Leben ist zu kurz, zu kostbar, zu schmerzhaft, um es mit weltlichen Blasen zu vergeuden, die wieder zerplatzen. Der Himmel ist zu groß, die Hölle zu schrecklich, die Ewigkeit zu lang, als dass wir uns auf der Vorstufe zur Ewigkeit einfach nur herumtreiben sollten.
>
> Wir beten in Jesu Namen, Amen.

KAPITEL 2

Lassen wir uns durch kollektive Verteufelung einschüchtern?

Euch wird befohlen, ihr Völker, Nationen und Sprachen: Sobald ihr
den Klang des Horns, der Rohrpfeife, der Zither, der Harfe, der Laute,
des Dudelsacks und alle Arten von Musik hört, sollt ihr niederfallen
und euch vor dem goldenen Bild niederwerfen, das der König
Nebukadnezar aufgestellt hat. Wer aber nicht niederfällt und anbetet,
der soll sofort in den brennenden Feuerofen geworfen werden.

DANIEL 3,4-6

Gott ist souverän über die Herrscher der Welt, aber er delegiert seine Autorität an Menschen. Manchmal sind diese Herrscher Männer
oder Frauen, die zutiefst fehlerhaft, ja sogar unglaublich böse sind.
Und je böser sie sind, desto mehr Loyalität verlangen sie von ihren
Untertanen. Es gibt zwei Dinge, nach denen sich böse Führer sehnen: *Macht* und *Verehrung;* selbst eine widerwillige Verehrung sei-
tens der Bevölkerung ist besser als gar keine.

Die nachfolgende ergreifende Geschichte steht in dem fesselnden
Buch *Der Archipel Gulag* des russischen Schriftstellers und Nobel-
preisträgers Alexander Solschenizyn. Im Jahr 1937 hatte ein Ab-
geordneter gerade eine mitreißende Rede gehalten, in der er Josef
Stalin lobte, und als er geendet hatte, erhob sich das Publikum und
begann zu klatschen. Solschenizyn erzählt, vielleicht mit einer gewissen Übertreibung, was dann geschah:

In dem kleinen, unbedeutenden Saal wird geklatscht ...
6 Minuten! 7 Minuten! 8 Minuten! ... Sie sind verloren!
Zugrunde gerichtet! Sie können nicht mehr aufhören, bis
das Herz zerspringt! Hinten, in der Tiefe des Saales, im
Gedränge, kann einer noch schwindeln, einmal aussetzen,
weniger Kraft, weniger Rage hineinlegen ... 9 Minuten! ...
10! ... Verrückt! Total verrückt! Sie schielen mit schwacher
Hoffnung einer zum anderen, unentwegt Begeisterung auf
den Gesichtern, sie klatschten und werden klatschen, bis
sie hinfallen, bis man sie auf Tragbahren hinausbringt.

Und so setzt der Direktor in der elften Minute eine
geschäftige Miene auf und lässt sich in seinen Sessel
im Präsidium fallen. Und – o Wunder – wo ist der allgemeine, ungestüme und unbeschreibliche Enthusiasmus
geblieben?

Wie ein Mann hören sie mitten in der Bewegung auf
und plumpsen ebenfalls nieder ...

In selbiger Nacht wird der Direktor verhaftet. Mit
Leichtigkeit werden ihm aus ganz anderem Anlass zehn
Jahre verpasst. Doch nach Unterzeichnung des abschlie-
ßenden Untersuchungsprotokolls vergisst der Unter-
suchungsrichter nicht die Mahnung: „Und hören Sie in
Zukunft nie als Erster mit dem Klatschen auf!"[1]

Wir im Westen sollten uns fragen: Wenn diese Rede auch eine Abkehr von Gott beinhaltet hätte, hätten wir als Christen dann mit-
geklatscht? Oder nur so getan, als ob wir klatschen? Oder hätten wir
besser mit gefalteten Händen dagesessen und gar nicht geklatscht?

Bevor wir antworten, sollten wir uns daran erinnern, dass Stalins
Regime unbarmherzig war und dass er von 1922 bis 1952 als Dik-
tator über die Sowjetunion herrschte. Obwohl niemand die genaue
Zahl der von ihm hingerichteten politischen Gefangenen kennt,
gehen Schätzungen von weit über einer Million während der sogenannten Großen Säuberung von 1937–1938 aus. Natürlich starben

Millionen andere in den Gulag-Arbeitslagern, und Millionen gingen an der Hungersnot zugrunde, die seine Politik verursachte.

In unserer *woken*, politisch korrekten Gesellschaft scheuen sich Menschen und Unternehmen heute, als erste mit dem Klatschen aufzuhören. Wer das tut, wird verunglimpft oder öffentlich bloßgestellt. Wir suchen nach einem Grund, uns zu verstecken; wir ziehen es vor, uns in den hinteren Teil des Saales zu verkriechen, wo uns niemand sehen kann. Und wenn unser Versteck entdeckt wird, klatschen wir nur widerwillig.

„Wie stirbt die Freiheit?", fragte Solschenizyn. Seine Antwort wäre: „Durch tosenden Beifall!"

Hinter der Berliner Mauer

Werden die Amerikaner sowjetisiert?

So lautet der interessante Titel eines Artikels von Victor Davis Hanson, einem früheren Mitglied der *Hoover Institution of Stanford University*. Seiner Ansicht nach lautet die Antwort: Ja. Der erste Grund dafür sei, dass es in Russland „kein Entrinnen vor ideologischer Indoktrination gab – nirgends. Eine Stelle in der Bürokratie oder ein Militäreinsatz hing nicht so sehr von Verdiensten, Fachwissen oder früheren Leistungen ab. Was zählte, war lautstarke Begeisterung für das sowjetische System."[2] Mit anderen Worten, es kam nicht auf die Kompetenz an, sondern auf das Bekenntnis zum vorherrschenden Narrativ.

Erinnern Sie sich noch an die Zeiten, als engagierte Christen in unseren Universitäten und Unternehmen willkommen waren, solange sie rechtschaffen und kompetent arbeiteten? Diese Zeiten sind größtenteils vorbei, weil solche Referenzen jetzt in den Hintergrund treten, wenn es darum geht, ob man sich für alle Werte der *woken* Gesellschaft einsetzt. Carl Trueman, Professor für Bibel- und Religionswissenschaften am Grove City College, drückt es so aus: „Man kann ein brillanter Biochemiker sein oder ein tiefes Verständnis von der minoischen Kultur haben, aber jede Abweichung von der gesellschaftlichen Doktrin in Bezug auf Abstammung, Sexualität oder sogar Pronomen wird sich bei Einstellungs- und Festanstellungsprozessen als wichtiger erweisen als Überlegungen wie wissenschaftliche Kompetenz und sorgfältige Forschung."[3]

Vor ein paar Monaten erzählte mir eine Anwältin, dass sie zwei Angestellte eines Einzelhandelsgeschäfts vertrat, die sich geweigert hatten, eine kombinierte Black-Lives-Matter-(BLM) und LGBTQ-Regenbogennadel an ihrer Arbeitskleidung zu tragen. Trotz 20 Jahren treuen Dienstes wurden sie entlassen, weil sie nicht bereit waren, die „moralische" Revolution zu unterstützen, die ihnen von unserer progressiven Gesellschaft aufgezwungen wurde. Treue, Kompetenz und Integrität qualifizieren einen nicht mehr für die Arbeit im Verkauf; die Anpassung an politische und moralische Werte steht an erster Stelle.

Klatschen oder gefeuert werden!

Man bezeichnet es als „Woke Washing", wenn Unternehmen oder Geschäfte eine linksradikale Position zu Fragen sozialer Gerechtigkeit einnehmen, nur um den Anschein zu erwecken, dass sie „voll dabei" sind und sich mit der Agenda der Linken zur Umgestaltung der Gesellschaft solidarisieren. Sie wollen als Befürworter angesehen werden, als diejenigen, die unschuldig sind an all dem Übel, das anderen zugeschrieben wird. Und die Unternehmen, die von ihrer Freundschaft mit den Linken an der Macht profitieren, sind die loyalsten. Sie klatschen am lautesten.

Ein Freund von mir, ein Zahnarzt, erzählte mir, dass er ein Online-Seminar über unterschwellige Voreingenommenheit absolvieren musste, in dem betont wurde, dass Barrieren und Ungleichheiten bei Themen wie Geschlechtsidentität, sexuelle Orientierung, Religion usw. abgebaut werden müssen. Am Ende des Seminars wurden die Teilnehmer aufgefordert, Fragen zu stellen oder Kommentare abzugeben. Mein Freund war, und das ist ihm zugutezuhalten, der einzige, der seine Frage äußerte: „Ich verlange von meinen muslimischen Patienten nicht, dass sie es gutheißen, dass ich Speck esse. Ich verlange von meinen atheistischen Patienten nicht, dass sie es gutheißen, dass ich an Gott glaube. Ich verlange von meinen LGBTQ-Patienten nicht, dass sie es gutheißen, dass ich biblisch-christliche Werte vertrete. Warum muss ich den LGBTQ-Lebensstil eines Patienten gutheißen?"

Die Antwort, die er erhielt, lautete: „Die Sexualität von LGBTQ ist ein zentraler Bestandteil ihrer Identität. Es ist sehr verletzend und kann großes Leid verursachen, wenn wir LGBTQ-Menschen nicht bejahen." In der Antwort hieß es weiter, dass es rechtliche Folgen für diejenigen haben könnte, die dies nicht täten. Man beachte: Es reicht nicht aus, dass ein Zahnarzt alle seine Patienten mit gleichem Respekt behandelt; von ihm wird erwartet, dass er eine Gruppe, deren Lebensstil seinen christlichen Überzeugungen zuwiderläuft, in besonderem Maße bejaht.

Wir als Christen sollten uns nicht dafür schämen, biblischen Werten den Vorzug zu geben und sie zu vertreten.

Die Frage, die ich dem Leiter des Seminars gerne gestellt hätte, lautet: „Haben Sie eine unterschwellige Voreingenommenheit gegen die biblische Lehre über die Sexualmoral? Sind Sie bereit, *meine* Überzeugungen zu bejahen? Aber die Botschaft, die mein Freund erhielt, war eindeutig: Wollen Sie Ihren Job behalten? Dann fangen Sie an zu klatschen! Und je lauter, desto besser. Übrigens: Wir als Christen sollten uns nicht dafür schämen, biblischen Werten den Vorzug zu geben und sie zu vertreten.

John Milton sagte einmal: „Gib mir die Freiheit, zu wissen, zu sprechen und frei nach meinem Gewissen zu argumentieren."[4] Aber heute wird uns diese Freiheit verweigert. Bewerben Sie sich um eine Stelle, werden Ihre Social Media Accounts überprüft; teilen Sie die falschen politischen oder moralischen Ansichten, werden

Sie möglicherweise öffentlich bloßgestellt. Und Sie könnten gefragt werden, ob Sie bereit sind, Ihre Mitarbeiter mit den von ihnen bevorzugten Pronomen anzureden. Besuchen Sie eine evangelikale Gemeinde? Dann sind Sie verdächtig. Sie könnten zu toxisch sein, um eingestellt zu werden.

Leutnant William Kelly wurde vom *Norfolk Police Department* in Virginia entlassen, weil er anonym 25 Dollar an den Verteidigungsfonds von Kyle Rittenhouse gespendet hatte.[5] Rittenhouse war der Teenager, der in Kenosha, Wisconsin, vom Vorwurf des Mordes aufgrund von Notwehr freigesprochen wurde. Ein ganzes Jahr lang vor seinem Prozess war dieser Teenager die Zielscheibe von bösartigen Verleumdungen durch die Medien, die ihn als weißen Rassisten darstellten, obwohl die Männer, die ihn verfolgt hatten, in Wirklichkeit Weiße waren.

Nachdem eine angebliche „Datenpanne" aufgedeckt hatte, dass Kelly hinter der Spende stand, wurde er entlassen. Nach Ansicht einiger Mitarbeiter des *Norfolk Police Department* hatte Rittenhouse keinen Anspruch auf Unterstützung für ein faires Verfahren. Nur eine Spende von 25 Dollar für einen von den Medien verleumdeten Teenager zeugt von zu viel Respekt vor der Rechtsstaatlichkeit, die besagt, dass eine Person als unschuldig gilt, solange nicht ihre Schuld bewiesen wird. Kelly befand sich auf der falschen Seite der linken Ideologie. Er hat nicht geklatscht!

So funktioniert die kollektive Verteufelung: keine Diskussion, keine Debatte darüber, ob die Ansichten einer Person richtig oder falsch sind, keine Möglichkeit, sich selbst zu verteidigen. Sie werden kurzerhand vernichtet; Ihr Lebensunterhalt, Ihr Ruf und Ihre Zukunft liegen dann in Trümmern. Keine Höflichkeit; man wird einfach zum Opfer einer gezielten Zerstörung.

Vor Kurzem traf ich auf einer Konferenz Barronelle Stutzman, die Inhaberin von *Arlene's Flowers* in Richland, Washington. Zu den vielen hundert Kunden, die sie im Laufe von fast zehn Jahren bedient hat, gehörten Robert Ingersoll und sein Partner. Doch als Ingersoll sie bat, ein individuelles Blumenarrangement für seine gleichgeschlechtliche Hochzeit zu gestalten, lehnte sie ab und verwies ihn an andere Floristen, die dies für ihn tun würden.

Der Generalstaatsanwalt des Staates Washington und die *American Civil Liberties Union* (ACLU) reichten Klage gegen sie ein. Sie wurde sowohl beruflich als auch persönlich angeklagt, und schließlich entschied der *Supreme Court* des Staates Washington gegen sie. Obwohl dieser vom *US Supreme Court* angewiesen wurde, seine Entscheidung zu überdenken, entschied er erneut gegen sie. Im Juli 2021 lehnte es der US Supreme Court ab, den Fall erneut anzuhören, sodass die Entscheidung der unteren Instanz Bestand hatte.[6]

Jeder muss die moralische Revolution feiern. Unabhängig davon, wie viele Blumenläden bereit gewesen wären, ein individuelles Arrangement für eine gleichgeschlechtliche Ehe anzufertigen, behauptet man, dass die Existenz eines einzigen Geschäfts, das dies nicht tut, „psychologischen Schaden" anrichtet. Die verfassungsmäßigen Freiheiten werden zugunsten der vorherrschenden Ideologie verweigert. Die Botschaft ist klar: *Unser Bedürfnis nach nicht hinterfragter Bestätigung setzt eure Religionsfreiheit außer Kraft. Und wenn wir euch nicht kontrollieren können, werden wir euch vernichten.*

Barronelle hat rechtlich gesehen alle Möglichkeiten ausgeschöpft. Diese Großmutter steht kurz davor, alles zu verlieren, und wie sie einer Gruppe von uns sagte: „Im Alter von sechsundsiebzig Jahren bin ich zu alt, um neu anzufangen." Sie, ihr Geschäft und ihr Lebensunterhalt lagen in Trümmern. Sie hatte sich geweigert zu klatschen, und man zerstörte alles – bis auf ihre liebenswerte geistliche Einstellung und christliche Überzeugung.

Was ist mit Bibelschulen? Die ACLU hat eine Klage gegen das US-Bildungsministerium eingereicht, die sich gegen christliche Schulen richtet, die an einer biblischen Moral festhalten. Konkret geht es in der Klage um 25 verschiedene Schulen. Die ACLU wendet sich gegen eine religiöse Ausnahmeregelung, die es Schulen, die staatliche Unterstützung erhalten, wie z. B. dem Moody Bible Institute, erlaubt, „LGBTQ-Schülerinnen und Schüler verfassungswidrig zu diskriminieren."[7] Mit anderen Worten: Christlichen Schulen sollte es nicht erlaubt sein, das Christentum zu lehren und auf biblischen moralischen Standards für ihre Schüler zu bestehen. Unter enormem kulturellem und rechtlichem Druck wird jeder – auch christliche Einrichtungen – dazu gezwungen, Kompromisse bei der biblischen Lehre einzugehen, wenn sie mit der „Gleichsheit" (ein Wort, auf das wir in Kapitel 6 zurückkommen werden) in Konflikt steht.

Die *Alliance Defending Freedom* (ADF) hat im Namen des *College of the Ozarks* eine Klage eingereicht. In dieser Klage wendet sie sich gegen eine Richtlinie des US-Ministeriums für Wohnungsbau und Stadtentwicklung (HUD), die christliche Schulen dazu zwingt, ihre Wohnheime, einschließlich der Schlafzimmer und der gemeinsamen Waschräume, entgegen ihrer Überzeugungen für Angehörige des anderen Geschlechts zu öffnen. Die Richtlinie des HUD besagt, dass biologische Jungen, die sich als Mädchen identifizieren, „gleiche Rechte"[8] erhalten sollen.

Angenommen, Ihre Tochter ist in einer christlichen Schule eingeschrieben und ihr wird ein biologisch männlicher Zimmergenosse zugewiesen, der sagt, er sei ein Mädchen. Wäre das für Sie in Ordnung? Die meisten von uns wären entsetzt.

Dies ist ein klares Beispiel dafür, wie die Regierung durch ihre Übervorteilung den christlichen Schulen vorschreibt, nicht mehr nach christlichen Grundsätzen vorzugehen. Von der Religionsfreiheit wird erwartet, dass sie sich den *woken* Maximen Vielfalt, Gleichheit und Inklusion unterwirft, einer kulturellen und diskriminierenden Philosophie, die wir in Kapitel 4 genauer untersuchen werden.

Sollen wir also aufgeben, untergehen oder schwimmen?

Der Präsident des College of the Ozarks, Jerry C. Davis, vertritt seinen Standpunkt vehement: „Wir werden nicht zulassen, dass eine radikale Durchführungsverordnung oder eine behördliche Anweisung uns unserer religiösen Grundwerte beraubt und uns zwingt, Mitgliedern des anderen Geschlechts zu erlauben, in unsere Frauenwohnheime einzudringen."[9] Die Klage ist zum Zeitpunkt, in dem ich diese Worte schreibe, noch anhängig.

Auch von Sportmannschaften wird erwartet, dass sie sich der Revolution beugen. Im Jahr 2021 besiegte das Basketballteam der *Oral Roberts University* aus Oklahoma unerwartet das Team von *Ohio State* und konnte so in die nächste Runde der NCAA-Basketball-Playoffs einziehen. Doch viele verurteilten diese Universität, anstatt sie zu feiern. Die Schule wurde in den Schmutz gezogen, weil sie sich verpflichtet hatte, dass ihre Schülerinnen und Schüler sich von homosexuellem Verkehr enthalten, und weil sie die Ehe als einen Bund zwischen einem Mann und einer Frau bezeichnete.

Die radikale Linke missgönnte dem Team den Einzug in die sogenannte „Sweet Sixteen"-Runde der Playoffs und konzentrierte sich stattdessen auf „ihre vorurteilsbehafteten Lehren und ihre moralische Regressivität". Die Kolumnistin Hemal Jhaveri schrieb, dass einige Dinge zur Debatte stünden, aber „was nicht zur Debatte steht, ist ihre Anti-LGBTQ+-Haltung, die nichts weniger als Diskriminierung ist und von der NCAA ausdrücklich verurteilt werden sollte ... Tatsache ist, dass jede Schule vom NCAA-Wettbewerb ausgeschlossen werden sollte, die in ihrer Schulordnung eine Anti-LGBTQ-Sprache verwendet."

Die Schreiberin dieses Artikels konnte sich nicht zurückhalten, und so heißt es weiter:

> Die Schule ist eine Brutstätte für institutionelle Transphobie, Homophobie und eine regressive, sexistische Politik, egal wie gut ihre jungen Sportlerinnen und Sportler sind. Die Basketballmannschaft der Männer lässt sich nicht von den Gefahren ihres religiösen Dogmas trennen, ganz gleich, wie viele Topspieler sie besiegen.[10]

Man beachte: „Die Basketballmannschaft der Männer lässt sich nicht von den Gefahren ihres religiösen Dogmas trennen." Sie wollen Sport treiben? Beugen Sie sich der linken politischen und moralischen Ideologie. Kompetenz allein reicht nicht, um zu gewinnen. Man muss sich auch der sexualisierten *Woke*-Gesellschaft unterwerfen. Aus Angst vor dem Zorn der Linken kapitulieren einige der ansonsten christlich eingestellten Universitäten.

In Bezug auf die Entscheidung der *Baylor University,* eine LGBTQ-Gruppe auf ihrem Campus zuzulassen, twitterte Al Mohler, Präsident des *Southern Baptist Theological Seminary* in Louisville, Kentucky: „Dies ist ein Bild für institutionelle Kapitulation, die als Fürsorge getarnt ist. Die Zulassung einer Studentenorganisation, die sich als LGBTQ identifiziert, ist mit dem Festhalten an biblischen Überzeugungen unvereinbar. Die große Kapitulation geht weiter."[11]

Schritt für Schritt, Einrichtung für Einrichtung, Unternehmen für Unternehmen, wird die Kapitulation beschleunigt. Es gibt keinen Ort, an dem man sich vor der moralischen und politischen Revolution verstecken kann. Victor Davis Hanson hatte Recht: Das Bekenntnis zu dieser Ideologie soll wichtiger sein als die Leistung, wichtiger als die Kompetenz, selbst für Sportmannschaften. Kein Bereich kann sich von der vorherrschenden linken Ideologie lossagen.

Die Verbindung von Big Tech und Big Government

Und es gibt noch eine andere Art, wie wir sowjetisiert werden.

Victor Davis Hanson schreibt: „Die Sowjets verschmolzen ihre Presse mit der Regierung. Pravda, oder ‚Wahrheit', war das offizielle Megaphon staatlich sanktionierter Lügen."[12] Mit anderen Worten, ihre Medien (dazu gehören heute auch Big-Tech-Unternehmen wie Google, Facebook und Twitter) trieben die Agenda der Regierung voran, indem sie offizielle Staatspropaganda einsetzten und abweichende Meinungen zensierten. In den USA sind die Medien in einigen Fällen zum Sprachrohr von Ideologien geworden, die durch die Regierung genehmigt wurden.

Liberale, die sich früher als Verfechter der Freiheit sahen und die Zensur einst verurteilten, akzeptieren diese heute voll und ganz. Und so wird Big Tech nun genutzt, um jene Leute „stummzuschalten", deren Ansichten nicht mit der linken Agenda übereinstimmen. Zum ersten Mal darauf aufmerksam wurde ich, als ich las, dass Amazon ein Buch, das ich zuvor gelesen hatte, nämlich *When Harry Became Sally: Responding to the Transgender Moment* von Ryan T. Anderson nicht mehr führt. Dabei handelt es sich um eine aufschlussreiche, wissenschaftliche Studie über die Transgender-Bewegung, die jeder lesen sollte. Aber das Buch passte nicht in Amazons Weltbild, also wurde es von der Website entfernt.

Die Tiraden der iranischen Ayatollahs wurden von Big Tech nicht zensiert. Genauso wenig wurde die Art und Weise eingeschränkt, wie China das Internet nutzt, um seine kommunistische Agenda zu rechtfertigen. Auch Pornografie kann im Internet weiterhin frei verbreitet werden. Aber Kommentare politischer oder sogar medizinischer Natur, mit denen die Eliten nicht einverstanden sind, werden oft gelöscht. Ihre Regel ist einfach: Die Stimmen, mit denen sie einverstanden sind, werden verstärkt, und die Stimmen, mit denen sie nicht einverstanden sind, werden zum Schweigen gebracht. Sie dürfen entscheiden, wer spricht und wer nicht.

Big-Tech-Unternehmen haben offenkundig viele alternative Standpunkte zu Themen wie Sexualität, COVID-19-Impfstoffen und dem Klimawandel gelöscht. Auch evangeliumszentrierte Organisationen sind davon betroffen. Glücklicherweise wird durch die Kartellgesetzgebung Druck auf Unternehmen wie Google, Facebook, Twitter und Co. ausgeübt, die im Tech-Bereich die großen Monopole haben. Aber es ist noch viel zu früh, um darauf zu hoffen, dass das zu einem ausgewogeneren Ansatz bei der Verbreitung von Informationen führen wird.

Am 2. Februar 2021 veröffentlichte die *New York Times* einen Artikel über die Notwendigkeit eines Orwell'schen „Wahrheitsministeriums", das überwacht, welche Ideen veröffentlicht und welche verboten werden sollten. Wir lesen: „Mehrere Experten ... empfahlen der Regierung Biden, eine behördenübergreifende Arbeitsgruppe zur Bekämpfung von Desinformation und inländischem Extremismus einzurichten, die von einer Art ‚Realitätszar' geleitet werden sollte."[13] Dieser Zar hätte dann die Möglichkeit, auszuwählen, welche Geschichten wir hören sollen und welche lieber gelöscht werden.

Er würde sich nicht von der Notwendigkeit eines verantwortungsvollen, ausgewogenen Journalismus behindern lassen, sondern vielmehr Geschichten genehmigen, die Ansichten widerspiegeln, die der linken Definition von Vielfalt, Gleichberechtigung und Integration entsprechen. So könnte die neue Realität darin bestehen, dass biologisches Geschlecht nicht real ist, gleichgeschlechtliche Ehen normal sind, Patriotismus rassistisch ist und *White Supremacy* die größte Bedrohung für Amerika darstellt. Und die Sprache selbst wird manipuliert, um diese „fortschrittlichen" Perspektiven widerzuspiegeln. (In Kapitel 6 werden wir uns genauer mit der Manipulation von Sprache beschäftigen.)

Lassen Sie sich nicht täuschen: Zensur macht stets die Schwachen immer schwächer und die Starken immer stärker. Deshalb sagte Frederick Douglass, ein entlaufener Sklave, der zum Staatsmann wurde, dass die freie Meinungsäußerung „die Furcht der Tyrannen ist ... sie ist das eine Recht, das sie als erstes niedertreten."[14] Aber die heutige Gesellschaft entfernt sich immer mehr von der Redefreiheit, und das neue Mantra lautet: „Du hast andere Ansichten? Leide leise."

Wenn Sie sich heute um eine Stelle bewerben, auf der Karriereleiter aufsteigen wollen oder eine einflussreiche Position in der Politik oder im Bildungswesen anvisieren, müssen Sie sich fragen: *Bin ich woke genug, um als tugendhaft angesehen zu werden? Klatsche ich fest und laut genug?*

Ja, natürlich gibt es Unwahrheiten und Verschwörungstheorien im Internet, aber letztlich muss die Gesellschaft darauf vertrauen, dass die Bevölkerung recherchiert und sich selbst eine Meinung darüber bildet, was wahr ist und was nicht. Wir sollten uns nicht an den Standard von Big Tech halten, der besagt: „Wir sind anderer Meinung als du, also bist du *gelöscht!*" Das Ziel besteht letzten Endes darin, dass es irgendwann nur noch *eine* regierende politische Partei gibt – nämlich diejenige, die mit linken Werten übereinstimmt.

In allen totalitären Regimen ist kollektive Verteufelung die Norm. Im Nationalsozialismus ließen die Kirchen Hakenkreuze an ihre Kirchentüren heften, um zu verkünden: „Wenn ihr die Christen holt, dann holt nicht uns, wir sind auf eurer Seite!" Was meine ich mit kollektiver Verteufelung? Es ist die Bestrafung aller, die es wagen, mit den Machthabern nicht übereinzustimmen; die Auslöschung des Individualismus durch Stigmatisierung und Bestrafung Andersdenkender. Und man muss nicht einmal selbst ein Andersdenkender sein – man kann auch bestraft werden, wenn man mit einem befreundet ist! Wenn in kommunistischen Ländern Regierungsbeamte eine Person verunglimpfen – zum Beispiel jemanden, der in der Kunst oder in der Politik prominent ist –, wird von der Bevölkerung erwartet, dass sie sich der Anklage anschließt; wer das nicht tut, wird beschuldigt, mit einem Staatsfeind zusammenzuarbeiten.

Ein Freund von mir, der im Kommunismus aufgewachsen ist, sagte, dass Menschen, die man für Freunde hielt, sich als Informanten entpuppen konnten. Die Regierung bezahlte sie dafür, dass sie dich ausspionierten. Ein vermeintlich vertrauenswürdiger Nachbar oder Kollege, der über die Missstände des Regimes sprach, tat dies, um dich zu ködern und anschließend den Behörden mitteilen zu können, ob du „an Bord" bist oder nicht. Die Versuchung, gegen Geld eine falsche Anschuldigung vorzubringen, war für viele offensichtlich zu groß. Deshalb vertrauten die Menschen nicht einmal ihren Pfarrern, von denen einige später als Informanten entlarvt wurden.

Jesus hat prophezeit, dass Familien um seinetwillen *entzweit* werden. Und „die eigenen Angehörigen werden zu Feinden" (Mt 10,36). Er warnte seine Jünger auch: „Dann werden sie … euch töten; und ihr werdet von allen Nationen *gehasst* werden um meines Namens willen. Und dann werden viele zu Fall kommen und werden einander überliefern und einander hassen" (Mt 24,9-10; Hervorh. hinzugefügt).

Beachten Sie, dass Jesus über das sprach, was wir in unserer heutigen Gesellschaft erleben: *Spaltung, Hass* und *Verrat*. Alle drei beherrschen einen Großteil der sozialen Medien und des kulturellen und politischen Diskurses. Wir sind noch nicht da, wo einige totalitäre Länder sind, aber wir scheinen auf dem Weg dorthin zu sein.

Eine Warnung von denen, die es erlebt haben

Freiheitsliebende Russen flehen uns an, die Augen nicht vor dem zu verschließen, was hier passiert. Alexej Nawalny, der vom Putin-Regime in Russland vergiftet wurde, schrieb über die Geschehnisse in Amerika: „Wir haben in Russland und China viele Beispiele dafür gesehen, dass solche privaten Unternehmen zu den besten Freunden und Unterstützern des Staates werden, wenn es um Zensur geht. Dieser Präzedenzfall wird von den Feinden der Meinungsfreiheit auf der ganzen Welt ausgenutzt werden."[15]

Der Autor Rod Dreher erzählt von einer Frau, die aus der Sowjetunion einwanderte und jetzt als Professorin an einer amerikanischen Universität arbeitet. Sie ist sehr besorgt über das, was sie sieht. Sie befürchtet, dass sich die Vereinigten Staaten in eine ähnliche Richtung entwickeln wie ihr früheres Land, und warnt uns: „Sie werden nicht vorhersagen können, was Ihnen morgen vorgeworfen wird. Sie haben keine Ahnung, welche ganz normalen Dinge, die Sie heute tun oder sagen, gegen Sie verwendet werden, um Sie zu vernichten. Genau das haben die Menschen in der Sowjetunion erlebt. Wir wissen, wie das funktioniert."[16]

Wir werden von einer antagonistischen radikalen Linken erdrückt. Lassen Sie sich nicht täuschen: Wenn wir in diese Richtung weitermachen, *wird das, was heute abgelehnt wird, morgen kriminalisiert werden.*

Wenn Sie nicht klatschen, werden Sie als Werkzeug der Unterdrückung betrachtet!

Die Suche nach Extremisten

Die psychologische Manipulation von Menschen, auch *Social Engineering* genannt, lässt sich am besten rechtfertigen, wenn es einen Vorwand gibt, der für die Durchsetzung einer Agenda ausgenutzt werden kann. Wir alle sollten die Erstürmung des US-Kapitols am 6. Januar 2021 verurteilen; es macht uns traurig, dass in unserem Land solch ungeheuerliche und gewalttätige Aktionen geschehen sind. Aber als ob die Sache nicht schon schlimm genug wäre, ist es für die radikale Linke zur perfekten Steilvorlage geworden, um patriotische Amerikaner anzugreifen, indem sie diese als „white supremacists" abstempelt.

Historisch gesehen wurde der Begriff „white supremacy" (dt: Vorherrschaft der Weißen) definiert als „die Überzeugung, dass die weiße Rasse anderen Rassen von Natur aus überlegen ist und dass Weiße die Kontrolle über Menschen anderer Rassen haben sollten."[17]

Die *White Supremacy* ist eine rassistische, sündhafte Ideologie. Sie lehnt die biblische Lehre ab, dass alle Menschen nach dem Bild Gottes geschaffen sind und mit gleicher Würde und Respekt behandelt werden sollten. Ihre Verfechter sollten zur Umkehr und zum Glauben an Christus aufgerufen werden, der uns zuerst mit Gott und dann mit unseren Brüdern und Schwestern „aus jedem Stamm und jeder Sprache und jedem Volk und jeder Nation" versöhnt (Offb 5,9). Wenn diese Rassisten tätliche Gewalt anwenden, sollten sie im vollen Umfang des Gesetzes für ihre Taten zur Rechenschaft gezogen werden. Unsere Regierung sollte echte Extremisten aufspüren, die Amerika zu Fall bringen oder gewaltsam eine rassistische Agenda durchsetzen wollen.

Doch in den letzten Jahren wurden die Definitionen von „white supremacy" und „Extremismus" auf patriotische Amerikaner ausgeweitet, die traditionelle amerikanische Werte vertreten. Diese Bezeichnungen werden nun verwendet, als seien sie austauschbar, und auf jeden angewandt, der nicht mit dem verbreiteten kulturellen Narrativ übereinstimmt. Und die Bezeichnungen

„White Supremacist" und „Extremist" werden sogar auf jeden angewandt, der die jüdisch-christlichen Grundlagen unseres Landes schätzt. Kurzum: Diese Bezeichnungen werden verleumderisch verwendet.

Die Liste der angeblichen *White Supremacists* ist lang. In den Köpfen mancher richtet sich dieser Vorwurf gegen jeden, der für starke Grenzen ist, der sich wegen seiner Hautfarbe oder ethnischen Herkunft nicht schuldig fühlt, der nicht mit der Klimawandel-Agenda einverstanden ist, der den Stellenwert der COVID-19-Impfstoffe nicht anerkennt oder der an die biblische Definition der Ehe glaubt. Jeder, der eine dieser Ansichten vertritt, könnte als Extremist abgestempelt werden.

Doch das ist nicht alles.

Befürworter der freien Meinungsäußerung werden als Rassisten oder Extremisten bezeichnet; diejenigen, die finden, dass die Kritische Rassentheorie nicht in den Schulen gelehrt werden sollte, wurden als Rassisten beschimpft; wer meint, dass unsere Polizei nicht systemisch rassistisch ist, wird als Verfechter der *White Supremacy* abgestempelt. Selbst die bloße Überzeugung, dass wir die amerikanische Flagge ehren sollten, dass Gott Himmel und Erde geschaffen hat, dass Männer nicht gebären können oder dass wir den zweiten Verfassungszusatz aufrechterhalten sollten, führt dazu, dass man als Extremist abgestempelt wird.

COVID-19, ein Thema, das in Kapitel 10 ausführlicher behandelt wird, wurde als Vorwand für diejenigen benutzt, die nach Macht und Kontrolle streben, um diejenigen auszuschließen, die nicht mit ihnen übereinstimmen und daher natürlich als Extremisten bezeichnet werden. Wir lesen: „Die Army befiehlt ihren Kommandeuren, ungeimpfte Truppen zu ‚kennzeichnen', um eine Wiederverpflichtung zu verhindern und die Karriere zu beenden ... Gekennzeichnete Truppen werden auch von ‚vorteilhaften Personalmaßnahmen' ausgeschlossen."[18] Wenn Sie sich also geweigert haben, sich impfen zu lassen, werden Sie entlassen. Um auf unser vorheriges Bild zurückzukommen: Man will Sie klatschen sehen!

Als Amerika im August 2021 aus Afghanistan abzog, wurden wir daran erinnert, was wirklich eine der größten Bedrohungen für Amerika ist: die Taliban, die ein afghanisches Gefängnis öffneten und Tausende von radikalen ISIS- und Al-Qaida-Anhängern freiließen. Diese Radikalen könnten leicht zu einer neuen Bedrohung für unser Heimatland werden. Anstatt sich so sehr auf die Überwachung amerikanischer Bürger zu konzentrieren, die als politische Gegner angesehen werden, sollte der Schwerpunkt darauf gelegt werden, die tatsächlichen Terroristen zu finden, die auf unsere totale Zerstörung aus sind.

Das eigentliche Problem ist, wie schon gesagt, nicht die Vorherrschaft der *Weißen*, sondern die Vorherrschaft der *Woken*.

Die Segnungen des Patriotismus

Heute wollen uns einige glauben machen, Patriotismus sei rassistisch. Doch ein patriotischer Amerikaner zu sein, bedeutet, unsere Geschichte, unsere jüdisch-christlichen Werte und unser Bekenntnis zur Freiheit anzuerkennen. Es ist genau dieses Erbe, das uns die Möglichkeiten gegeben hat, die wir genießen konnten: Religionsfreiheit, Versammlungsfreiheit, die Freiheit, Wohlstand zu schaffen und ähnliches. Diese von oben geregelte Freiheit ermöglicht es uns, unsere Freiheiten sowie die Freiheiten anderer zu verteidigen.

Traurigerweise ist die Art von Patriotismus, die unsere Freiheiten und die anderer religiöser und politischer Ansichten schützt, ein Erbe, das zerstört wird, weil es zu Unrecht als Vorherrschaft der Weißen oder als Extremismus karikiert wird. Die Zukunft wird zeigen, ob unsere Freiheiten bewahrt werden können oder ob sie unter dem Vorwand zerstört werden, uns vor den vermeintlichen „inneren Feinden" zu schützen.

> Als Christen dürfen wir nicht zornig werden,
> sondern müssen diese neue Realität im Glauben
> an unseren Herrn annehmen, der uns voraus-
> gegangen ist und uns den Weg gezeigt hat.

Amerika ist mit 240 Jahren relativer Stabilität gesegnet, weil unsere Gründerväter drei Regierungszweige als Mittel der gegenseitigen Kontrolle eingeführt haben. Sie wussten: „Macht korrumpiert, und absolute Macht korrumpiert absolut."[19]

Zum Glück ist Amerika nicht Russland oder Hitlerdeutschland, aber wir sollten die Lehren aus der Geschichte nicht ignorieren: Der Totalitarismus kommt oft Schritt für Schritt, Verordnung für Verordnung und Gesetz für Gesetz. Und er wird vorangetrieben, wenn von allen erwartet wird, dass sie im Gleichschritt marschieren. Heute geht es oft gar nicht mehr so sehr um Republikaner oder Demokraten, um rechts oder links, sondern um gut oder böse, richtig oder falsch, Freiheit oder Zensur.

Als Christen dürfen wir nicht zornig werden, sondern müssen diese neue Realität im Glauben an unseren Herrn annehmen, der uns vorausgegangen ist und uns den Weg gezeigt hat. Und inmitten des Chaos sollen wir Vertreter Christi sein. Letztlich ist es das Evangelium, das am wichtigsten ist.

Wir müssen immer daran denken, dass Amerika uns nicht retten kann; das kann nur Jesus!

Die Geschichte wiederholt sich

Kann es hierzulande zu Zwang nach sowjetischem Vorbild kommen? Rod Dreher zufolge beantwortet die radikale Linke solche Fragen mit dem, was er das „Gesetz der verdienten Unmöglichkeit" nennt: „Es wird nie passieren, und wenn doch, dann habt ihr Fanatiker es verdient."[20] Solschenizyn glaubte, dass jedes Übel des zwanzigsten Jahrhunderts überall auf der Erde geschehen könnte.

„Sicher, wir werden hier Faschismus haben, aber er wird als antifaschistische Bewegung daherkommen." Dieses Zitat wird gewöhnlich dem ehemaligen US-Senator Huey Long (1932–1935) zugeschrieben. Zwar gibt es Zweifel, ob es tatsächlich von ihm kommt, aber unabhängig davon, wer diese Worte gesagt hat, sind sie es wert, dass man über sie nachdenkt. Um den Gedanken dieser Aussage fortzuführen, möchte ich hinzufügen, dass der Faschismus mit der Ausweitung der staatlichen Einflussnahme einhergehen wird, die dadurch gerechtfertigt wird, dass die Regierung uns vor den Extremisten unter uns schützen will. Und wenn die Regierung ihren Einflussbereich ausweitet, werden wir noch mehr von der Regierung abhängig werden. Um es kurz zu machen: Mehr staatliche Leistungen bedeuten mehr staatliche Kontrolle. Wie Lucas Miles schreibt, „muss der Staat nicht nur gebraucht werden, sondern auch der Einzelne muss bedürftig sein."[21]

Vor Jahren besuchten meine Frau Rebecca und ich das ehemalige Konzentrationslager Auschwitz in Polen, wo Zehntausende von Juden und Andersdenkenden rücksichtslos durch Massenvernichtung und unvorstellbare Formen der Folter gequält und schließlich ermordet wurden. Ich kann nicht in Worte fassen, wie erschütternd es war, die Überreste der Foltereinrichtungen zu sehen, die Schuhe der Kinder, die massakriert worden waren, und die Gaskammern, die Tag und Nacht in Betrieb gewesen waren. Die Gedenkstätte Auschwitz-Birkenau und das Museum haben kürzlich Folgendes getwittert:

Es ist wichtig, sich daran zu erinnern, dass der Holocaust nicht in den Gaskammern begonnen hat. Dieser Hass entwickelte sich allmählich aus Worten, Stereotypen und Vorurteilen durch rechtliche Ausgrenzung, Entmenschlichung und eskalierende Gewalt.[22]

Wir dürfen nicht die Augen davor verschließen, was um uns herum geschieht. Wenn wir für unsere Überzeugungen in Bezug auf Sexualität, Rechtsstaatlichkeit und vor allem das Evangelium eintreten, werden wir uns von der Masse abheben. Wenn unsere Überzeugungen mit der vorherrschenden Denkweise kollidieren, wird man auf uns aufmerksam werden. Und so sollte es auch sein.

Auch damals beugten sich nicht alle der nationalsozialistischen Agenda, und das kostete sie ihren Lebensunterhalt, oder schlimmer noch, ihr Leben. Rebecca und ich besuchten auch ein Museum in Berlin, das denen gewidmet ist, die Widerstand gegen Hitler leisteten. Das waren die Helden, die sich weigerten, mit dem Strom zu schwimmen und sich den politischen, sozialen und rassistischen Plänen der Nazis widersetzten. Sie weigerten sich zu salutieren und „Heil Hitler!" zu rufen.

„Wie viel gefahrloser lässt es sich leben, wenn man in der Herde mitläuft und sich gedankenlos in alte Tradition einordnet, anstatt für seine Überzeugung gegen den Strom zu schwimmen und dann als ‚Ausgestoßener' alle Konsequenzen zu tragen", heißt es in einer Stellungnahme einer Andersdenkenden.[23]

Ja, wir leben gefahrloser, wenn wir mit der Herde laufen. Und ja, es ist schwieriger, für seine Überzeugungen gegen den Strom zu schwimmen und „als ‚Ausgestoßener' alle Konsequenzen zu tragen". Doch für uns ist das Gebot klar – wir müssen bereit sein, für Christus „Ausgestoßene" zu sein: „Deshalb lasst uns zu ihm hinausgehen, außerhalb des Lagers, und seine Schmach tragen!" (Hebr 13,13).

Heute wird die Vorherrschaft der Weißen als das Problem angesehen, doch es gibt bereits eine Bewegung gegen die christliche Vorherrschaft (mit der wir uns in Kapitel 7 beschäftigen). Vielleicht wird der Tag kommen, an dem Christen als inländische Terroristen bezeichnet werden, weil sie ihre Kinder mit christlichen Überzeugungen über Sexualität, Rassismus und andere Themen erziehen. Eine solche Verfolgung wird schleichend beginnen, aber ihre Schritte werden im Laufe der Zeit lauter werden.

Infolgedessen können wir damit rechnen, dass es immer weniger Reisende auf dem schmalen Weg gibt, der nach den Worten von Jesus zum ewigen Leben führt (s. Mt 7,13-14). Heute sind wir gezwungen, Partei zu ergreifen, und zum Glück haben wir mit Gottes Hilfe keinen Grund, uns zu verstecken.

Wir müssen der Kultur widerstehen, aber auch über ihr stehen, weil wir für Christus, sein Evangelium und sein Kreuz einstehen.

Die Priorität des Evangeliums

In einem Radiointerview fragte mich ein Moderator: „Wie können wir diesen linken Zug aufhalten?" Ich entgegnete ihm, dass ich nicht glaube, dass wir ihn aufhalten können. Dann habe ich Bonhoeffers Vergleich erwähnt: Wenn man im falschen Zug sitzt, der in die falsche Richtung fährt, hilft es nicht, wenn man von vorne nach hinten geht, in der Hoffnung, damit etwas zu bewirken.

Der Zug hat den Bahnhof verlassen. Und wir sind die Passagiere – wie alle anderen auch. Wir können den Zug nicht aufhalten, indem wir von einem Ende zum anderen laufen. Aber wir können die Wahrheiten des Evangeliums mit all unseren Mitreisenden teilen.

Wir wollen uns erinnern: Alle Züge sind Züge Gottes. Die Geschichte liegt in seiner Hand.

Als Gemeinde können wir die kulturellen Kämpfe um uns herum nicht ignorieren, aber gleichzeitig müssen wir uns aus dem Gerangel heraushalten und beiden Lagern das Evangelium predigen, denn wenn wir vor Gott Rechenschaft ablegen müssen, wird er uns nicht nach unserer politischen Zugehörigkeit fragen, sondern danach, was wir mit seinem Sohn Jesus getan haben. Wir müssen allen, unabhängig von ihrer politischen Einstellung, sagen: „Republikaner,

Demokraten und Unabhängige werden sich allesamt unter dem ewigen Urteil Gottes wiederfinden, wenn sie nicht unter dem Schutz der Gerechtigkeit Christi Zuflucht suchen, denn nur er kann uns vor dem kommenden Zorn retten."

Wir müssen der Kultur widerstehen, aber auch über ihr stehen, weil wir für Christus, sein Evangelium und sein Kreuz einstehen. In unserem aufrichtigen Wunsch, dass Amerika „christlicher" wird, müssen wir uns daran erinnern, dass Amerika zu keiner Zeit eine tatsächlich christliche Nation war, auch wenn es auf der Grundlage von christlichen Idealen gegründet und durch diese beeinflusst wurde.

Ich stimme James Emery White zu, der sagte, dass wir Amerika niemals zu einer christlichen Nation machen können, egal, wen wir ins Amt wählen; es kann nicht von oben nach unten geschehen. Er fragt: „Ist das Endziel eine christliche Nation oder eine Nation von Christen?"[24] Die Antwort liegt natürlich auf der Hand: Das Endziel ist eine Nation von Christen, und das kann nur durch eine treue und mutige Gemeinde geschehen, die das Evangelium weitergibt.

Das Christentum – das wahre Christentum – ist keine politische Religion, auch wenn es, wie ich wiederholt betont habe, politische Auswirkungen hat. Das Christentum wird durch die Gewissensfreiheit gefördert, indem es die Gnade Gottes annimmt, die bußfertigen Sündern großzügig gewährt wird. Wahres Christentum lässt sich nicht von politischen Parteien vereinnahmen, weder von der Rechten noch von der Linken, sondern hat stets die Treue zu Jesus Christus als oberste Priorität. Die Treue zum Evangelium verlangt nicht weniger.

Diejenigen, die Gottes Wort ablehnen, müssen gewarnt werden: „Der im Himmel thront, lacht, der Herr spottet über sie. Dann redet er sie an in seinem Zorn, in seiner Zornglut schreckt er sie: ‚Habe doch ich meinen König geweiht auf Zion, meinem heiligen Berg!'" (Ps 2,4-6). Was ist Gottes Lösung für das Böse? Die Einsetzung seines Sohnes Jesus Christus als König.

Gegenwärtig sind wir, die wir Gottes Kinder sind, Bürger zweier Reiche: des irdischen und des himmlischen. Wir sind aufgerufen, beiden treu zu sein, aber unsere Treue zum himmlischen Reich muss immer an erster Stelle stehen. Eines Tages wird es nur noch ein Reich geben: „Das Reich der Welt ist unseres Herrn und seines Christus geworden, und er wird herrschen von Ewigkeit zu Ewigkeit" (Offb 11,15).

Vor ihm allein verneigen wir uns gerne.

Ein Versprechen, das wir mit uns tragen

Der Herr aber stand mir bei und stärkte mich, damit durch mich die Predigt vollbracht wurde und alle die aus den Nationen hörten; und ich bin gerettet worden aus dem Rachen des Löwen. Der Herr wird mich retten von jedem bösen Werk und mich in sein himmlisches Reich hineinretten. Ihm sei die Herrlichkeit von Ewigkeit zu Ewigkeit! Amen. (2Tim 4,17-18).

Ein Held, der keinen Grund hatte, sich zu verstecken

Es gab viele Helden im nationalsozialistischen Deutschland und in der Sowjetunion. Für dieses Kapitel habe ich den Mann ausgewählt, der beschrieb, was geschah, als die sowjetische Führung für Stalin applaudierte. Er war Historiker, Schriftsteller und ein Andersdenkender.

Alexander Solschenizyn weigerte sich, Beifall zu klatschen, selbst inmitten einer eingeschüchterten Nation, die sich in dem Griff der strengen kommunistischen ideologischen Kontrolle befand. Weil er Stalin in einem Brief an einen Freund kritisiert hatte, wurde er acht Jahre lang in die Gulags geschickt. Das Ziel dieser Arbeitslager war es, die Gefangenen einer Gehirnwäsche zu unterziehen und sie zu guten, gehorsamen Kommunisten zu machen. Doch es geschah etwas Erstaunliches: Solschenizyn kam als Christ aus dem Lager zurück.

Obwohl Solschenizyn als Baby in der orthodoxen Kirche getauft worden war, hatte er seinem Glauben abgeschworen und engagierte sich für die kommunistische Agenda. Aber er konnte die Unzulänglichkeiten des Kommunismus nicht leugnen. Als er in einem Gefängniskrankenhaus lag, setzte sich einer der Ärzte an sein Bett und erzählte ihm die Geschichte, wie und warum er ein Nachfolger Jesu geworden war. In dieser Nacht wurde der Arzt zu Tode geprügelt, aber Solschenizyn wurde Christ: „Gott des Universums!", schrieb er, „Ich glaube wieder! Obwohl ich dich verleugnet habe, warst du bei mir!"[25]

Solschenizyn erinnert uns an drei Wahrheiten.

Erstens müssen wir den Mut haben, mit dem Klatschen aufzuhören, auch wenn andere um uns herum ihren elitären Herrschern gezwungenermaßen gehorsam sind. Solschenizyn sagte, selbst wenn man nicht die Kraft habe, für das einzutreten, was man glaubt, könne man sich zumindest weigern, das zu bestätigen, was man nicht glaubt. Rod Dreher fasst zusammen: „Der gewöhnliche Mensch mag nicht in der Lage sein, das Reich der Lügen zu stürzen, aber er kann zumindest sagen, dass er nicht dessen treuer Untertan sein wird."[26]

Zweitens müssen wir darauf vorbereitet sein, verleumdet zu werden, selbst wenn wir die Wahrheit sagen. Solschenizyn wurde verspottet, weil er sagte: „Die Menschen haben Gott vergessen."[27] Wir mögen beleidigt oder sogar verfolgt werden, weil wir die Lügen unserer Gesellschaft zurückweisen, aber das Urteil Gottes ist das, was zählt. Der Himmel sieht die Dinge ganz anders als die Erde.

Drittens und am wichtigsten: Sie und ich haben keine Ahnung, was Gott mit unserem Zeugnis tun wird. Der Arzt, der zu Tode geprügelt wurde, nachdem er für Solschenizyn Zeugnis abgelegt hatte, starb, ohne zu wissen, dass er einen Mann zum Glauben an Gott zurückgeführt hatte, einen Mann, der wiederum durch seine Schriften, die die Schrecken der kommunistischen Herrschaft aufdeckten, für Millionen von Menschen ein Zeuge sein würde. Gott erlaubt uns nicht, all das Gute zu sehen, das wir tun. „Daher, meine geliebten Brüder, seid fest, unerschütterlich, allezeit überreich in dem Werk des Herrn, da ihr wisst, dass eure Mühe im Herrn nicht vergeblich ist!" (1 Kor 15,58).

Auf der Erde werden Sie vielleicht abgelehnt, aber im Himmel wird Ihre Treue gewürdigt werden!

Aktionsschritt

Es ist an der Zeit, dass wir neu darüber nachdenken, wie unsere Gemeinden zu Gemeinschaften der Unterstützung werden. Wenn zum Beispiel ein Lehrer wegen seiner Überzeugungen entlassen wird (ein Lehrer einer öffentlichen Schule hier in Chicago erzählte mir, dass ihm das passieren könnte, wenn er die gleichgeschlechtliche Ehe nicht fröhlich akzeptiert), wird dann die Gemeinschaft der Gläubigen aufstehen und diesen Andersdenkenden ermutigen oder sogar finanziell unterstützen? Gemeinden in Ländern, in denen Gläubige verfolgt werden, sind schnell bereit, ihren Brüdern und Schwestern in Christus zu helfen, wenn sie eine Krise nach der anderen durchstehen müssen. Ein Angriff auf einen Christen wird als Angriff auf sie alle angesehen.

Wenn Sie persönlich nicht vor einer schwierigen Entscheidung zugunsten Gottes stehen, bitten Sie ihn, Ihnen jemanden vor Augen zu führen, der eine weitreichende Entscheidung treffen muss, um ein treuer Zeuge zu sein. Sprechen Sie diese Person an und ermutigen Sie sie, beten Sie mit ihr und danken Sie ihr dafür, dass sie den Applaus verweigert, der von ihr gefordert wird. Stehen Sie an der Seite von Menschen wie Barronelle Stutzman von Arlene's Flowers, wenn sie sagen: „Steht nicht nur *hinter* mir, steht *mit* mir!"

Jemand, den Sie kennen, braucht es, dass Sie nicht *hinter* ihm stehen, sondern *neben* ihm.

Und hören Sie auf zu klatschen!

Werden wir die größte Lüge und zugleich liebste Illusion unserer Nation entlarven?

*Und deshalb sendet ihnen Gott eine wirksame Kraft des Irrtums,
dass sie der Lüge glauben, damit alle gerichtet werden,
die der Wahrheit nicht geglaubt, sondern Wohlgefallen gefunden
haben an der Ungerechtigkeit.*
2. THESSALONICHER 2,11-12

Die Lüge wird Sie finden; sie macht sich in den Ansichten unserer Kultur über Sexualität, Psychologie, Bildung, Unterhaltung, Politik und leider auch in der Lehre einiger Gemeinden bemerkbar. Es ist die Lüge, die jemandem die Erlaubnis gibt, zu sagen: „Ich bin eine Frau, die im Körper eines Mannes gefangen ist", oder: „Ich bin ein Mann, der im Körper einer Frau gefangen ist." Es ist die Lüge, die es Menschen ermöglicht, darauf zu bestehen, dass zwei Männer, die miteinander Sex haben, als Ehepaar bezeichnet werden können. Es ist die Lüge, die den Muttertag zum „Tag der Gebärenden" macht (denn auch Männer können gebären!). Es ist die Lüge, die zu der Überzeugung führt, dass Kindern bereits in den ersten Klassen unserer Schulen beigebracht werden sollte, wie man sexuelle Freuden genießt. Es ist die Lüge, die uns vermittelt, dass man ein Fanatiker ist, wenn man die abweichende Sexualität von jemandem nicht bejaht. Es ist die Lüge, die besagt, dass andere uns unseren Lebensunterhalt schulden und dass eine objektive Wahrheit, die außerhalb von unserer Kultur liegt, nicht existiert, sondern vielmehr eine Erfindung ist, mit der Minderheiten unterdrückt werden.

Die Lüge nimmt verschiedene Formen an und kann an individuelle und gesellschaftliche Bedürfnisse angepasst werden. Es ist eine Lüge, die die Menschen gerne glauben; eine Lüge, die sie geschickt an ihre Bedürfnisse anpassen, um ihr Ego zu stärken. Diese Lüge ist die größte Versuchung und der liebste Besitz unserer Gesellschaft. Und wenn wir sie nicht als das entlarven, was sie ist, werden wir uns selbst vormachen, dass alle Probleme der Menschheit von ihr gelöst werden können. Wir werden dem Irrglauben verfallen, dass jeder Mensch bereits die Göttlichkeit in sich trägt und dieses universelle Wissen nur noch zu einer Flamme entfacht werden muss. Die Lüge lautet wie folgt: „Lebe nach deiner eigenen Wahrheit, und du kannst alles sein, was du sein willst."

Diese Lüge ist der Kern der übrigen in diesem Buch behandelten Themen. Der Zweck dieses Kapitels ist es, (1) zu erklären, woher sie kommt und wie sie im Laufe der Geschichte angewandt wurde; (2) einige berühmte Menschen herauszugreifen, die die Lüge aufrechterhielten, und zu zeigen, wie ihre Philosophien uns noch immer aus ihren Gräbern heraus beherrschen; und (3) am wichtigsten von allem, zu zeigen, wie wir dem Beispiel von jemandem folgen können, der die Lüge entlarvte und uns einen besseren Weg wies.

Der Wunsch, wie Gott zu sein

Die Schlange sagte zu der Frau: „Sondern Gott weiß, dass an dem Tag, da ihr davon esst, eure Augen aufgetan werden und ihr sein werdet wie Gott, erkennend Gutes und Böses" (1Mo 3,5). Im Grunde sagte die Schlange nichts anderes als: „Nimm deine Gefühle an; vertraue deinem Wunsch, Gott zu sein! Du kannst werden, was immer du sein willst."

Die Lüge ist der Wunsch der Menschheit, göttlich zu sein; sie besteht darauf, dass die Menschheit den Platz mit dem Allmächtigen tauschen kann. Und mit der Lüge kommt das Versprechen, dass wir unser eigenes Verständnis von Gut und Böse definieren können, ohne jeglichen Input von außen; wir können einfach „unserem Herzen folgen" und alles wird gut. Wir müssen nur tief in uns hineinschauen und unseren Neigungen und Wünschen gehorchen, um herauszufinden, wer wir wirklich sind und unseren Lebensstil, unsere Ziele und sogar unsere persönliche Identität wählen.

In seinem Buch *The Rise and Triumph of the Modern Self* (dt: Aufstieg und Triumph des modernen Selbst) geht Carl Trueman dieser Lüge nach, die in Eden ihren Anfang nahm, und zeigt, wie sie sich durch die Weltgeschichte schlängelte und in jüngster Zeit hier in Amerika einen neuen Ausdruck gefunden hat – und sogar zu unserer neuen Religion wurde. Diese Lüge hat die Politik, die Rassenfrage, die Wirtschaft, unser Bildungssystem und sogar die Kirche durchdrungen. Kein Land der Erde hat so viele kreative Wege gefunden, die Lüge mit unseren Erfahrungen zu vereinen.

Nennen wir die Lüge „Selbstliebe" oder „Selbstanbetung". Es gibt keinen Ort, an dem wir uns vor dieser Täuschung verstecken können. Von Fernsehsendungen über Klassenzimmer bis hin zu unseren Berufen und den Täuschungen unseres eigenen Herzens werden wir mit verbalen und nonverbalen Botschaften bombardiert, dass wir uns selbst ans Steuer setzen sollten. Wir wollen „der Herr unseres Schicksals und der Kapitän unserer Seele" sein.[1]

Adam und Eva fielen auf die Lüge herein und versuchten, sich vor Gott zu verstecken. Die Geschichte der Welt ist durchzogen von Menschen, die vor Gott weglaufen und eine Ausrede nach der anderen gebrauchen. Es wurden Religionen erschaffen, um die Lüge zu schützen, unseren Glauben zu rechtfertigen, uns selbst gut zu fühlen und einen Weg zu finden, mit unserer Sünde umzugehen. Unsere Gesellschaft hat diese Lüge genommen und sie mit politischer Macht verbunden wie niemals zuvor. Vor unseren Augen gehen progressive Religion, Politik und Macht eine Symbiose ein und arbeiten unter dem Deckmantel des Fortschritts zusammen.

„Die Menschen glauben vielleicht immer noch gerne an Gut und Böse, aber diese Konzepte sind von jeglichem transzendenten Rahmen losgelöst und spiegeln lediglich persönliche, emotionale und psychologische Vorlieben wider"[2] , schreibt Carl Trueman. Kein Wunder, dass Solschenizyn in seiner Rede zum Templeton-Preis 1983 sagte: „Die heutige Welt hat einen Zustand erreicht, der, wenn er in früheren Jahrhunderten beschrieben worden wäre, den Ausruf hervorgerufen hätte: ‚Das ist die Apokalypse!' Doch wir haben uns an diese Art von Welt gewöhnt, wir fühlen uns sogar in ihr zu Hause."[3]

Diese Lüge wurde im Laufe der Geschichte auf vielfältige Weise zum Ausdruck gebracht, aber der Mann, der in der Moderne den größten Einfluss auf die Aufrechterhaltung dieser Lüge hatte, ist Karl Marx.

Die Lüge von Karl Marx: Der Gott der Staatsmacht

Bereits mehrmals hatte ich das Privileg, die großartige Stadt Berlin zu besichtigen, eine Stadt, die eine zentrale Rolle in der Geschichte der modernen Welt gespielt hat. Jedes Mal, wenn ich an der Berliner Universität, die heute den Namen Humboldt-Universität trägt, vorbeikam, nahm ich mir die Zeit, die Stufen zur Rotunde hinaufzugehen und über die Worte von Karl Marx nachzudenken – Worte, die so deutlich sichtbar angebracht sind, dass kein Student sie übersehen kann: „Die Philosophen haben die Welt nur verschieden interpretiert, es kommt aber darauf an, sie zu verändern."[*]

Marx' Wunsch, die Welt zu verändern, wurde Wirklichkeit. Indem er eine Philosophie niederschrieb, die den Menschen an die Stelle Gottes setzte, wurde die Welt für immer verändert. Der persönliche Preis für Marx war sehr hoch, aber der Preis für die ganze Welt war noch höher. Wie kommt es, dass dieser Mann, der seit fast

---

[*] Zitiert nach https://www.tagesspiegel.de/gesellschaft/panorama/vorsicht-stufe-
-vorsicht-marx-8597914.html (Anm. d. dt. Hg.)

140 Jahren tot ist, immer noch einen so großen negativen Einfluss auf die Welt hat? Führen Sie sich sein Gedicht „Der Spielmann" zu Gemüte, in dem er uns erzählt, dass er einen Pakt mit dem Teufel geschlossen hat:

> Bis das Hirn vernarrt, bis das Herz verwandelt:
> Die hab' ich lebendig vom Schwarzen erhandelt.
> Der schlägt mir den Takt, der kreidet die Zeichen;
> Muß voller, toller den Todtenmarsch streichen.[4]

Marx entschied sich schamlos dafür, der Lüge der Schlange zu glauben und Gott durch den Menschen zu ersetzen. In einem anderen Gedicht schrieb er,

> Mit Verachtung werfe ich der Welt
> den Fehdehandschuh voll ins Gesicht
> Und beobachte den Zusammenbruch dieses Zwergriesen,
> dessen Fall meinen Hass nicht ersticken wird.

> Götterähnlich darf ich wandeln.
> Siegreich durch ihr Ruinenreich
> Jedes Wort ist Glut und Handel,
> Meine Brust dem Schöpferbusen gleich.[5]

Meine Brust dem Schöpferbusen gleich.

Es ist nicht so, dass Marx nicht an Gott glaubte, vielmehr *hasste* er Gott. Andere Philosophen hatten bereits die Rollen von Mensch und Gott vertauscht. Marx' einzigartiger Beitrag bestand darin, die Vorstellung von der Gottheit des Menschen vom Individuum auf den Staat zu verlagern. Im Jahr 1848 verfasste er gemeinsam mit Friedrich Engels *Das Manifest der Kommunistischen Partei*. Sie vernachlässigten die individuellen Unterschiede der Menschen und gruppierten alle in festzementierte Kategorien; sie glaubten, dass im Laufe der Geschichte ein Konflikt zwischen der herrschenden Klasse (der Bourgeoisie), die die Produktionsmittel kontrollierte, und der Arbeiterklasse (dem Proletariat), die auf den Bauernhöfen und in den Fabriken arbeitete, entstanden war.

Marx war der Ansicht, dass sich die Geschichte am besten durch diesen ständigen Klassenkampf erklären lässt. Dieser Kampf besteht zwischen den Unterdrückern und den Unterdrückten, und jeder gehört zu einer der beiden Gruppen. Was die Tatsache betrifft, dass es Ausbeutung und Unterdrückung gibt, hatte er Recht; Ausbeutung begleitet die Geschichte der Menschheit, seit Kain Abel getötet hat. Aber Marx' Lösungsvorschlag führte zum Grauen und zur Versklavung der Welt. Den Menschen an die Stelle Gottes zu setzen, hatte schon immer negative Folgen.

Marx' Ziel war die Abschaffung von Privateigentum; er stellte sich eine Welt vor, in der niemand mehr etwas besitzt – in der alles Eigentum des Staates ist. Er versprach, dass diese Revolution letztendlich zu einer klassenlosen, kommunistischen Gesellschaft führen würde. Er wusste, dass die herrschende Klasse (die Großgrundbesitzer) ihre Macht und ihren Reichtum niemals freiwillig aufgeben würde; man müsste sie ihnen mit Gewalt nehmen. Er verkündete die Notwendigkeit einer Revolution, damit die Arbeiterklasse die Kontrolle über die politische Macht erlangen könne.

Wie sich dies in der bolschewistischen Revolution in Russland 1917 auswirkte, ist bekannt. Alle „Konterrevolutionäre", d. h. diejenigen, die die Entwicklung dieser Eigentumsumwandlung behinderten, mussten unterdrückt werden. Der daraus resultierende russische Bürgerkrieg brachte Millionen von Menschen Tod und Leid. Viele wurden hingerichtet, weil sie sich verschiedenen politischen Gruppierungen angeschlossen hatten. Die Vergangenheit musste, bildlich gesprochen, niedergebrannt werden, bevor eine neue Zukunft aufgebaut werden konnte. Doch die Machthaber waren der Meinung, dass dies den Preis für die versprochene neue utopische Zukunft wert war.

Dieser Utopie, so lehrte Marx, stehe die Religion im Wege, die die Massen – wie eine Droge – ausbeutet und sie zum Nutzen ihrer

Unterdrücker in Illusionen versklavt hält. Für Marx war der größte Unterdrücker natürlich das Christentum, zusammen mit der Kernfamilie. Männer unterdrückten ihre Frauen, Eltern unterdrückten ihre Kinder, indem sie sie in die Kirche brachten, und Gott war der ultimative Unterdrücker. Mit Marx' Worten: „Die Religion ist der Seufzer der bedrängten Kreatur, das Gemüt einer herzlosen Welt, wie sie der Geist geistloser Zustände ist. Sie ist das Opium des Volkes."[6]

Freiheit, insbesondere die Religionsfreiheit, musste demzufolge laut Marx aus dem einfachen Grund abgeschafft werden, dass die Bürger keine höhere Loyalität als die gegenüber dem Staat haben dürfen. Wenn es schon Verehrung gibt, dann muss es der Staat sein, der verehrt wird. Wenn es schon Liebe gibt, dann muss es die Liebe zum Staat sein. Der Staat kann keine Konkurrenten dulden.

Und was ist mit der Familie? Carl Trueman berichtet, wie Marx' Mitarbeiter, Friedrich Engels, lehrte: „Die Familie macht Frauen zu Gegenständen, praktisch zu Eigentum, und ihre Emanzipation wird erst dann eintreten, wenn sie ihren Platz als Arbeiterinnen in den öffentlichen Produktionsmitteln einnehmen dürfen."[7] Mütter wurden als Sklavinnen betrachtet, die zu Hause ihre Kinder aufzogen, Sklavinnen, die in die Arbeitswelt entlassen werden mussten, damit sie einen direkten Beitrag zum Wohlstand des Staates leisten konnten, denn der Dienst am Staat war die höchste Ehre. Und die Kinder würden ihrerseits das Vertrauen für ihren Lebensunterhalt von ihren Familien auf den Staat übertragen, der seinen Reichtum gleichmäßig und gerecht verteilen würde. Die Kernfamilie war ein Hindernis für den Staat und musste geschwächt, wenn nicht sogar zerstört werden, damit der Staat die Autorität der Familie an sich reißen konnte.

Halten wir inne und betrachten einige andere Ansichten, die den Kern dieser Philosophie bilden.

Marx lehrte, dass die Menschen im Grunde gut sind; sie begehen Verbrechen nur, weil sie unterdrückt werden. Wird ihre Unterdrückung (nämlich die Kapitalisten) beseitigt, so werden alle in Harmonie und Frieden leben, ohne dass es Gesetze braucht. Sobald das

Privateigentum im utopischen kommunistischen Staat abgeschafft ist, werden Gesetze nicht mehr notwendig sein, und alle werden zufrieden sein.

Ein weiteres Dogma besagt, dass sich die Geschichte in Richtung Globalismus bewegt und die gesamte Welt schließlich die marxistische Sicht der Geschichte übernehmen wird. „Proletarier aller Länder, vereinigt euch!", war der Schlachtruf. Marx verlor eine Welt, die nach marxistisch-sozialistischen Prinzipien geführt wird, nie aus den Augen.

Zweifellos würde er der Meinung des Weltwirtschaftsforums zustimmen, das 2016 die Mitglieder seines *Global Future Councils* nach ihren Prognosen für die Welt im Jahr 2030 fragte. Die acht Antworten wurden in einem Video zusammengefasst, das in den sozialen Medien die Runde machte. Die erste Prognose auf der Liste lautet: „Man wird nichts besitzen. Und man wird glücklich sein."[8] Das Video enthält auch einen schwammigen Kommentar, der besagt: „Die westlichen Werte werden auf die Probe gestellt werden."[9] Was im Umkehrschluss bedeuten könnte: „Westliche Werte, die auf jüdisch-christlichen Werten basieren, werden die progressive Agenda nicht mehr aufhalten können." Der Widerstand gegen Staatseigentum und staatliche Kontrolle muss beseitigt werden.

Obwohl es einige nuancierte Unterschiede zwischen Marxismus und Faschismus gibt, stimmen beide mit der folgenden Aussage von Benito Mussolini überein, der den Faschismus prägnant definierte: „Alles *innerhalb* des Staates, nichts *außerhalb* des Staates, nichts *gegen* den Staat"[10] (Hervorhebung hinzugefügt). Die Vorherrschaft des Staates über das Individuum ist der Kern dieser Philosophie. Das nennt man *Etatismus.*

Wie bereits angedeutet, war das Ziel von Marx die Gleichheit – und die kann nur erreicht werden, wenn der Staat alles besitzt. Denn nur so können die Ressourcen „gleich" an alle verteilt werden. Alle Rechte, die ein Mensch hat, werden nicht von Gott, sondern vom Staat gewährt. Selbst das Recht, den Staat zu kritisieren, gibt es nicht, es sei denn, es wird vom Staat gewährt. Es werden einheitliche

Ansichten über die Wirtschaft, das menschliche Leben und die Religion (oder besser gesagt: Nichtreligion) vorgeschrieben.

Ebenso wichtig war für Marx das Lossagen von objektiver Wahrheit. Nach Marx' Ansicht werden Gesetze von der herrschenden Klasse eigens dazu geschaffen, alle anderen in Schach zu halten. Er sagte, dass die Wahrheit – oder das Gesetz, wenn man so will – das ist, was der Staat für wahr hält. In der Praxis kann der Staat im eigenen Ermessen etwas in einem Bereich für wahr und in einem anderen für falsch erklären. Die staatliche Zeitung der Kommunistischen Partei der Russischen Föderation zum Beispiel heißt *Pravda* („Wahrheit") und gibt die Ansichten des Staates wieder, egal wie verzerrt sie sind, darunter sogar handfeste Lügen. Wenn Sie diese Zeitung lesen, erhalten Sie alle Nachrichten, die Sie wissen müssen – das heißt, die Nachrichten, die der Staat Sie wissen lassen *will*.

Und wie beginnt eine Revolution? Alle gesellschaftlichen Strukturen müssen niedergerissen werden; das Chaos ist ein notwendiger Schritt beim Übergang vom Alten zum Neuen. Kurz gesagt, die Unterdrücker (die Kapitalisten oder die herrschende Klasse) müssen beseitigt werden, damit die Unterdrückten endlich in den Genuss der Vorteile des marxistischen Staates kommen können.

Aber ist eine gewaltsame Revolution immer notwendig, um den Marxismus zu verwirklichen? Nein, einige engagierte Marxisten sagen, dass es einen besseren Weg gibt. Willkommen beim Marxismus in Amerika.

Kulturmarxismus: Die Dekonstruktion der Kultur

Wie kamen marxistische Ideen in die Vereinigten Staaten? Antonio Gramsci wurde in Italien von Mussolini wegen seines Widerstands gegen den Faschismus inhaftiert. Er nutzte die Zeit, um darüber zu schreiben, wie der Marxismus auf friedliche Weise vorangebracht werden könnte, ohne die blutigen Revolutionen, wie sie in Russland stattfanden. Gramsci war der Meinung, dass der Marxismus am besten durch einen Angriff auf die Kultur vorangetrieben werden kann. Der radikale Aktivist Rudi Dutschke beschrieb diese Transformation als „den langen Marsch durch die Institutionen".[11]

Er lehrte, dass der Marxismus an Macht gewinnen kann, indem er Bildungs-, Rechts-, Medien-, Wirtschafts- und Unterhaltungsinstitutionen und dergleichen erobert. So könne der Marxismus Schritt für Schritt, Institution für Institution und Gesetz für Gesetz vorangetrieben werden. Während er voranschreitet, würden die Menschen seine Vorteile erkennen. Er könnte ganz sanft Einzug halten.

Die heutigen Marxisten glauben also, dass die von ihnen angestrebte Revolution schrittweise durch kulturelle Umwälzungen herbeigeführt werden kann. Auf diese Weise kann der Marxismus von innen heraus gedeihen, hoffentlich ohne eine blutige Revolution. Dazu müssen diese Kulturrevolutionäre Machtpositionen innerhalb der bestehenden Institutionen erlangen.[12] Und um das zu erreichen, müssen sie die gegenwärtige Ordnung untergraben und dann auf einer völlig anderen Grundlage neu aufbauen.

Manche versuchen heute, die Idee des Kulturmarxismus als Verschwörungstheorie abzutun. Dabei ist klar, dass marxistische Ideen in Amerika weiterhin an Einfluss und Dynamik gewinnen. In diesem Buch verwende ich den Begriff *„Kulturmarxismus"*, um eine radikale linke Ideologie zu beschreiben, die nach kulturellem Einfluss und institutioneller Macht strebt. Sie versucht, unsere Vergangenheit in den Schmutz zu ziehen und unsere Nation auf einem marxistischen Fundament neu aufzubauen.

Der erste Schritt besteht natürlich darin, die Kultur anzugreifen. In Deutschland entwickelte eine Gruppe von Marxisten, die als Frankfurter Schule bekannt ist (benannt nach der Universität, an der sie sich trafen), das, was als *Kritische Theorie* bekannt wurde. Diese umfasst auch das, was man als *Dekonstruktion* bezeichnet, bei der die Kultur selbst als der Feind angesehen wird und demontiert werden muss. Das Wort *Dekonstruktion* bedeutet genau das, was es auszusagen scheint: das Einreißen jeder Institution oder Barriere, die der marxistischen Utopie im Wege steht.

Das Ziel der Dekonstruktion oder Kritischen Theorie ist es, „den Menschen von den Umständen zu befreien, die ihn versklaven".[13] Diese Theorie lehrt unter anderem, dass die Geschichte dekonstruiert werden muss, um zu zeigen, dass Texte nicht das bedeuten, was sie zu bedeuten scheinen. Die Kritische Theorie besagt, dass diejenigen, die die Gründungsdokumente der USA verfasst haben, allesamt weiße Männer waren, die finstere Motive hatten, und dass ihre Schriften daher bestenfalls verdächtig sind. Man sagt uns, dass die Bibel, die westlichen Gesetze und die Philosophien der Aufklärung nicht für bare Münze genommen werden sollten, weil sie geschrieben wurden, damit bestimmte Leute ihre Macht – insbesondere ihre *weiße* Macht – behalten konnten.

Es wird sogar behauptet, dass alle Schriften, die Amerika zugrunde liegen, Ausdruck von Kontrolle sind, sozial konstruiert, um Unterdrückung zu fördern (daher rührt das Narrativ der *White Supremacy* – von der Vorstellung, dass Amerika von Natur aus rassistisch ist). Die Worte auf dem Papier dürfen nicht so verstanden werden, wie sie geschrieben wurden; die bösen Motive der Autoren müssen aufgedeckt werden. Mit dieser neuen Art der Geschichtsinterpretation gibt es keinen Grund mehr, auf dem aufzubauen, was die Linken als unsere trügerische und fehlerhafte Vergangenheit bezeichnen; die Vergangenheit muss verteufelt werden, damit die Kulturmarxisten die Freiheit haben, eine neue Zukunft nach ihren Vorstellungen zu konstruieren. Wie es das globalistische Weltwirtschaftsforum formulierte, muss der Kapitalismus neu erfunden werden, und wir müssen *besser wiederaufbauen*.[14]

Natürlich wurde die Kritische Theorie auch auf die Geschlechter angewandt; die traditionelle Zweiteilung in männlich und weiblich wurde dekonstruiert und aus dem Weg geräumt, um Platz für neue Möglichkeiten zu schaffen, über die von Gott eingesetzte Ordnung zu diskutieren. So sind die Gender- und die Queer-Theorie entstanden. Und nun wird auch die Rasse dekonstruiert; so entstand die Kritische Rassentheorie, über die heute viel diskutiert wird. Ziel ist es, die traditionelle Kultur anzugreifen und zu dekonstruieren – insbesondere die christliche Kultur.

Der Kulturmarxismus strebte nach institutioneller Macht, um die bestehende Ordnung zu untergraben und sie durch eine neue Zukunft zu ersetzen. Aber es fehlte noch ein Teil des Puzzles. Dieses fehlende Teil war die individuelle Befreiung von der Tradition, von sexuellen Normen und Einschränkungen. Und so nutzte man die Tatsache aus, dass die sexuelle Identität als Kern dessen angesehen wurde, wer wir als Personen sind. Die sexuelle Befreiung musste der marxistischen Vision hinzugefügt werden. Alle Arten von sexueller Abweichung mussten normalisiert werden, was wiederum die Kernfamilie dekonstruieren und zerstören würde. Erst dann würde die vollständige Befreiung erreicht werden.

Mit anderen Worten: Der Marxismus musste mit den Lehren von Freud verschmelzt werden.

Die Lüge von Sigmund Freud: Der Gott der sexuellen Lust

Sigmund Freud lehrte, dass alle seelischen Kämpfe auf die Anstauung der Libido (der sexuellen Triebkraft) zurückzuführen sind und dass alles Vergnügen aus ihrer Entladung stammt. Daher war Freud der Ansicht, dass das Ziel immer das sexuelle Vergnügen des Individuums sein sollte, frei von jeglicher äußerer Beschränkung; das sexuelle Vergnügen war seiner Ansicht nach das Wichtigste. Wie Carl Trueman es ausdrückt, propagierte Freud „den Mythos, dass Sex, im Sinne von sexuellem Verlangen und sexueller Erfüllung, der wahre Schlüssel zur menschlichen Existenz ist, zu dem, was es bedeutet, ein Mensch zu sein."[15] Da Sex der stärkste Ausdruck von Befriedigung ist, musste er zur Verwirklichung der Utopie ausgenutzt werden.

Hier sehen wir den Keim der Transgender-Bewegung, die expressiven Individualismus mit minimaler persönlicher Verantwortung verbindet. Wie Trueman sagt: „Es ist die innere Stimme, die, befreit von allen äußeren Einflüssen – sogar von Chromosomen und den primären Geschlechtsmerkmalen des physischen Körpers –, die Identität der Transgender-Person formt ...“[16] Das Christentum mit seinen Regeln und Erwartungen wird als unterdrückend empfunden, weil es die Selbstentfaltung behindert. Wir können selbst wählen, wer wir sein wollen, und nicht ein Gott, der losgelöst von uns existiert. Die Autorität wird von einer unfehlbaren Bibel auf unsere eigenen fehlbaren Herzen übertragen. Und so wurde der „autonome, expressive Individualismus" geboren.

Zusammengefasst: Das Lustprinzip führt zum Streben nach sexueller Befriedigung. Kinder und Säuglinge sind von Geburt an sexuell, und das wird als ihre Identität angesehen. In Verbindung mit dem Befreiungsprinzip führt dies zu der Vorstellung, dass die Rechte der Kinder über den Rechten der Eltern stehen; elterliche Regeln sind einschränkend. Äußere Autorität behindert die Kinder nur in ihrem Streben nach sexuellem Vergnügen. Sie können verschiedene Stadien des sexuellen Ausdrucks durchlaufen, aber das Ziel ist immer dasselbe: das sexuelle Vergnügen muss gesucht werden. Daraus folgt, dass das Ziel der Erziehung von Kindern ihre sexuelle Befreiung sein sollte. Keuschheit wird als eine Neurose betrachtet, die geheilt werden muss.

Die Mussehe von Marx und Freud: Die Politisierung von Sex

Viele der Erkenntnisse in diesem Kapitel verdanke ich Carl Trueman, betonen möchte ich jedoch besonders diese Beobachtung: Kombiniert man Freuds ungezügelten Drang nach Sexualität mit Marx' Streben nach politischer Macht, so erhält man das, was im heutigen Amerika geschieht. Marx lehrte, dass die herrschende Klasse gestürzt werden muss; Freud lehrte, dass alle sexuellen Normen umgestürzt werden müssen. Kurzum, die sexuelle Befreiung muss politisiert und gefeiert werden. Die Opposition wird verleumdet; selbst Toleranz gegenüber Opposition wird verleumdet; *Dominanz* ist das unerbittliche Ziel.

Sex ist jetzt Politik. Trueman schreibt: „Die Gesellschaft verbindet jetzt intuitiv sexuelle Freiheit mit politischer Freiheit, weil die Vorstellung, dass wir in einem sehr tiefen Sinn durch unsere sexuellen Wünsche definiert werden, in alle Ebenen unserer Kultur eingedrungen ist."[17] Sex – in all seinen Ausdrucksformen – ist die Antwort auf die Neurose, die das Christentum in die Welt gebracht hat. Die sexuelle Befreiung muss über die Redefreiheit und die Lehre der Bibel und der Gemeinde triumphieren. Kurz gesagt, sie muss über alles triumphieren, was sich ihr in den Weg stellt.

Durch die Politisierung von Freuds Auffassung von Sexualität wird die Unterdrückung unserer sexuellen Wünsche sozusagen als große Sünde unserer Kultur bezeichnet. Also müssen diejenigen, die unsere Sexualität unterdrücken (diejenigen, die sich an das Christentum, die Kirche und die Bibel halten), von den Unterdrückten gestürzt werden – nämlich von der LGBTQ-Gemeinschaft. Diese politisierte Revolution ist wie ein Tsunami – nichts kann sich ihr in den Weg stellen. Jede Art von Widerstand wird als Angriff auf die Persönlichkeit des befreiten Individuums betrachtet. Um es klar zu sagen: Das Christentum wird als ein Werkzeug der Unterdrückung betrachtet, das dekonstruiert werden muss.

So sind wir von „Ich bin anderer Meinung als du" zu „Ich bin anderer Meinung als du, und deshalb bist du böse" gekommen. Die Linke sagt: „Meine Ansichten können nicht unabhängig davon diskutiert werden, wer ich bin; wenn du also anderer Meinung bist als ich, ist das ein Angriff auf meine persönliche Identität. Wenn du meine sexuelle Ausrichtung nicht bejahst, bist du ein Unterdrücker, der mir ‚seelischen Schaden' zufügt."

Marx ist also mit Freud verschmolzen. Die Linke „sieht Unterdrückung als eine grundlegend psychologische Kategorie und sexuelle Verhaltensregeln als deren primäre Instrumente."[18] Elternrechte müssen durch Rechte des Staates/der Schulen ersetzt werden, und eine Ablehnung der neuen kulturellen Normen wird als schädlich und böse erklärt. Sogar die Redefreiheit muss denjenigen verwehrt werden, die versuchen, kulturelle Normen zu verteidigen, denn solche Ansichten schaden anderen angeblich.

Um es noch einmal zusammenzufassen: Freuds Vision der Befreiung kann erst dann verwirklicht werden, wenn die Rechte der LGBTQ-Gemeinschaft absolut werden; und sie können erst dann absolut sein, wenn alle Mitglieder dieser Gemeinschaft angemessen anerkannt und gefeiert werden. Kleine Widerstandsherde (z. B. in Gemeinden oder Synagogen) können für eine kurze Zeit toleriert werden, aber ihre Grenzen müssen klar definiert werden. Es darf nicht zugelassen werden, dass ihre vermeintlich erniedrigenden Überzeugungen auf die breitere Gesellschaft übergreifen.

Sex ist, wie Trueman betont, nicht länger eine intime Angelegenheit, sondern repräsentiert unsere Identität. Das Argument lautet: Wenn ich homosexuell oder transsexuell bin, muss ich es der Welt mitteilen, damit diese es bejaht. Die radikale Linke argumentiert: „Ich bin in erster Linie ein Homosexueller, ein Bisexueller, ein Transsexueller, und ihr könnt mich nicht bei euch aufnehmen, wenn ihr meine Identität und meinen Lebensstil nicht bestätigt." Damit wird gesagt: „Der einzige Grund, warum ihr meine Sexualität nicht bejaht, ist Fanatismus und Hass. Wenn ihr nicht anerkennt, wer ich bin, braucht ihr eine Therapie."

Verbeugt euch vor dem, was ich bin.

Nun, da diese Sichtweise des Selbst triumphiert hat, sollten wir uns nicht wundern, dass so viele Menschen dieser Aussage zustimmen: „Um sich selbst zu finden, muss man in sich selbst hineinschauen." Oder anders gesagt: Vertraue dir selbst, folge deinem Herzen, du bist authentisch und gut, und lass dir von niemandem etwas anderes einreden. Gott ist in dir, und das bedeutet, dass du die Macht hast, dein unbegrenztes Potenzial zu entfesseln, um der zu sein, der du sein willst. Alle einvernehmlichen sexuellen Beziehungen sind zulässig.

Der vorherrschende Einfluss des Progressivismus

Dieser Revolution steht der schwindende Einfluss unserer jüdisch-christlichen Vergangenheit im Wege, den die radikale Linke eifrig angreift. Das Christentum behauptet, dass einige der menschlichen Begierden böse sind und daher nicht normalisiert werden sollten (s. 1Kor 6,9-11; Gal 5,19-21). Aber die Linke sagt, dass die Überreste unserer christlichen Vergangenheit dekonstruiert werden müssen, und dies kann durch das Anordnen von Vielfalt, Gleichberechtigung und Inklusion geschehen – durch soziale Gerechtigkeit oder durch *Progressivismus.*

Alles, was den christlichen Einfluss
schwächt und die Macht der Linken stärkt,
gilt als fortschrittlich.

Was ist Progressivismus? Die weltliche Version des Progressivismus wird von Benjamin Wiker als „die stetige Entfernung des Christentums aus dem Zentrum der Kultur" beschrieben. Er fährt fort: „Machiavelli hielt es für einen Fortschritt, wenn die Fürsten die Fesseln des Christentums abwarfen und zu den edlen heidnischen Tagen des Römischen Reiches zurückkehrten."[19] Kurzum: „Alles, was höher ist oder als besser oder edler gilt, muss im Namen der Gleichberechtigung entlarvt, niedergerissen und gedemütigt werden."[20] (Es gibt auch eine christliche Form des Progressivismus, auf die wir in Kapitel 7 eingehen werden).

Der radikale Progressivismus hat die Neigung, Heiliges zu entweihen und „das Christentum selbst abzulehnen, aber [auch] alles zu zerstören, was zu ihm führen könnte. Alles, was hoch ist und zu Höherem führen könnte, muss zu Fall gebracht werden."[21] Alles, was den christlichen Einfluss schwächt und die Macht der Linken stärkt, gilt als fortschrittlich.

Wie wir wissen, wird der Mythos des Progressivismus weithin als edles Ziel, als hohe Ehre dargestellt. Obwohl er darauf abzielt, unsere Systeme und Gesetze zu dekonstruieren, muss er anschließend auf den schillernden sozialistischen Theorien von Macht und Tyrannei aufbauen. Die Revolution ist noch nicht abgeschlossen, aber der Druck, das Begonnene zu Ende zu bringen, ist spürbar.

Manche Lügen werden bereitwillig geglaubt. Gott fragt: „Wie lange soll meine Ehre noch geschändet sein? Was sucht ihr die Lüge ...?" (Ps 4,3). Für eine Kultur, die auf der Suche nach Lügen ist, ist die Selbstüberhöhung und die daraus resultierende Verunglimpfung des Christentums eine Einladung, die man sich nicht entgehen lassen sollte.

Die Folgen der Selbstanbetung

Betrachten Sie den Triumph des Selbst folgendermaßen.

Kürzlich hörte ich, wie John Stonestreet, der Präsident des *Colson Center,* die moderne Ideologie des Selbst erläuterte: Angenommen Sie haben sich in einer Stadt verirrt, aber Sie haben einen Kompass, der nach Norden zeigt; das heißt, Sie können herausfinden, in welche Richtung Sie gehen, und so Ihr Ziel finden. Aber nehmen wir an, Sie haben einen Magneten in Ihrem Rucksack, der bewirkt, dass der Kompass immer zu Ihnen zeigt. Das macht Sie selbst zu Ihrem eigenen Wegweiser. Ohne einen Bezugspunkt haben Sie keine Ahnung, in welche Richtung Sie gehen, und laufen vielleicht sogar im Kreis. Stellen Sie sich vor, wie sehr man sich verirren kann, wenn man nur auf sich selbst schaut, um seinen Sinn und seine Richtung im Leben zu finden.

Wie bereits erwähnt, werden die heutigen Vorstellungen von der Autonomie des Einzelnen und seiner gefeierten persönlichen „Göttlichkeit" gerne übernommen, weil die Menschen sie glauben wollen. Als gefallene Menschen sehnt sich alles in uns nach Anerkennung, Vergnügen und unserer eigenen Göttlichkeit. Marx und

Freud blickten tief in das menschliche Herz, sahen genau, was verdorbene Herzen sich wünschen, und sagten, dass es möglich sei, alle menschlichen Wünsche zu normalisieren – so könne die politische und sexuelle Revolution erreicht werden.

Und dieser Trend zur Selbstanbetung hat Erfolg.

Von der Lehre zur Spiritualität

Wir als Nation sind nicht weniger religiös als früher, aber die Anbetung hat sich von Gott auf uns selbst verlegt. Es gibt Dutzende verschiedene Gurus und Lehrer, die das Christentum neu definiert haben, um es an die gesellschaftliche „Befreiung" von etablierten Normen anzupassen. Ironischerweise beschreibt dies sogar ein New-Age-Autor: „Wir halten diese Ideen [die Selbstanbetung] für die absolute Wahrheit. Und selbst wenn das Unvermeidliche geschieht und der Egoismus unser Leben ruiniert, unsere Beziehungen untergräbt und unsere höchsten Ideale auslöscht, verneigen wir uns *immer noch* vor dem Götzen des Selbst."[22]

Es gibt eine Flut von Büchern und Seminaren über Spiritualität, die unsere Gesellschaft überschatten. Im Kern sagen sie alle das Gleiche: „Wende dich nach innen, und du wirst alle Wahrheit finden, die du brauchst. Christentum, Vernunft und Logik führen nicht zum Glück; nur wenn man seinem Herzen folgt, kann man glücklich werden."

Nach Ansicht des Religionsprofessors Jerome P. Blaggett sagen die Menschen damit: „Ja, ich möchte eine Verbindung zum Heiligen haben, aber zu meinen eigenen Bedingungen – Bedingungen, die mich als wahrnehmenden, denkenden Menschen ehren und mein tägliches Leben bekräftigen."[23]

Religion zu *meinen* Bedingungen!

Die Rettung, wenn es sie denn gibt, wird erzeugt und angetrieben von jedem selbst. Wir retten uns selbst durch unsere persönlichen Einsichten, unser Potenzial und die unendliche Suche nach vollständiger Befreiung. Jeder Gott, der existiert, muss neu definiert werden, damit er mit unseren Wünschen übereinstimmt. Der Gott der Bibel ist ein Unterdrücker, der entthront und durch eine neue Theologie des Selbst ersetzt werden muss.

Es gibt einen verbreiteten T-Shirt-Aufdruck, der alles sagt: „Bete mich einfach an und wir werden gut miteinander auskommen!"

Verbreitung von bösartigem Narzissmus

Der Virus der Theorien von Marx und Freud hat seinen Weg in unsere Kultur gefunden und wird durch die sozialen Medien angeheizt, die allen Menschen (nicht nur den jungen) die Möglichkeit geben, das zu erreichen, was sie sich wünschen: Individualität, Autonomie und Anerkennung, und wenn sie noch so unverdient ist.

Narzissmus oder Selbstanbetung drückt sich dadurch aus, dass man sich für die Aufmerksamkeit und den vermeintlichen Einfluss, nach denen man sich sehnt, „in Szene setzt". Man kann endlose Stunden in den sozialen Medien verbringen und nach jedem selbstsüchtigen Ziel suchen, das das Herz begehrt. Dabei behält das Ich stets die Oberhand.

Michael Horton stellt fest:

> Noch nie war das Selbstvertrauen so stark wie heute; noch nie zuvor hatten die Menschen so viel Vertrauen in ihre Entscheidungen; oft bewerten sie katastrophale Entscheidungen als gut. Sie leben in einer Wolke selbstgefälliger Verwirrung, absolut überzeugt davon, dass sie alles können und die sind, die sie zu sein vorgeben, egal, wie falsch, egal, wie aufgesetzt und leer. Sie geben sich selbst gute Noten für ihre verblendeten Vorstellungen von Größe, und wenn diese Träume zusammenbrechen, was unvermeidlich ist, müssen sie die Scherben ihrer eigenen narzisstischen Torheiten aufsammeln.[24]

Der Psychiater Keith Ablow schließt sich dem Chor seiner Kollegen sowie von Soziologen und Historikern in einem kürzlich erschienenen Online-Artikel an, in dem er eine einfache Prämisse vertritt: „Wir ziehen eine Generation von verblendeten Narzissten auf ... Mithilfe von Computerspielen können unsere Söhne und Töchter so tun, als wären sie Olympioniken, Formel-1-Fahrer, Rockstars oder Scharfschützen ... Das sind die psychologischen Drogen des 21. Jahrhunderts, und sie machen unsere Söhne und Töchter in der Tat sehr krank."

Tragischerweise führt Narzissmus häufig zu Selbsthass, erklärt Ablow: „Falscher Stolz kann niemals aufrechterhalten werden", sagt er. Er erklärt auch, dass junge Menschen nach mehr Höhepunkten suchen, um sich zu definieren und zu profilieren, und fügt hinzu: „Sie tun alles, um sich von der Tatsache abzulenken, dass sie sich innerlich leer und unwürdig fühlen." Ablow warnt: „Wir müssen uns auf eine Epidemie von Depressionen und Selbstmordgedanken gefasst machen, ganz zu schweigen von Mordgedanken, da der Selbsthass und der Hass auf andere, der sich hinter all diesem Narzissmus tatsächlich verbirgt, an die Oberfläche kommt."[25] Traurigerweise können wir diese Epidemie bereits beobachten.

Die Kontamination der öffentlichen Bildung

Der Marx/Freud-Virus zeigt sich am deutlichsten in den zeitgenössischen Theorien im Bildungssektor. Wie wir in Kapitel 9 sehen werden, ist die radikale Linke der Ansicht, dass die sexuelle Erziehung eines Kindes eine zu wichtige Aufgabe ist, als dass sie den Eltern überlassen werden könnte. Den Kindern muss beigebracht werden, dass „die Unterscheidung zwischen den Geschlechtern, die auf dem physischen Unterschied der Genitalien beruht, abgeschafft wird."[26] Die Biologie muss zugunsten der Souveränität des individuellen Geistes verleugnet werden. Wenn die bevorzugte sexuelle Ausdrucksform nicht positiv bestätigt wird, gilt dies als schikanierend und schädlich.

Um es einmal ganz deutlich zu sagen: Die radikale Linke wirft christlichen Eltern vor, dass sie ihre Kinder „indoktrinieren". Aber es ist die Religion der radikalen Linken, die wirklich indoktrinierend und aufgezwungen ist. Marx und Freud haben viele Bettgenossen.

Macht wird Freiheit ersetzen, und sexuelle Lust wird Keuschheit und die traditionelle Ehe ersetzen.

Sowohl Marx als auch Freud hassten die Schöpfungsordnung und glaubten, dieses Naturrecht müsse aus allen Diskussionen herausgenommen werden. Und was könnte in einem Zeitalter der Selbstanbetung besser sein, als dass jemand glaubt, dass jeder alle seine sexuellen Wünsche bejahen sollte und dass er, wenn er unterdrückt wird, Anspruch auf kostenlose Waren und Dienstleistungen hat? Der Marxismus appelliert an die Nehmer, nicht an die Geber; deshalb überlassen diejenigen, die von sich selbst eingenommen sind, den Führern Macht, die die meisten unverdienten Privilegien versprechen.

Das Selbst hat gesiegt. Und mit ihm ist auch Selbsttäuschung im Überfluss vorhanden.

Die Zerstörung von Familie

Glennon Doyle war bereits einige Jahre mit ihrem Mann verheiratet und hatte drei Kinder. Sie fand heraus, dass ihr Mann ihr wiederholt untreu gewesen war, aber sie ertrug dies eine Zeit lang – bis sie sich ernsthaft in eine andere Frau verliebte. Sie sagte, dass dies ihren „Lebensfunken" zurückgebracht und dass sie nie zuvor eine solche Erfüllung erlebt hätte. Sie sei ein „eingesperrtes Mädchen" gewesen, nicht wissend, dass sie für den „weiten Himmel" geschaffen war. In ihrem *New-York*-Times-Bestseller *Ungezähmt*, den Memoiren über ihre Lebensreise, erzählt sie ihre Geschichte ausführlich. Sie schreibt: „Eine Frau, die ganz bei sich ist, weiß und vertraut sich selbst genug, um zu sagen und zu tun, was nötig ist. Den Rest lässt sie verbrennen."[27]

Warum sollte sie sich um das Ehegelübde kümmern, das sie ihrem Mann gegeben hatte? Sie musste sich von allen Verpflichtungen lösen, die sie eingegangen war. Warum sollte sie sich um die Auswirkungen ihrer Entscheidung auf ihre Kinder kümmern? Und vor allem, warum sollte sie sich um die Verurteilung lesbischer Beziehungen durch Gott kümmern? Sie kann einfach das eigene Ich anbeten und „den Rest lässt sie verbrennen". Einer ihrer Rezensenten bewundert sie mit den Worten: „Dieses Buch hat mich gelehrt, mich selbst wirklich zu lieben, mein Wissen zu finden und darauf zu vertrauen." Wir sind also zum finalen Punkt dieses gesellschaftlichen Momentums gekommen: *Die einzigen Menschen, denen ich vertraue, sind ich selbst und diejenigen, die meiner Meinung sind.*

Vor Kurzem hat die Harvard University, die ursprünglich gegründet wurde, um christliche Geistliche auszubilden, einstimmig einen Atheisten zum Leiter ihrer Seelsorgeabteilung gewählt. Greg Epstein, der darauf besteht, dass wir auch ohne Gott gut sein können, sagte: „Wir suchen nicht bei einem Gott nach Antworten. Wir selbst sind die Antworten der anderen."[28] Mit anderen Worten, wir folgen einem Kompass, der nur auf uns selbst zeigt.

Wer braucht schon Gott, wenn man selbst alle Antworten hat?

Tim Keller warnte auf Twitter: „Wenn dein Gott dir nie widerspricht, betest du vielleicht nur eine idealisierte Version von dir selbst an."[29] Selbstanbetung blüht unter denen auf, die sich vormachen, einen Gott, der mit ihren tiefsten Sehnsüchten nicht übereinstimmt, gebe es nicht. Die Menschen von heute haben das Selbst zum Götzen erhoben, aber, um es mit C. S. Lewis zu sagen: „Ein Götze bricht immer das Herz seiner Anbeter."[30] Das Selbst entpuppt sich als ein Gefängnis mit unsichtbaren Gitterstäben, das die Menschen dazu zwingt, nach innen zu schauen, in der Hoffnung, eine Antwort auf Schuld, Sinn und die Suche nach Bedeutung zu finden. Aber sie ist nicht in uns selbst zu finden. Wir sollten gewarnt sein: Wir dürfen unserer Seele und ihren Sehnsüchten nicht das letzte Wort überlassen.

Evangelikale Christen müssen aufwachen und erkennen, dass wir einen geistlichen Kampf führen. Wegen des Sündenfalls ist die große Lüge Luzifers („Ich werde sein wie der Allerhöchste") in jedem menschlichen Herzen verankert und begegnet uns in unserer Gesellschaft auf Schritt und Tritt, sei es in der Schule, in Unterhaltungsprogrammen, in der Wirtschaft, im Recht und fast jedes Mal, wenn wir den Fernseher einschalten.

Nur das Christentum kann die Dunkelheit Satans durchdringen; in Christus können wir die Täuschung des Feindes aufdecken. Wir haben die Mittel, der Lüge entgegenzutreten und sie in unserem eigenen Leben und in unseren Gemeinden zu besiegen. Die Lüge mag in der Welt herrschen, aber Gott bewahre uns davor, dass sie in unseren eigenen Herzen herrscht! In einer Predigt hörte ich Paul David Tripp sagen: „Satan wird dir erlauben, deine Theologie zu behalten, solange er dein Herz haben kann." Und wenn Satan das Herz eines Menschen hat, kann er ihn auf trügerische Weise den ganzen Weg zur Hölle führen.

Täuschen, zerstören und fordern

Ein Großteil des restlichen Buches handelt von dem Druck, dem Christen ausgesetzt sind, damit sie sich den Forderungen der radikalen Linken anpassen, sowohl im Bereich der Sexualität als auch in der breiteren Kultur. Wenn der Kulturmarxismus sagt, dass es einen „langen Marsch durch die Institutionen" geben muss, um die gewünschten Ergebnisse zu erzielen, dann geschieht dies am besten unter dem Deckmantel von Fortschritt und Befreiung. Ob es sich nun um die sexuelle Revolution, Diversitätsstudien, die Kritische Rassentheorie oder den sogenannten demokratischen Sozialismus handelt, es wird von uns erwartet, dass wir uns der Agenda der radikalen Linken beugen.

Unsere Aufgabe als Christen ist nichts Geringeres als die Verkündigung der Souveränität Gottes statt der Souveränität des Einzelnen, und der Liebe zu Gott statt der Liebe zu sich selbst.

Wie wir in den folgenden Kapiteln sehen werden, zahlen diejenigen, die sich nicht beugen, einen hohen Preis: ihren Arbeitsplatz, ihren guten Ruf, ihre Mobilität und ihre Zukunft. Verbeuge dich oder sei verflucht; füge dich oder werde verleumdet! Die Revolution wird nicht zulassen, dass es immer wieder zu Unstimmigkeiten kommt; die Opposition muss zerschlagen werden.

Unsere Aufgabe als Christen ist nichts Geringeres als die Verkündigung der Souveränität Gottes statt der Souveränität des Einzelnen, und der Liebe zu Gott statt der Liebe zu sich selbst. Augustinus hat es so formuliert: „In diesem Leben gibt es zwei Liebschaften, die miteinander in Konflikt stehen: die Liebe zu dieser Welt und die Liebe zu Gott."[31]

Wir als Christen müssen gewarnt sein.

Der Puritaner John Flavel schrieb: „Die größte Schwierigkeit bei der Bekehrung ist es, das Herz für Gott zu gewinnen, und die größte Schwierigkeit nach der Bekehrung ist es, das Herz bei Gott zu halten." Er fuhr fort, indem er Folgendes über Satan sagte: „Wenn er das [das Herz] gewinnt, gewinnt er alles; denn es beherrscht den ganzen Menschen."[32] Unter Tränen müssen wir diese Generation warnen, dass das Selbst völlig unfähig ist, über seinen eigenen Zustand zu urteilen.[33]

Es gibt also zwei Wege, die vor uns liegen: Entweder wir folgen unserem selbstgeleiteten Herzen (dem Ich), oder wir folgen dem Gott, dessen „Augen die ganze Erde durchlaufen, um denen treu beizustehen, deren Herz ungeteilt auf ihn gerichtet ist" (2Chr 16,9).

Im Moment scheint die Lüge unsere Gesellschaft zu beherrschen. Vorläufig scheint Satan zu gewinnen. Aber die Ewigkeit wird die Gewinner und die Verlierer voneinander trennen; die Spreu vom Weizen; die, die den schmalen Weg gehen, von denen, die den breiten Weg ins Verderben gehen.

Verheißungen für den Alltag

Dann sagte Jesus wieder zu allen Leuten: „Ich bin das Licht der Welt! Wer mir folgt, wird nicht mehr in der Finsternis umherirren, sondern wird das Licht haben, das zum Leben führt." (Joh 8,12; NeÜ)

Früher gehörtet ihr zwar zur Finsternis, aber jetzt gehört ihr durch den Herrn zum Licht. Lebt nun auch als Menschen des Lichts! Ein solches Leben bringt als Frucht jede Art von Güte, Gerechtigkeit und Wahrheit hervor. Fragt euch deshalb immer, was dem Herrn gefällt. (Eph 5,8-10; NeÜ)

Ein Held, der keinen Grund hatte, sich zu verstecken

Jesus ist der einzige Mensch, der rechtmäßig den Anspruch erhob, Gott zu sein; doch in seiner selbst gewählten Rolle als Mensch lebte er als Vorbild in der Demut. Er ordnete seinen Willen dem Willen Gottes, des Vaters, unter und sagte: „Denn ich bin vom Himmel herabgekommen, nicht dass ich meinen Willen tue, sondern den Willen dessen, der mich gesandt hat" (Joh 6,38).

Jesus war bereit, auf seine göttliche Macht zu verzichten, um sich auf eine Rettungsmission zu begeben und uns zu retten. Er ist die Antithese zum Egoismus unserer Gesellschaft. Wenn er zu uns spricht, sagt er freiheraus: „Denn wer sein Leben retten will, wird es verlieren; wer aber sein Leben verliert um meinetwillen, wird es finden" (Mt 16,25).

Während Menschen sich selbst als Gott bezeichnen, wurde Jesus, der eigentlich Gott ist, Mensch und lebte nicht für sich selbst, sondern war, wie Bonhoeffer es ausdrückte, „der Mensch für andere".[34] Er gab seine Eigenschaften als Gott nicht auf, aber er erniedrigte sich, um als Mensch zu leben, und starb, um uns zu erlösen. Stellen Sie sich vor, wie er sich mit einem Handtuch bückt, um die schmutzigen Füße seiner Jünger zu waschen. Stellen Sie sich ihn im geistlichen Kampf wegen seines bevorstehenden Todes in Gethsemane vor, wie er sich dem Willen des Vaters unterwirft. Alles für uns.

Obwohl ich den folgenden Abschnitt schon Dutzende Male gelesen und auch schon Predigten darüber gehalten habe, bin ich immer wieder von dem lebhaften Kontrast zwischen Jesus und den selbstverherrlichenden, Anerkennung liebenden und kulturell kompromittierenden Christen von heute betroffen. Der Abschnitt wirkt ähnlich wie eine kalte Dusche:

> Tut nichts aus Streitsucht oder Ehrgeiz, sondern seid bescheiden und achtet andere höher als euch selbst! Denkt nicht nur an euer eigenes Wohl, sondern auch an das der anderen! Eure Einstellung soll so sein wie die in Christus Jesus: Er war in Gottes Gestalt, nutzte es aber nicht aus, Gott gleich zu sein, sondern beraubte sich selbst und wurde einem Sklaven gleich. Er wurde Mensch und alle sahen ihn auch so. Er erniedrigte sich selbst und gehorchte Gott bis zum Tod – zum Verbrechertod am Kreuz. (Phil 2,3-8)

Helmut Thielicke, ein deutscher Theologe und Pfarrer, der dafür plädierte, dem Kreuz treu zu bleiben und das Hakenkreuz abzulehnen, sagte, Jesus „erhob sich von dem Ort, wo die Reiche dieser Welt vor ihm schimmerten, wo Kronen blitzten und Banner raschelten und Heerscharen begeisterter Menschen bereit waren, ihn zu bejubeln, und ging still den Weg der Armut und des Leidens zum Kreuz."[35]

Wenn wir uns gegen den Egoismus unserer Gesellschaft stellen wollen – wenn wir uns weigern wollen, uns einer Lüge zu beugen –, dann müssen wir „unser Kreuz auf uns nehmen und Jesus nachfolgen" bis nach Golgatha. In unseren Köpfen und Herzen müssen die Lügen, mit denen wir täglich konfrontiert werden, der Wahrheit

Jesu Christi und seinem Triumph über die Mächte der Finsternis weichen. Dies ist kein Moment für schwache Seelen.

Doch das geht nicht ohne Reue, ohne ein Suchen nach Gott und ohne geistliche Betätigung. Wir müssen uns gegen unseren Feind, Satan, stellen, der vergeblich versucht hat, sich über Gott zu erheben.

Aktionsschritt

Lassen Sie uns Buße tun für unsere Selbstanbetung, unseren Egoismus. Wie C. S. Lewis sagte: „Gib dich selbst auf, und du wirst dein wahres Selbst finden. Verliere dein Leben und du wirst es retten. Gib dich dem Tod hin ... und du wirst das ewige Leben finden."[36]

> Das liebste Götzenbild, das ich kenne,
> welches es auch sein mag,
> hilf mir, es von deinem Thron zu stürzen
> und nur dich anzubeten.[37]

Wir sollten uns durch die Gesellschaft navigieren und alles auf ihn ausrichten – nicht auf uns!

KAPITEL 4

Werden Vielfalt, Gleich-berechtigung und Inklusion für Einheit oder Spaltung sorgen?

Da ist weder Grieche noch Jude, Beschneidung noch
Unbeschnittensein, Barbar, Skythe, Sklave, Freier,
sondern Christus alles und in allen.
KOLOSSER 3,11

Das Thema „Rasse" beherrscht unsere Kultur und unseren Diskurs. Die einen meinen, dass es in den Vereinigten Staaten einen systemischen Rassismus gibt, die anderen verneinen dies nachdrücklich. Es gibt diejenigen, die darauf bestehen, dass das größte Problem die Vorherrschaft der Weißen sei, und andere, die darauf bestehen, dass dies ein Mythos sei, der verbreitet wird, um jeden zu verunglimpfen, der der falschen politischen Partei angehört.

Egal welches Thema – Bildung, Polizei, Wirtschaft, Sexualität oder Unterhaltung –, jede Diskussion kann irgendwann auf das Thema Rasse hinauslaufen. Verantwortungsbewusste Christen sollten bereit sein, darauf zu reagieren und respektvoll und gütig – und gleichzeitig biblisch fundiert – darüber zu sprechen.

Zu Beginn dieses Kapitels muss ich zwei Überzeugungen teilen. Erstens gibt es keinen Zweifel daran, dass *People of Color*[*] auf-

---

[*] *People of Color* oder nur der Zusatz *of Color* bezeichnet Menschen, die Erfahrungen mit Rassismus gemacht haben, und umfasst somit viele verschiedene Minderheiten. Mehr dazu findet man hier: https://www.amnesty.de/2017/3/1/glossar-fuer-diskriminierungssensible-sprache. (Anm. d. dt. Hg.)

grund von Sklaverei, Rassentrennung und politischer Gleichgültigkeit gegenüber ihren Bedürfnissen unverhältnismäßig stark gelitten haben. Sie haben in der Tat einen steileren Berg zu erklimmen als Weiße. Die meisten weißen Amerikaner haben sich nie wegen ihres Weißseins stigmatisiert gefühlt, aber unsere schwarzen Brüder und Schwestern können von vielen Fällen berichten, sowohl persönlich als auch innerhalb ihres erweiterten Umfelds, in denen sie aufgrund ihrer Hautfarbe oft ungerecht behandelt wurden.

Der Pastor und Autor Tony Evans hat die Thematik ins rechte Licht gerückt. Er sagt, systemischer Rassismus ist nicht mehr offiziell vorhanden, aber er „zeigt sich immer noch an vielen Stellen im ganzen Land. Er zeigt sich im ungleichen Zugang zu einer hochwertigen Gesundheitsversorgung und im Mangel an erschwinglichen gesunden Mahlzeiten in den städtischen Zentren."[1] Sprechen Sie mit schwarzen Amerikanern in unseren Stadtvierteln, und sie werden zustimmen. Egal, wie sehr wir über die Frage des systemischen Rassismus debattieren, fest steht, dass schwarze Amerikaner oft von Regierungsvertretern und in persönlichen Beziehungen ausgegrenzt wurden.

Meine zweite Überzeugung ist, dass viele Menschen, die sich für Vielfalt, Gleichberechtigung und Inklusion (auch unter der Abkürzung DEI (Diversity, Equity, Inclusion) und im weiteren Sinne als soziale Gerechtigkeit bekannt) einsetzen, dies aus dem aufrichtigen Wunsch heraus tun, gleiche Bedingungen für alle zu schaffen, einige der Fehler der Vergangenheit wiedergutzumachen und Minderheiten eine bessere Chance auf Erfolg zu geben. Viele dieser Maßnahmen entstehen aus einem Gefühl der Empathie und der Verantwortung heraus. In den Köpfen vieler ist diese Trilogie aus dem Wunsch nach Gerechtigkeit geboren.

In diesem Kapitel soll jedoch gezeigt werden, dass solche säkularen Theorien der sozialen Gerechtigkeit genau den Menschen schaden, denen diese Politik angeblich helfen soll. Die Politik, die sich aus diesen Theorien ergibt, ist für Minderheiten erniedrigend und hält Stereotypen aufrecht. Die politische und rassistische

Haltung der DEI-Bewegung geht davon aus, dass eine Gruppe von Menschen in Bezug auf ihre Leistungen nicht konkurrenzfähig ist und daher auf eine Spezialbehandlung angewiesen ist – doch gerade diese Spezialbehandlung fördert niedrige Erwartungen. Tatsächlich reißen die Bewegung für soziale Gerechtigkeit und Ideologien wie die Kritische Rassentheorie jeden Fortschritt in den Rassenbeziehungen nieder. In den Köpfen mancher muss die Opferrolle beibehalten werden, weil sie der Weg zur Macht ist; stets müssen Beschwichtigungsmaßnahmen und besondere Privilegien gefordert werden. Doch egal, wie viele Zugeständnisse von Seiten der sogenannten Unterdrücker gemacht werden, es wird nie genug sein. Es gibt zwar Unterdrückung, aber Behauptungen, unterdrückst zu sein, werden überstrapaziert und als Vorwand für besondere Vergünstigungen und als Entschuldigung für Versagen missbraucht.

Als Pastor ist es mir ein Herzensanliegen, auf Einheit hinzuarbeiten und nicht auf Spaltung und einander bekämpfende Gruppen. Ungerechtigkeiten müssen gemeinsam angegangen werden, wobei alle Seiten die Gründe für Missverhältnisse und Ungleichheiten bewerten müssen. Wir beten für Einheit und nicht für Spaltung.

Die Bibel begegnet dem Rassismus, indem sie unsere Gemeinsamkeiten hervorhebt und gleichzeitig unsere kulturellen Unterschiede anerkennt. Die Heilige Schrift sagt uns, dass es nur eine Rasse gibt: „Aus einem einzigen Menschen hat [Gott] alle Völker hervorgehen lassen. Er wollte, dass sie die Erde bewohnen, er bestimmte die Zeit ihres Bestehens und die Grenzen ihres Gebietes" (Apg 17,26; NeÜ). Auch wenn wir verschiedene Menschengruppen (Ethnien) haben, gibt es letztlich nur eine menschliche Rasse. Anhand der Hautfarbe kann man die Menschheit unterteilen, aber in vielerlei Hinsicht ist dies eine künstliche Unterteilung.

Dennoch verwende ich in diesem Buch größtenteils den Begriff „Rasse" und nicht „Ethnie", weil er dem Sprachgebrauch in den Debatten entspricht, die in der amerikanischen Kultur geführt werden. Man braucht nur der Rhetorik der Linken oder der Rechten zuzuhören, und alles dreht sich um Rasse und Rassenbeziehungen. *Rasse* ist also das Wort, das ich am häufigsten verwenden werde. Der Begriff „Rasse" wird hier in dem weiten gesellschaftlichen Sinne verwendet, in dem er im Alltag zur Bezeichnung verschiedener ethnischer Gruppen verwendet wird."[2]

Der zerstörerische Einfluss von DEI

Im letzten Kapitel haben wir gelernt, dass die Kultur dekonstruiert werden muss, damit eine sozialistische/marxistische Gesellschaft geschaffen werden kann. Um diese Dekonstruktion in Amerika zu erreichen, wurden die Rassenunterschiede hervorgehoben und ausgenutzt, um die Übeltaten der Vereinigten Staaten zu betonen, anstatt zu fragen, wie wir zusammenarbeiten können, um positive Veränderungen herbeizuführen. (Im nächsten Kapitel werde ich auf die Notwendigkeit eingehen, die Geschichte unseres Landes ausgewogen zu bewerten.) Heute werden Maßnahmen unter dem weit gefassten Etikett der *sozialen Gerechtigkeit* umgesetzt, aber diese Maßnahmen erwachsen aus einem militanten Säkularismus und sind daher nicht hilfreich, sondern spaltend, und führen in eine Sackgasse ständiger Feindseligkeiten. Der Kulturmarxismus untergräbt das, was wir als Volk sind, und fördert Schuldzuweisungen ohne gegenseitige Rechenschaftspflicht.

Hier einige Gründe, warum die DEI-Bewegung für unser Streben nach besseren Rassenbeziehungen (und einer Rückkehr zur sexuellen Vernunft) nachteilig ist.

DEI besteht darauf, dass die Bevorzugung bestimmter Gruppen wichtiger ist als Kompetenz oder Verdienst

Kurz gesagt, diese Trilogie (DEI) zielt darauf ab, diejenigen zu bevorzugen, die einer bestimmten Klasse, Ethnie oder sexuellen Identität angehören – unabhängig von ihrer Kompetenz. Die Menschen werden auf der Grundlage ihrer Gruppenidentität und nicht ihrer Qualifikationen belohnt.

Stellen Sie sich vor, Sie sind ein Football-Trainer, der eine Mannschaft mit 54 Spielern aufstellen soll. Und Sie müssen dies nach ideologisch motivierten DEI-Prinzipien tun. Unter den Spielern müssen 17 Schwarze, 19 Weiße, 9 Hispanos*, 7 Asiaten und 2 Personen sein, die biologisch als Frauen geboren wurden, sich aber als Männer identifizieren. Die DEI-Maxime verlangt diese Verteilung, und die Fans wollen nur noch zu Spielen kommen, wenn ein Spieler auf dem Feld steht, der so aussieht oder sich so identifiziert wie sie.

Im Grunde spricht nichts dagegen, eine solche Fußballmannschaft aufzustellen – solange es nicht darum geht zu gewinnen. Wenn Ihr Ziel die Erfüllung der DEI-Vorgaben ist, könnten Sie das Verlieren eines Spiels sogar als Beweis dafür betrachten, dass Sie *woke* sind oder mit dem offiziellen kulturellen Narrativ übereinstimmen. Zumindest wird man Ihnen nicht vorwerfen, dass Sie gegenüber Minderheiten unsensibel sind. Es sei denn, einige Gruppen bestehen auf einer höheren Quote.

Football ist eine Sache. Die nationale Sicherheit eine andere.

Hier ist das neue Inklusionsgelöbnis, das für das Personal der *Task Force One Navy* gilt: „... die Zeit, die Aufmerksamkeit und das Einfühlungsvermögen investieren, die erforderlich sind, um Navy-weite Probleme im Zusammenhang mit Rassismus, Sexismus, Ableismus und anderen strukturellen und zwischenmenschlichen Vorurteilen zu analysieren und zu bewerten ... für alle gelebten Erfahrungen und intersektionalen Identitäten jedes Matrosen in der Navy eintreten und sie anerkennen ..."[3]

Das Wort *Ableismus* bezieht sich auf Menschen mit Behinderungen. Diesem Versprechen zufolge sollte es in der Navy keine Vorurteile gegenüber Menschen geben, die durch körperliche oder geistige Behinderungen beeinträchtigt sind. Ich stimme zu, dass wir sensibel und wohlwollend gegenüber denjenigen sein sollten, die von Behinderungen betroffen sind, aber gleichzeitig sollte Verantwortung

---

* So werden die Nachfahren der spanischen Siedler New Mexicos und Süd-Colorados bezeichnet. (Anm. d. dt. Hg.)

in der Navy immer auf der Grundlage von Qualifikationen und nicht auf der Grundlage anerkannter Kategorien der sozialen Gerechtigkeit übertragen werden. Wenn es unser Ziel ist, zu gewinnen, sollten Menschen mit einer bestimmten Hautfarbe, sexuellen Identität oder Zugehörigkeit zu einer gesellschaftlich benachteiligten Gruppe nicht bevorzugt behandelt werden. Kompetenz sollte Vorrang vor linken Quoten oder Ideologien haben.

Gleiches gilt für das Militär im Allgemeinen. Der amtierende Verteidigungsminister Chris Miller hat ein Memorandum mit dem Titel „Actions to Improve Racial and Ethnic Diversity and Inclusion in the U. S. Military" (dt.: Maßnahmen zur Verbesserung rassischer und ethnischer Diversität und Inklusion im US-Militär) unterzeichnet. Darin heißt es, dass die Standards gesenkt werden können, um mehr Einstellungen auf der Grundlage von DEI-Kriterien zu ermöglichen. Empfehlung 4 lautet: „Beseitigung von Hürden bei Eignungstests, die sich nachteilig auf die Vielfalt auswirken."[4]

Lesen Sie das noch einmal: *Beseitigung von Hürden bei Eignungstests, die sich nachteilig auf die Vielfalt auswirken.*

Mit anderen Worten, das Gewinnen oder gar das Streben nach dem besten Ergebnis kann nicht mehr das primäre Ziel sein. Wieder einmal müssen die Schranken von Verdienst und Kompetenz beseitigt werden, um einer Ideologie Platz zu machen, die vorgegebene Quoten verlangt. Denken Sie an das Football-Beispiel von eben. Rod Dreher formulierte es treffend: „Gleichheit bedeutet, dass Menschen unabhängig von ihren Fähigkeiten und Leistungen ungleich behandelt werden, damit ein ideologisch korrektes Ergebnis erzielt wird."[5]

Und wer meint, dass die CIA von den DEI-Anforderungen befreit ist, damit sich ihre Mitarbeiter auf den Schutz der Amerikaner konzentrieren können, irrt sich. Die CIA-Webseite versichert uns, dass sie voll und ganz an Bord ist und bereit ist, ihre Standards zu senken, um eine integrative Kultur zu fördern.

Wir lesen: „[Die Agency] hat neue Workshops und Kurse ins Leben gerufen, um CIA-Fachleute über Vielfalt aufzuklären. Neue

Beamte haben gelernt, wie wichtig Vielfalt, Gleichberechtigung und Inklusion für den Erfolg der Mission sind, und viele Beamte haben sich als Vertreter von Initiativen zur Vielfalt verpflichtet."[6] Das bedeutet, dass DEI in den Einstellungsrichtlinien der CIA bisweilen Vorrang vor Kompetenz hat.

Gleichzeitig weist das Militär die Rekruten an, sie sollen Ausschau halten nach „Extremisten ..., die von individuellen Freiheiten sprechen, den Rechten der einzelnen Bundesstaaten und davon, wie man die Welt zu einem besseren Ort machen kann."[7] Mit einer so weit gefassten, vagen Definition von „Extremisten" kann jeder ins Visier genommen werden, der lediglich Amerika ehren möchte. Zweifellos bezieht sich „übermäßig patriotisch" für einige auf Extremisten der Linken oder der Rechten (z. B. Neonazis), aber für andere könnte es einfach bedeuten, dass sie eine echte Liebe zu Amerika haben und die Flagge ehren wollen.

Als Pete Buttigieg im Jahr 2021 zum US-Verkehrsminister gewählt wurde, drehten sich die Schlagzeilen nicht um seine Kompetenz oder seine Leistungen, sondern um die Tatsache, dass er das erste offen schwule Mitglied im Kabinett eines Präsidenten ist. Seine Qualifikationen wurden natürlich erwähnt, standen aber nicht im Mittelpunkt der Berichterstattung. Die größte Betonung lag auf Buttigiegs Erfüllung der DEI-Kriterien.

Das Gleiche galt für Rachel Levine, die stellvertretende Sekretärin für Gesundheit im US-Gesundheitsministerium. Levine wurde als die erste offen transsexuelle Bundesbeamtin gelobt. Als biologischer Mann geboren, unterzog sich Levine einer Geschlechtsumwandlung und ist nun eine Frau. In den Schlagzeilen wurde Levines sexuelle Identität als eine der wichtigsten Qualifikationen gefeiert.

Ist das wirklich hilfreich für Minderheiten?

In Bezug auf die ethnische Herkunft ist DEI eine Umschreibung für Diskriminierung. Diese Ideologie ist eigentlich eine Beleidigung für Minderheiten, weil sie davon ausgeht, dass diese in der alltäglichen Welt nicht auf der Grundlage echter Qualifikationen für einen Arbeitsplatz konkurrieren können. Sie basiert auf dem, was oft als „Bigotterie niedriger Erwartungen" bezeichnet wird. Stammesdenken, nicht Professionalität, ist das Kriterium.

Im Jahr 2021 setzte die Gouverneurin von Oregon „die Anforderung aus, dass Schülerinnen und Schüler Lese-, Schreib- und Mathematikkenntnisse nachweisen müssen, um einen Highschool-Abschluss zu erhalten." Dies geschah im Namen der Gleichheit. Das Büro der Gouverneurin ließ verlautbaren, dass die neuen Standards für den Schulabschluss den „schwarzen, lateinamerikanischen, indigenen, asiatischen, von pazifischen Inseln stammenden und anderen Volksstämmen zugehörigen Schülerinnen und Schülern" des Staates helfen würden.[8] Halten wir inne und fragen wir uns: Welche Botschaft sendet dies an Minderheiten? Die einer gesunden Herausforderung oder die einer Demoralisierung?

Heather Mac Donald schreibt: „Immer mehr empirische Belege schwächen die Behauptung, dass Bevorzugung aufgrund der Rasse an Hochschulen den Empfängern zugutekommt."[9] Sie argumentiert, dass es viel besser wäre, wenn alle Studenten im Bewerbungsverfahren und in ihren Leistungen objektiv miteinander konkurrieren würden. Wettbewerb bringt die erforderliche Disziplin und Motivation hervor, um besser zu werden; die Bevorzugung auf der Grundlage der Hautfarbe basiert auf einer Opferhaltung und fördert, dass Betroffene sich mit Mittelmäßigkeit zufriedengeben und unverdiente Privilegien erwarten. Nur Wettbewerb kann Spitzenleistungen hervorbringen.

Sollten wir nicht lieber unsere Schulen und die dortige Ausbildung verbessern, anstatt die Standards zu senken? Um noch einmal Tony Evans zu zitieren: „Das Absenken von Standards bereitet den Einzelnen nicht auf Erfolg vor, sondern vielmehr auf vorprogrammierten Misserfolg. Eine solche Einordnung, die nicht den persönlichen Fähigkeiten entspricht, trägt dazu bei, dass ihre Selbstwahrnehmung sinkt, was sich laut dem berühmten schwarzen Wirtschaftswissenschaftler Thomas Sowell über Generationen hinweg vererben kann."[10]

Zu Beginn dieses Abschnitts habe ich darüber geschrieben, wie albern es ist, eine Football-Mannschaft nach DEI-Kriterien aufzustellen. Dabei sehen wir gerade im Sport, dass Menschen unterschiedlicher Abstammung sehr gut miteinander auskommen. Fußballmannschaften achten im Allgemeinen nicht auf die Hautfarbe einer Person. Und warum? Es geht um Können und Gewinnen. Wie Tony Evans betont, wären wir geeinter, wenn wir wie die Sportmannschaften das gleiche Ziel hätten, Christus auf der Erde wirksam zu vertreten.[11]

Wie eine Person es ausdrückte, ist das Herabsetzen von Standards ein Wettlauf nach unten. Anstatt die Standards zu senken, sollten wir uns dafür einsetzen, den Leistungsschwachen zu helfen, etwas zu erreichen. DEI ist ein Krieg gegen das Leistungsprinzip.

Das Projekt 1619 verdreht die Geschichte, um die rassische Kluft zu vergrößern

Das rassistisch motivierte *Projekt 1619* verdreht die Tatsachen, um zu vermitteln, dass Amerika auf zwei Übeln aufgebaut wurde: Sklaverei und Kapitalismus. Diese seien von Weißen aufrechterhalten worden, deren einziges Ziel darin bestand, ihre Macht aufrechtzuerhalten. In Tausenden von Schulen wird bereits nach einem Lehrplan unterrichtet, der auf dieser Lehre basiert.[12]

Robert Woodson, ein schwarzer Unternehmer und Herausgeber des Buches *Red, White, and Black: Rescuing American History from Revisionists and Race Hustlers*[13], sagt, dass das Projekt 1619 eine „tödliche" Erzählung ist, die eine lähmende Opferkultur in der afroamerikanischen Gesellschaft aufrechterhält.

Um dem falschen 1619-Narrativ entgegenzuwirken, gründete Woodson „1776 Unites" (das Jahr, in dem die Unabhängigkeitserklärung unterzeichnet wurde und die Vereinigten Staaten tatsächlich eine Nation wurden). Woodsons Ziel ist es, dem Projekt 1619 entgegenzuwirken, indem er Afroamerikaner zusammenbringt, um für die Grundsätze der Selbstbestimmung und des Unternehmertums einzutreten. Er argumentiert mit Fakten und Zahlen, dass Afroamerikaner, wenn sie die Gelegenheit dazu erhalten, in der Schule und im Beruf konkurrenzfähig sein können. Er schreibt: „Im Gegensatz zur Ideologie der Kritischen Rassentheorie sind mehrere Faktoren für den Bildungserfolg weitaus wichtiger als die Rasse. Dazu gehören familiäre Stabilität, die Beteiligung der Eltern, ein schulisches und familiäres Umfeld, das effektive Lerngewohnheiten unterstützt, und Grundschullehrpläne, in denen der Erweiterung des Wissens von Schülerinnen und Schülern Priorität eingeräumt wird.“[14]

Das *Projekt 1619* hingegen „nimmt den Afroamerikanern die Möglichkeit, ihr Leben zu verbessern“, so Woodson. Er fährt fort: „Dieser Müll, der von den Wissenschaftlern und Autoren von *1619* kommt, ist höchst heuchlerisch, weil sie nicht in Gemeinschaften leben, die leiden ... Sie setzen sich für etwas ein, für das sie nicht die Strafe zahlen müssen.“[15]

In einer Rede vor dem National Press Club in Washington sagte Woodson: „Menschen werden zu Leistungen angespornt, wenn man ihnen erreichbare Siege vor Augen führt, und sie nicht ununterbrochen mit Verletzungen überhäuft, die es zu vermeiden gilt.“[16]

Glenn Loury, Professor für Wirtschaftswissenschaften an der Brown University, stimmt dem zu. „Ich glaube an Amerika, und ich glaube an die Schwarzen“, sagte er. „Irgendetwas sagt mir, wenn ich dieses Dokument lese, dass die Autoren des *Projekts 1619* das nicht tun. Sie glauben nicht an Amerika ... und, es tut mir leid, das zu sagen, aber ich habe den Eindruck, dass sie nicht an die Schwarzen glauben.“[17]

Die Quintessenz: Wir sollten auf Chancengleichheit hinarbeiten und denjenigen helfen, die damit zu kämpfen haben, ihr volles Potenzial auszunutzen. Wir sollten jedoch nicht Inkompetenz mit einem Bekenntnis zu DEI belohnen. Wir sollten uns fragen, was wir tun müssen, um Menschen auf ein höheres Leistungsniveau zu bringen, anstatt die Messlatte zu senken und Anreize dafür zu schaffen, nur Mäßiges zu leisten.

DEI führt zu Spaltungen und Dekonstruktion

Wann wurde der Krieg gegen die angebliche Vorherrschaft der Weißen politisiert? Es begann 1974 mit einer Gruppe namens *Weather Underground* und ihrem Buch *Prairie Fire: The Politics of Revolutionary Anti-Imperialism* (dt.: Präriefeuer: Die Politik eines revolutionären Antiimperialismus). Der Titel des Buches wurde vom chinesischen Kommunistenführer Mao Zedong abgeleitet, der in seinem „kleinen Roten Buch" erklärte, dass „ein einziger Funke ein Präriefeuer entfachen" kann.[18]

Die Gruppe *Weather Underground* arbeitete daran, weiße Amerikaner dafür zu mobilisieren, um gegen die Geschichte und die Institutionen Amerikas zu kämpfen. Sie versteckten ihre Identität nicht, sondern erklärten sich offen als Kommunisten. Hier ist ein Auszug aus der Einleitung des Buches:

> Wir sind eine Guerilla-Organisation. Wir sind kommunistische Frauen und Männer ... unsere Absicht ist es, das Imperium zu zerstören, es handlungsunfähig zu machen, Druck auf die Risse auszuüben ... Unsere Absicht ist es, den Feind zu bekämpfen, ihn zu zermürben, ihn zu isolieren, jede Schwäche aufzudecken, zuzuschlagen, seine Verwundbarkeit zu offenbaren ... zu beunruhigen, zu organisieren, uns auf jede mögliche Art und Weise an den täglichen Kämpfen des Volkes zu beteiligen.[19]

Die Gruppe verfolgte die Strategie, weiße Amerikaner dazu zu bringen, sich mit Antirassismus und Antiimperialismus zu identifizieren. Ihre Absicht war nicht, Amerika zu verbessern, sondern seine Institutionen, seine Geschichte und seine politische Philosophie zu zerstören und „alles Bestehende niederzureißen", wie Marxisten es ausdrückten. Wer in den 1970er-Jahren gelebt hat, erinnert sich noch an die von ihnen verübten Bombenanschläge. Irgendwann verzichteten sie jedoch auf Gewalt und zogen es vor, ihre Ziele durch die

Untergrabung des Bildungs-, Rechts- und Wirtschaftssystems in den USA zu erreichen.

Die beliebten Schriftsteller und Eliten von heute sind die Erben ihrer Theorien. Sie greifen nicht den tatsächlichen Rassismus an, sondern das Weißsein. Im Gegensatz zu dem, was Dr. Martin Luther King Jr. lehrte, beurteilen sie die Menschen nach ihrer Hautfarbe und nicht nach ihrem Charakter. Dr. King bekräftigte, dass wir im Kampf für gleiche Rechte auf Einigkeit und Zusammengehörigkeit hinarbeiten sollten. Er wusste, dass der beste Weg, um Rassismus zu beenden, darin bestand, sich zu vereinen und nicht zu spalten; er hielt Konflikte zwischen den Rassen für kontraproduktiv. King stellte den Charakter über die Hautfarbe. Doch in der heutigen *woken* Welt wird uns das Gegenteil suggeriert: Die Hautfarbe ist wichtiger als der Charakter. Hört sich das nach Fortschritt an?

Ich habe mir die Zeit genommen, das beliebte Buch *Wir müssen über Rassismus sprechen* von der Autorin Robin DiAngelo zu lesen. Das Buch ist der These gewidmet, dass wir den Rassismus fördern müssen, um Rassismus zu besiegen. Es stigmatisiert alle Menschen mit weißer Hautfarbe als Privilegierte, unabhängig davon, ob sie in Reichtum oder in Armut geboren wurden. Selbst ein weißes Kind, das von seinen Eltern verlassen wird und verarmt, ist immer noch eine privilegierte Person. Dahingegen gilt, DiAngelo zufolge, jeder Schwarze, selbst jemand, der berühmt und wohlhabend ist, aufgrund seiner Hautfarbe nicht als privilegiert. Wenn man schwarz ist, so DiAngelo, kann man kein Rassist sein, weil man nicht an der Macht ist. Mit anderen Worten: Die Antwort auf den Rassismus besteht darin, eine Machtgruppe gegen eine andere auszutauschen.

Wie im antiken Kastensystem werden Menschen stereotypisiert und aufgrund von körperlichen Merkmalen (in diesem Fall der Hautfarbe) in Kategorien eingeteilt, über die sie keine Kontrolle haben. Und wenn eine weiße Person gegen diese Art der Kategorisierung Einspruch erhebt, wird behauptet, sie habe gerade ihren Rassismus bewiesen. Jemand hat darauf hingewiesen, dass – wie in dem Buch und dem Film *Der Prozess* von Franz Kafka – das Bestreiten einer Anschuldigung als Beweis für die eigene Schuld gilt. In der heutigen *woken* Kultur wird diese Denkweise dazu benutzt, dass Schwarze die Weißen hassen und Weiße die Schwarzen. Misstrauen und Wut aus rassistischen Motiven werden verschärft, und kein Ende ist in Sicht.

Was sind laut DiAngelo die Merkmale des „Weißseins"? Ich darf zitieren: „Beispiele für [diese] Ideologie in den Vereinigten Staaten sind der Individualismus, die Überlegenheit des Kapitalismus als Wirtschaftssystem und der Demokratie als politisches System, der Konsumismus als erstrebenswerter Lebensstil und die Meritokratie (jeder kann Erfolg haben, wenn er oder sie hart arbeitet)."[20] Lassen Sie sich das nicht entgehen: *Wenn Sie an Individualismus, Kapitalismus, Demokratie, Konsumismus und die Anerkennung von Kompetenz und Leistung glauben, sind Sie ein Rassist.* Geben Sie es einfach zu!

Warum sagt die Linke dem Individualismus den Kampf an? Weil, wie Marx wusste, Individuen schwer zu kontrollieren sind; Marxisten glauben, dass das persönliche Gewissen und die Freiheit des Einzelnen nicht berücksichtigt werden können. Es ist besser, die Menschen in Gruppen einzuteilen und in Schubladen zu stecken, um ihr kollektives Bewusstsein zu verstärken. Und wer sich nirgends einfügt, kann sofort identifiziert werden. Das Ziel ist es, den Menschen zu verbieten, unabhängig von der Gruppe zu handeln, und wer doch aus der Reihe tanzt, dem wird womöglich nachgesagt, er sei nicht authentisch oder Verräter dessen, was er sein sollte. Sie können für unabhängiges Denken bestraft werden.

Mit anderen Worten, die Linke sagt: „Wenn du schwarz bist, bleib in deiner Spur! Und wenn weiße Amerikaner für einen konservativen schwarzen Politiker stimmen, beweist das nicht, dass sie keine Rassisten sind, sondern dass sie nur „ihren Rassismus durch jemanden ausdrücken, der ein schwarzes Gesicht der weißen Vorherrschaft" ist. Aus diesem Grund kämpfte die Linke 2021 so heftig gegen den konservativen Afroamerikaner Larry Elder, als er in einer

Sonderwahl für das Amt des Gouverneurs von Kalifornien kandidierte und verlor, und auch gegen den Afroamerikaner Winsome Sears, der für das Amt des Vizegouverneurs von Virginia kandidierte und die Wahl gewann.

Es sollte uns nicht überraschen, dass das Wort *Gleichheit* in DiAngelos Buch falsch verwendet wird. Zustimmend zitiert sie Ibram Kendi: „... wenn wir wirklich glauben, dass alle Menschen gleich sind, dann können ungleiche Voraussetzungen nur das Ergebnis einer systemischen Diskriminierung sein."[21] Diese Art von „Gleichheit" steht im Einklang mit der marxistischen Vision, dass der Staat für die Gleichheit der Ergebnisse sorgen sollte.

Gehen wir DiAngelos Logik einen Moment nach: Ist die wirtschaftliche Ungleichheit zwischen meiner finanziellen Situation und der von Bill Gates das Ergebnis einer „systemischen wirtschaftlichen Diskriminierung"? Ist es wahr, dass die Gleichwertigkeit der Menschen (die wir alle bejahen sollten) *immer* zu gleichen wirtschaftlichen Ergebnissen führen sollte? Ist es wahr, dass Ungleichheiten *immer* das Ergebnis von Diskriminierung sind und nichts mit individueller Verantwortung und persönlicher Wahl zu tun haben? Oder mit der Verantwortung innerhalb der Gruppe? Sollten wir den Menschen nicht helfen zu verstehen, dass ihre individuellen Entscheidungen viel damit zu tun haben, ob sie im Leben Erfolg haben oder nicht?

Es muss klar gesagt werden, dass man an Individualismus, Kapitalismus, Demokratie und die Anerkennung von Leistungen glauben kann, ohne rassistisch zu sein. Diese Grundsätze haben nichts mit Rassismus zu tun und werden von vielen Minderheiten befürwortet. Ungleiche Ergebnisse zwischen Einzelpersonen und Gruppen sind kein Beweis für Rassismus. Nur wenige haben dies so sorgfältig durchdacht wie Thaddeus Williams, der erklärt: „Je mehr wir uns einer Vision von Gerechtigkeit verschreiben, in der ungleiche Ergebnisse automatisch als das Ergebnis von Ungerechtigkeit angesehen werden, desto mehr wird ja, *muss* unser Streben nach Gerechtigkeit dazu führen, dass wir Macht einsetzen, um Gleichheit zu erzwingen." Ebenso klar argumentiert er: „Unterschiedliche Ergebnisse sind der Preis der Freiheit. Der Umkehrschluss ist ebenfalls wahr. Tyrannei ist der Preis für gleiche Ergebnisse."[22]

Um es zusammenzufassen: Es liegt auf der Hand, dass die Freiheit, die man den Menschen gibt, zu ungleichen Ergebnissen führt. Selbst innerhalb einer Familie sind die Ergebnisse nicht gleich. Wenn einzelne Kinder aufwachsen und Entscheidungen treffen, werden sie mit ziemlicher Sicherheit unterschiedliche Ergebnisse erzielen. Fragen Sie einfach die Menschen in Russland oder China, wie es ihnen dabei geht, dass unter Zwang eine Gleichheit der Ergebnisse durchgesetzt wird. Nur durch Tyrannei können gleiche Ergebnisse herbeigeführt werden – durch Zwang und freiheitsfeindliche Gesetze. Und historisch gesehen hat der Zwang der Tyrannei immer zu sehr ungleichen Ergebnissen geführt. Es gibt kein Land auf der Welt, das auf gleichen Ergebnissen besteht und gleichzeitig seinen Bürgern Freiheit gewährt. Man kann nicht beides haben.

Es gäbe noch mehr zu sagen, aber wir können festhalten, dass DEI heute in Wirtschaft, Politik und Bildung vorgeschrieben ist. Das Buch *Wir müssen über Rassismus sprechen* hat dazu geführt, dass weiße Amerikaner Briefe geschrieben haben, in denen sie sich für ein Merkmal entschuldigen, auf das sie keinen Einfluss haben: ihre Hautfarbe. Ihnen wird gesagt, sie sollten „weniger weiß" und „weniger ignorant" sein. Auf diese Weise, wird uns gesagt, müssen die Rassenunterschiede abgebaut werden. Aber stellen Sie sich vor, wie beleidigend es wäre, wenn man schwarzen Amerikanern sagen würde, sie sollten „weniger schwarz" sein.

Die meisten der 500 umsatzstärksten Unternehmen und Konzerne verlangen unter dem Deckmantel von DEI verschiedene Arten von Diversitätstraining. Das hat jedoch nichts mit dem lobenswerten Ziel zu tun, bei der Einstellung von Mitarbeitern und bei der Gehaltsgestaltung fair zu sein. Vielmehr geht es dabei darum, sich auf die Seite der Aktivisten der sozialen Gerechtigkeit zu stellen und die Mitarbeiter zu zwingen, ihren Aktivismus zu bekräftigen. Wer dazu nicht bereit ist, gefährdet seinen Arbeitsplatz.

Mehr noch, die Identitätspolitik hat an unseren Universitäten zu Lehrveranstaltungen über die Dekonstruktion von Identität geführt. Alles, was weiß ist, muss verboten werden. In einem Artikel der *New York Times* äußerte sich ein außerordentlicher Professor für Klassische Philologie in Princeton zum „Weißsein" in der Klassik: „Systemischer Rassismus ist die Grundlage für die Institutionen, die die Klassiker hervorbringen, und für die Klassik als Fach."[23]

Von der Vorherrschaft der Weißen kommen wir zu einem neuen Feind: der Vorherrschaft der Familie. Der *National Council on Family Relations,* der sich einst für die Stärkung der Familien einsetzte, hat sich der „Woke Culture" angeschlossen und setzt sich nun für die Zerstörung der Familie ein. Er behauptet nun, die Kernfamilie sei ein Beispiel für die „Vorherrschaft der Familie" und eine Erweiterung der „Vorherrschaft der Weißen".[24] In typisch marxistischer Manier sagt die Behörde, dass der wahre Grund für die Ungleichheiten zwischen schwarzen und weißen Familien nicht die Vaterlosigkeit sei, sondern vielmehr ein „Mangel an Ressourcen". Mit anderen Worten, das Problem hat nichts mit familiärer Stabilität und persönlichen Entscheidungen zu tun, sondern mit der Wirtschaft. Marxismus pur.

Sie sind weiß und glauben an die Kernfamilie? „Parken Sie Ihr Privileg vor der Tür."

DEI schürt Hass statt Vergebung

Möchten Sie eine neue Art zu beten kennenlernen? Wenn Sie etwas für geschmacklose, ehrfurchtslose Gebete übrig haben, die einer *woken* Theologie verschrieben sind, sollten Sie sich den New-York-Times-Bestseller *A Rhythm of Prayer: A Collection of Meditations for Renewal* (dt.: Ein Gebets-Rhythmus: Eine Sammlung von Meditationen zur Erneuerung) zulegen, der von der Herausgeberin Sarah Bessey zusammengestellt wurde. Dieses vermeintlich christliche Buch enthält Gebete, die uns eine Vorstellung davon vermitteln, wie Theorien der sozialen Gerechtigkeit uns spalten und Misstrauen und Hass schüren.

In einem der Gebete mit dem Titel „The Prayer of a Weary Black Woman" (dt.: Das Gebet einer müden schwarzen Frau) bittet Dr. Chanequa Walker-Barnes um Rat, wie man aufhören kann, sich um weiße Menschen zu kümmern, die unweigerlich den Rassismus aufrechterhalten. Der Zusammenhang zwischen den Lehren der sozialen Gerechtigkeit und Gebeten wie diesem ist offensichtlich:

Lieber Gott, bitte hilf mir, weiße Menschen zu hassen. Oder zumindest, sie hassen zu wollen. Zumindest möchte ich aufhören, mich um sie zu kümmern, als Einzelne und im Kollektiv. Ich möchte aufhören, mich um ihre fehlgeleiteten, rassistischen Seelen zu kümmern, ich möchte aufhören zu glauben, dass sie besser sein können, dass sie aufhören können, rassistisch zu sein.[25]

Ist diese Art von Rassenhass gut für Amerika?

Opferdenken hält den Hass aufrecht; nur Vergebung kann Heilung bringen und Versöhnung bewirken.

Es gibt einen besseren Weg nach vorn. Ich empfehle Ihnen das Buch *One Blood: Parting Words to the Church on Race and Love* (dt.: Ein Blut: Worte des Abschieds an die Gemeinde über Rasse und Liebe) des großartigen schwarzen Predigers und Leiters John M. Perkins, der während der Rassentrennung in den Südstaaten von Weißen schrecklich missbraucht wurde. In seiner Antwort schreibt er: „Ich hatte gelernt, die Weißen in Mississippi zu hassen. Und wenn ich Jesus nicht begegnet wäre, hätte ich diese schwere Last des Hasses mit ins Grab genommen."[26] Sein ganzes Leben widmete er dem Ziel, der Gemeinde Einheit zu bringen – Verständigung, nicht Spaltung; Vergebung, nicht Vergeltung; Eintracht, nicht Zwietracht.

Das Zeugnis von John Perkins sollte uns Tränen in die Augen treiben. Er schreibt: „Nachdem ich in Brandon verprügelt worden war [eine Anspielung auf eine Prügelattacke in Mississippi, die so schwer war, dass er ins Krankenhaus musste], wollte ich ein Opfer sein. Menschen, die sich als Opfer sehen, lassen sich leicht von Stolz umgarnen. Wir können unseren Schmerz wie ein Ehrenzeichen tragen und versuchen, andere damit zu peitschen. Seit diesem Vorfall in Brandon habe ich versucht, sehr vorsichtig zu sein und das, was mir widerfahren ist, nicht dazu zu benutzen, mich für etwas Besseres zu halten als mein Unterdrücker."[27] Perkins sagt, dass die Pflege, die er im Krankenhaus von weißen Ärzten und Krankenschwestern erhielt, zur Heilung seiner Seele beigetragen hat.

Tony Evans stimmt dem zu: „Wir müssen die Opfermentalität ablehnen. Sie nährt einen unscharfen Groll, der in einer Mentalität wurzelt, die mit Misserfolg rechnet und durch die die gesamte Realität gefiltert wird."[28] Gut ausgedrückt. Opferdenken hält den Hass aufrecht; nur Vergebung kann Heilung bringen und Versöhnung bewirken.

Ich will damit sagen, dass wir Rassismus nicht bekämpfen können, indem wir mehr Rassismus anordnen; wir können Hass nicht mit noch mehr Hass bekämpfen. Die marxistische Ideologie, die die Welt in Opfer und Unterdrücker einteilt und dabei die individuellen Unterschiede ignoriert, wirkt einer Verbesserung der Rassenbeziehungen entgegen.

Tammy Bruce, die lesbisch ist und früher Leiterin der *National Organization for Women* (NOW) in Los Angeles war, verteidigt viele konservative Werte. Sie schreibt: „Wenn deine Opferrolle deine Ermächtigung ist, ist Wiederherstellung der *Feind,* und die Arbeit an ‚individuellen Veränderungen' wird kontraproduktiv, ja sogar gefährlich für deine Identität."[29] Aus diesem Grund muss für eine radikale Linke die Opferrolle um jeden Preis aufrechterhalten werden.

In unserer *woken* Welt *muss die Opferrolle aus den Fängen des wahren Fortschritts entrissen werden.*

Die Standpunkttheorie zerstört die Suche nach objektiver Wahrheit

Ja, DEI wird sogar benutzt, um das Konzept der objektiven Wahrheit anzugreifen.

Es gab eine Zeit in Amerika, in der man allgemein glaubte, dass die Wahrheit eine Realität außerhalb von uns selbst ist, und wir konnten miteinander darüber diskutieren, ob wir der Wahrheit zustimmen oder sie ablehnen. Diese Zeiten gehören der Vergangenheit an. In unserer *woken* Kultur gibt es keine äußere, d. h. objektive Wahrheit mehr, denn die Wahrheit ist jetzt „in mir", und sie ist das, was ich sage, dass sie ist. Da es keine zwingende Suche nach der Wahrheit mehr gibt, bleibt nur noch das Streben nach Macht. Ein vernünftiger Dialog ist einem eingefahrenen, selbstgefälligen Egoismus gewichen. Und denjenigen, die mit „meinem Standpunkt" nicht einverstanden sind, darf nicht nachgegeben werden.

Zu Beginn dieses Kapitels habe ich das Gelöbnis des Navy-Teams *Task Force One* zitiert. Lesen Sie diesen Satz noch einmal: „… für alle gelebten Erfahrungen und intersektionalen Identitäten jedes Matrosen in der Navy eintreten und sie anerkennen".

Wenn Sie die Augen offen halten, werden Sie feststellen, dass Formulierungen wie „gelebte Erfahrung" und „deine Erfahrung versus meine Erfahrung" immer wiederkehrende Themen in einem Großteil der Literatur der Bewegung für soziale Gerechtigkeit sind. Sie entstammen der marxistischen Vorstellung, dass die (weißen) Unterdrücker die Wahrheit nie wirklich kennen können, weil sie durch ihr Machtstreben geblendet sind. Die Wahrheit muss in den Erfahrungen der Unterdrückten gefunden werden; die Unterprivilegierten können Dinge sehen, die die Privilegierten nicht sehen können. „Gelebte Erfahrungen und intersektionale Identitäten" sind maßgeblich, wenn es um die Suche nach Wahrheit geht.

Ich muss hier vorsichtig sein, denn wir *sollten* den Unterdrückten zuhören, wenn sie ihre Erfahrungen teilen – und zwar aufmerksam und geduldig. Wir müssen das Leben aus der Sicht derjenigen verstehen, die etwas erlebt haben, was wir nicht erlebt haben. Wir können nicht für Versöhnung eintreten, wenn wir nicht gut zuhören können. Und in Römer 12,15 werden wir aufgefordert: „Weint mit den Weinenden!"

Die Standpunkttheorie sagt jedoch etwas anderes: Sie stimmt mit Karl Marx darin überein, dass die Interpretation der Geschichte, der Wissenschaft oder der politischen Philosophie von der eigenen Erfahrung und dem eigenen Platz in der Gesellschaft abhängt. Sie besagt, dass es keine objektive Wahrheit außerhalb von uns gibt, nach der wir streben müssen; die Wahrheit findet man, indem man nach innen schaut und das Leben von seinem persönlichen Standpunkt aus interpretiert. Wieder hat die Ichbezogenheit triumphiert.

Das erklärt, warum die radikale Linke die Gründungsdokumente unseres Landes nicht auf der Grundlage dessen auslegt, was in ihnen geschrieben wurde, sondern auf der Grundlage der vermeintlich finsteren Motive derer, die sie verfasst haben. So will man uns zum Beispiel glauben machen, dass die Verfassung von weißen Männern geschrieben wurde, um an der Macht zu bleiben – dass hinter dem Dokument das Bestreben stand, ihre weißen Privilegien zu erhalten. Die Worte darin bedeuten nicht, was dort steht; vielmehr müssen wir alles entsprechend unserer eigenen Erfahrung und unserem Standpunkt interpretieren.

Lassen Sie mich die Linken aus ihren eigenen Schriften zitieren:

> Beim Lesen geht es nicht darum, „die Bedeutung" aus dem Text herauszuholen, so als ob diese Bedeutung im Text wäre und darauf wartet, vom Leser entschlüsselt zu werden. Vielmehr geht es beim Lesen darum, dass der Leser die Hinweise, die die Schrift liefert, und das Wissen, das er mitbringt (über sprachliche Untersysteme, über die Welt), nutzt, um eine einzigartige Interpretation zu konstruieren ... Diese Sicht auf das Lesen impliziert, dass es keine einzige „richtige" Bedeutung für einen bestimmten Text gibt, sondern nur plausible Bedeutungen.[30]

Wir sollen also nicht glauben, dass wir den Sinn aus dem Text „herauslesen" können.

Wenn wir diese Theorie auch auf die Heilige Schrift anwenden, könnten wir sagen, dass David die Psalmen nicht geschrieben hat, um Gott zu preisen und seine innige Anbetung Gottes auszudrücken, sondern um seine Sünde zu verbergen. Zum Beispiel: „Preisen will ich den HERRN allezeit, ständig soll sein Lob in meinem Munde sein" (Ps 34,2). Das waren nur Worte auf einer Seite, und weil wir wissen, dass David fehlerhaft war, müssen wir den Text dekonstruieren und ihm eine ganz andere Bedeutung geben, als er eigentlich aussagt. Vielleicht hatte David zum Beispiel keine persönliche Beziehung zu Gott, sondern schrieb dies, um seinen Ruf zu wahren und seine Macht zu erhalten.

Warum diese Interpretation? Nun, laut Wokeismus gibt es keine Bedeutung im Text, die „darauf wartet, entschlüsselt zu werden", also sind wir eingeladen, „eine einzigartige Interpretation" von Davids Werken zu konstruieren; schließlich gibt es keine „richtige" Bedeutung, nur „plausible Bedeutungen". Verleihen Sie dem Text einfach die Bedeutung, die Sie auf der Grundlage Ihrer persönlichen Erfahrung und Ihres Standpunkts wünschen.

Manche lehren, dass die Weißen die Bibel nie richtig ausgelegt haben. Warum? Weil sie alle Texte vom Standpunkt der Unterdrücker aus lesen; ihre Lesart der Bibel ist darauf ausgerichtet, die eigene Macht zu behalten. Stattdessen müssen wir auf die Ansichten der Unterdrückten hören, denn ihre Wahrheit muss für bare Münze genommen werden. Im Kulturmarxismus wird eine wahre Interpretation durch die Linse der Macht bestimmt, nicht durch die Worte des Textes.

Natürlich gibt es selbst unter Christen Meinungsverschiedenheiten über die Bedeutung bestimmter Texte der Heiligen Schrift. Aber der Text, nicht die Abstammung oder das eigene Privileg, sollte die Linse sein, durch die wir Gottes Wort auslegen. In der *woken* Theologie geht es jedoch darum, den Text so zu interpretieren, dass eine *woke* Haltung untermauert wird. Wie Owen Strachan sagt: „Ihre

Stimme *muss* gehört werden, wenn sie links ist, aber nicht, wenn sie Konservatismus verfechtet. Sie sind Ihrem ‚Erbe' treu, wenn Sie sich für ‚soziale Gerechtigkeit' einsetzen, aber nicht, wenn Sie an der vergeltenden biblischen Gerechtigkeit festhalten. Wenn du progressiv bist, bist du ein Prophet; wenn du konservativ bist – ob in deinem biblischen Verständnis oder in deiner politischen Ausrichtung – bist du eine Schachfigur."[31]

Wie im vorigen Kapitel erläutert, sollte gemäß Wahrheitstheorie ein biologisch männlicher Mensch, der sagt, dass er sich als Frau identifiziert, nicht vom Gegenteil überzeugt werden. Wenn Sie darauf bestehen, dass er immer noch ein Mann ist, gelten Sie als arrogant, weil Sie glauben, dass Sie besser wissen, wer er ist, als er selbst. Ihre Perspektive ist irrelevant. Seine Sichtweise ist absolut und sollte nicht in Frage gestellt werden. Seine Wahrheit ist die wahre. Nur er kennt die Wahrheit über sich selbst.

Diese Art des Denkens ist ein Angriff auf die Objektivität in allen Bereichen – im Recht, in der Medizin und sogar in der Wissenschaft. Objektivität, so wird uns gesagt, ist ungerecht gegenüber Minderheiten. Nur der gelebten Erfahrung ist zu trauen, insbesondere wenn es sich um die Erfahrung von Unterdrückten handelt.

Eine „woke" Bank würde die Grundlagen der Mathematik zerstören

Wir könnten meinen, dass die mathematischen Grundrechenarten eine unüberwindbare Barriere darstellen; sie passen nicht in das DEI-Modell. Wir könnten denken, dass die Mathematik eine Disziplin ist, in der die Standpunkttheorie keinen Zutritt hat. Sicherlich ist 2 + 2 = 4 etwas, auf das wir uns alle einigen können, und es gibt keinen Platz für gelebte Erfahrung.

Nicht so schnell.

Gemäß dem DEI-Konzept finden bestimmte Minderheiten Mathematik schwieriger als die Mehrheit der Bevölkerung, sodass die Mathematik überarbeitet werden muss, um die Messlatte niedriger zu legen, damit sie „gerechter für Minderheiten" wird. Nach Ansicht von DEI-Befürwortern ist Objektivität in der Mathematik also rassistisch. Sie passt nicht in die Gleichstellungsquote.

Sergiu Klainerman, Mathematikprofessor in Princeton, hat sich öffentlich gegen die Anwendung sozialer Gerechtigkeit in der Mathematik ausgesprochen. Er sagt, dass die Suche nach objektiven, richtigen Antworten als rassistisch eingestuft wird. Er beklagt, dass Objektivität nicht mehr das Ziel ist; das Mantra lautet jetzt, dass wir nicht darauf bestehen sollten, dass es in der Mathematik nur eine richtige Antwort gibt, weil das die Unterdrücker begünstigt und diejenigen nicht berücksichtigt, deren Opferrolle nicht gewürdigt wird. Objektivität ist rassistisch.

Lesen wir, wie er aus den neuen *woken* Leitlinien für den Mathematikunterricht mit dem Titel „*A Pathway to Equitable Math Instruction*" (dt.: Ein Weg zu einem gerechten Mathematikunterricht) zitiert, die von den vorherrschenden Philosophen sozialer Gerechtigkeit erstellt wurden:

> In dem Programm wird argumentiert, dass „die Kultur der weißen Vorherrschaft im Klassenzimmer zum Vorschein kommt, wenn der Schwerpunkt darauf liegt, zur ‚richtigen' Antwort zu gelangen" oder wenn die Schüler aufgefordert werden, ihre Arbeit vorzuzeigen. Gleichzeitig wird darin behauptet, dass das „Konzept, dass Mathematik rein objektiv ist, eindeutig falsch ist". Das Hauptziel des Programms ist es, „den Rassismus im Mathematikunterricht abzubauen", mit dem ausdrücklich politischen Ziel, „die gesellschaftspolitische Wende in allen Bereichen der Bildung, einschließlich der Mathematik, einzuleiten."[32]

Was man damit sagen will, ist Folgendes: Die weiße Vorherrschaft zeigt sich im Klassenzimmer, wenn man zu sagen wagt, dass Mathematik objektiv ist. Die unnachgiebigen Verfechter der sozialen Gerechtigkeit sagen, dass ihr subjektives Wissen unanfechtbar ist;

Vernunft, Wissenschaft und Mathematik müssen sich beugen, damit sie in ihre *woken* Theorien passen. Jede weitere Diskussion ist unnötig.

Deshalb möchte ich Sie fragen: Wären Sie bereit, Ihr Geld in einer Bank zu deponieren, wenn diese von *woken* Princeton-Absolventen geleitet würde, die glauben, dass Objektivität in der Mathematik rassistisch ist? Und würde es Ihr Vertrauen wecken, wenn die Bank damit wirbt, dass sie voll und ganz hinter der DEI-Ansicht steht, dass wir mehr als eine richtige Antwort zulassen sollten, wenn wir Bankunterlagen führen? Würden Sie zustimmen, dass Sie das Recht auf Ihre Wahrheit haben und die Bank das Recht auf ihre eigene, wenn Sie Geld abheben wollen?

Oder würden Sie, wenn Sie eine Brücke bauen wollten, einen Architekten beauftragen, der der Meinung ist, dass die Mathematik „minderheitengerechter" sein sollte, und daher das Ziel verfolgt, Meinungsverschiedenheiten bei Abmessungen oder architektonischen Sicherheitsstandards zuzulassen? Wären Sie überzeugt, wenn man Ihnen sagen würde, dass dieser Ansatz die Ungleichheiten der Vergangenheit ausgleichen würde? Wie jemand einmal sagte: „Es gibt einige Ideen, die so absurd sind, dass nur ein Intellektueller sie glauben könnte."[*]

Solche Absurditäten gibt es nur in der akademischen Welt; in der realen Welt können sie nicht existieren. Und wenn Sie glauben, dass diese törichten Ideen durch logische Argumentation oder einen Dialog mit gesundem Menschenverstand bekämpft werden können, liegen Sie falsch. In vielen unserer Universitäten wurde der gesunde Menschenverstand über Bord geworfen, um Platz für die Sensibilität gegenüber der Woke-Kultur zu schaffen. Wer hätte gedacht, dass der Tag kommen würde, an dem wir tatsächlich für den gesunden Menschenverstand kämpfen müssen?

Ich empfehle Ihnen, Klainermans gesamten Artikel „There Is No Such Thing as ‚White' Math" (dt.: So etwas wie „weiße" Mathematik

---

gibt es nicht) zu lesen.[33] Er sagt, er habe mehr Angst vor diesen „*woken* Theorien" als vor dem Kommunismus, mit dem er in Rumänien aufgewachsen ist. Zumindest glaubten die Kommunisten, dass die Mathematik eine objektive Disziplin mit richtigen und falschen Antworten ist und dass sie zu universellem Wissen führt, das für alle Kulturen und Ethnien zugänglich ist. Wenn es in der Mathematik keine Objektivität mehr gibt, was kommt dann als nächstes? Klainerman meint, wir sollten die Mathematik nicht zu einem sozialwissenschaftlichen Experiment machen, sondern sie richtig unterrichten. Deshalb argumentiert er, *so etwas wie weiße Mathematik gibt es nicht.*

Leider sind Absolventen, die Diversitätsfragen studiert haben, nicht auf die reale Welt vorbereitet. Die reale Welt braucht Menschen, die im Handwerk arbeiten, wachsende Unternehmen leiten oder als Ingenieure arbeiten, die davon ausgehen, dass mathematische Formeln nur *ein* richtiges Ergebnissen zulassen. Absolventen, die sich mit Gender-Theorien und der Kritischen Rassentheorie beschäftigen, haben sich auf eine Welt vorbereitet, die es nicht gibt.

Helfen wir Minderheiten, indem wir die Suche nach der Wahrheit von der Objektivität auf die gelebte Erfahrung einer Person verlagern? Thaddeus Williams schreibt: „… die gelebten Erfahrungen der Unterdrückten zu nutzen, um nobel klingende Visionen von sozialer Gerechtigkeit zu propagieren und diese Visionen gegen sachliche Kritik abzuschirmen, ist nicht mitfühlend. Es ist grausam gegenüber den Unterdrückten. Es beutet ihren Schmerz aus. Es vergrößert ihre Zahl. Noch einmal: Als Christen, die den Auftrag haben, *wirklich* für Gerechtigkeit zu sorgen, müssen wir es besser machen."[34]

Der Triumph des Selbst muss als Triumph der Selbsttäuschung entlarvt werden.

DEI missbraucht das Rechtssystem

Wenn wir uns vor Augen halten, dass das Ziel des Kulturmarxismus darin besteht, alle unsere Institutionen zu durchdringen, sollten wir uns über seine Umsetzung in unserem Rechtssystem nicht wundern.

Kriminelle werden aufgrund von Gleichstellungstheorien freigelassen, die verlangen, dass die Belegung in unseren Gefängnissen die Demographie innerhalb einer Stadt oder Gemeinde widerspiegelt. Wir hören also von einer „Überkriminalisierung", d. h. einige Gruppen von Menschen müssen freigelassen werden, um die Statistiken auszugleichen. Die Theorie besagt, dass es eine Verteilung der Inhaftierungen geben sollte, die im Verhältnis zur Häufigkeit einer bestimmten Hautfarbe steht.

Ja, unsere schwarzen Brüder und Schwestern werden uns sagen – und wir müssen ihnen zuhören –, dass sie oft zu Unrecht von der Polizei und unserem Rechtssystem verfolgt wurden. Wir müssen uns genau anhören, was sie zu sagen haben, und wir müssen bei Bedarf auf eine Reform von Polizei und Justiz drängen. Und wenn ein Polizist ein Verbrechen begeht, sollte er mit der vollen Härte des Gesetzes bestraft werden.

Polizeibeamte, die sich konkreter Fälle von *Racial Profiling* schuldig gemacht haben, sollten gerecht bestraft werden, aber wir dürfen nicht pauschalisieren und die Polizei im Allgemeinen anprangern. Wieder einmal hat der destruktive Begriff der Kollektivschuld die Polizeiarbeit befleckt, was zu einer Eskalation der Kriminalität geführt hat, wie wir sie noch nie erlebt haben.

Wie viele Flugzeuge landen in den USA jeden Tag? Viele Tausende. Dennoch hören wir nur dann von der Landung eines Flugzeugs, wenn es abgestürzt ist. Denken Sie an die Tausenden von Verkehrskontrollen, Verhaftungen und Verbrechen, die die Polizei jeden Tag durchführt bzw. untersucht. Doch die einzigen, über die berichtet wird, sind der winzige Bruchteil, der für politische und rassistische Zwecke genutzt werden kann.

Zum Zeitpunkt der Abfassung dieses Kapitels machen wieder einmal Schaufenstereinbrüche Schlagzeilen. Ein Land, in dem Verbrechen praktisch keine Konsequenzen haben, ist ein Land, das am Rande des totalen Chaos steht. Wer braucht schon Polizisten, wenn Kriminelle nicht belangt werden, wenn sie etwas plündern, das weniger als tausend Dollar wert ist? Die Radikalen verteidigen die

Diebstähle als „Verteilungsgerechtigkeit" oder „Wiedergutmachung".
Ich habe gehört, wie ein Polizist beklagte, dass die Staatsanwälte keine Kriminellen verfolgen wollen, sondern nur auf die Gelegenheit warten, einen Polizisten zu belangen. Die Polizei ist der Schurke und die Diebe sind die Volkshelden.

Was ist z. B. mit der „Defund the Police"-Bewegung, die fordert, dass der Polizei ihre Gelder gekürzt werden? Denken Sie daran, dass Marxisten das Chaos nutzen werden, um einen marxistischen Staat zu errichten. Daher sollten wir nicht überrascht sein, dass die Polizei – die die letzte Verteidigungslinie zwischen einer geordneten Zivilisation und dem totalen Chaos ist – angegriffen wird. Ordnung behindert die Revolution.

Allzu oft bedeutet eine „Justizreform" den Schutz der Kriminellen und nicht der Opfer. Die Radikalen betonen manchmal sogar, dass Sie selbst Schuld sind, wenn Sie zum Opfer werden; Sie hätten nachts nicht draußen sein sollen, Sie hätten in einer Gruppe sein und nicht allein gehen sollen; Sie sollten Ihre eigenen Bodyguards haben. Nur der Kriminelle kann sich darauf verlassen, dass alle seine „Rechte" peinlich genau beachtet werden. Das Ergebnis ist eine Art „Drehtür-Justiz", die es Kriminellen ermöglicht, der Strafverfolgung wie durch eine Drehtür gleich wieder zu entgehen, und die ihnen zeigt, dass es sehr wenig kostet, das Gesetz zu brechen. Die Kriminellen werden geschützt, und die Opfer werden im Stich gelassen und müssen selbst sehen, wie sie zurechtkommen.

Wie wir wissen, lehrte Marx, dass Menschen nur deshalb Verbrechen begehen, weil sie unterdrückt werden. Wenn man die Unterdrückung durch die Kapitalisten (die Unterdrücker oder weißen Vorherrscher), die an der Macht sind, beseitigt, wird die Kriminalität zurückgehen. Jeder wird glücklich leben, ohne dass man Gesetze braucht. Unter diesem Gesichtspunkt ist die Abschaffung der Polizei sinnvoll. Dies erklärt auch den Trend zur Abschaffung von Kautionszahlungen. Man sagt uns, dass Kriminelle eine zweite Chance verdienen, damit sie ihre Unterdrückung ausgleichen können. Gleichzeitig nimmt die Zahl der Wiederholungstäter zu.

Doch sobald die Revolution vollendet ist und die Radikalen das Sagen haben, werden sie für eine starke und aufdringliche Polizei eintreten, die die strikte Einhaltung ihrer marxistisch geprägten Ideologie durchsetzt. Vergessen wir nicht die Roten Garden in China, die Geheimpolizei in kommunistischen Ländern und die SS-Truppen unter Hitler. Das „Überwachen" derjenigen, die anders denken, wird zur Norm werden, ohne dass man sich dagegen wehren kann, und die Freiheit wird zu einer fernen Erinnerung. Sie können damit rechnen, dass Polizisten vor Ihrer Haustür stehen, wenn Sie einem Regierungsauftrag nicht nachkommen oder im Verdacht stehen, die falsche Partei gewählt zu haben.

Das Chaos, das unsere marxistisch orientierten Eliten anstreben, ist schon da. Die Gleichstellung entpuppt sich als die neue Tyrannei.

Viele Minderheiten lehnen DEI ab

DEI spaltet nicht nur unsere Nation, sondern auch Familien. Tim Scott, ein schwarzer Kongressabgeordneter aus South Carolina, äußerte: „Die Vorherrschaft der *Woken* ist genauso schlimm wie die Vorherrschaft der Weißen."[35] Mit diesen Worten prangerte er den aktuellen Angriff der Linken auf schwarze Konservative an. Scott vertritt viele schwarze Amerikaner, die mit den *woken* Lehren nicht einverstanden sind.

Die *woke* Linke glaubt, dass eine Kultur der Einschüchterung die Eltern zum Schweigen bringen wird. Während der Pandemie wollten Lehrer in einigen Schulbezirken, dass Eltern eine Erklärung unterschreiben, in der sie sich verpflichten, nicht zu beobachten, was ihren Kindern im Online-Unterricht beigebracht wird.

Shawntel Cooper, eine schwarze Mutter, hielt eine leidenschaftliche Rede gegen die Kritische Rassentheorie auf einer Schulratssitzung in Loudoun County, Virginia. Sie sagte: „CRT ist kein ‚ehrlicher Dialog', es ist eine Taktik, die von Hitler und dem Ku-Klux-Klan vor sehr vielen Jahren in Bezug auf die Sklaverei eingesetzt wurde, um meine Vorfahren zu verdummen, damit wir nicht selbständig denken konnten."

Sie fuhr fort: „CRT ist rassistisch, es ist missbräuchlich, es diskriminiert die eigene Hautfarbe ... Sie können mir nicht sagen, was rassistisch ist und was nicht."[36] Cooper ist mit einem weißen Mann verheiratet und glaubt, dass ihre Kinder zusätzlichen Risiken durch CRT ausgesetzt sind: „Ich habe eine gemischtrassige Familie und im Moment bringt [die Schule] alle Kinder in eine unangenehme Situation und lässt gemischtrassige Kinder verwirrt zurück."[37] Sind Coopers Kinder nun Unterdrücker wegen ihres weißen Vaters, oder sind sie unterdrückt wegen ihrer schwarzen Mutter?

In Nevada wurde der Sohn von Gabrielle Clark aufgefordert, sich zu entschuldigen und seine „weiße Dominanz" zu bekennen, um die Highschool abschließen zu können. Ihr Anwalt, Jonathan O'Brien, wies darauf hin, dass dies in vielerlei Hinsicht falsch ist. Verfassungsrechtlich kann man einen Schüler nicht dazu zwingen, sich für ein Vergehen zu entschuldigen, das er nicht begangen hat und auf das er keinen Einfluss hatte. Als sich herausstellte, dass Clarks Sohn in Wirklichkeit multiethnischer Herkunft ist, machte die Schule einen Rückzieher.[38]

Viele in Amerika wachen endlich auf und erkennen, wohin DEI führt. Und was sie sehen, gefällt ihnen nicht. Wir haben gesehen, wie sich Eltern in Virginia erfolgreich gegen die Indoktrination der Kritischen Rassentheorie in ihren Schulbezirken gewehrt haben.

Das zentrale Versagen der woken Theologie

Was ist der grundlegendste Fehler der *woken* Theologie?

Kurz gesagt, sie hat eine unzureichende Lehre von der Sünde. Folglich hat sie auch eine unzureichende Lehre von der Erlösung. Die Kritische Rassentheorie sieht das Böse in den *Systemen* (das Böse ist also systemisch) und nicht im Herzen des Menschen. Biblisch gesehen sind wir alle von Geburt an Sünder und Egoisten und versuchen ständig, uns über andere zu stellen. Alle Ethnien haben mit Rassismus zu kämpfen und bedürfen in hohem Maße der Erlösung durch Gott. Es stimmt einfach nicht, dass man als Angehöriger einer unterdrückten Gruppe kein Rassist und Sünder sein kann, der der Vergebung und Versöhnung bedarf, wie allgemein angenommen wird.

Unter dem Kreuz sind wir alle gleich – wir sind alle auf Vergebung und Erlösung angewiesen.

Owen Strachan sagt in seinem Buch *Christianity and Wokeness*, dass die Kritische Rassentheorie „eine ganze Gruppe von Menschen als zweifellos schuldig und die gegenüberliegende Gruppe von Menschen als unwiderruflich unschuldig ansieht."[39] Eine Gruppe ist immer der Bösewicht, die andere Gruppe ist immer das Opfer. Und Opfer (definiert durch ihre Hautfarbe) haben nichts zu bereuen, weil sie nicht an der Macht sind; daher können sie nicht rassistisch sein. Aber ihre Unterdrücker (ebenfalls definiert durch ihre Hautfarbe) sind für immer schuldig.

Ein Artikel in der Zeitschrift *Salvo* mit dem Titel „The Heresy of Wokeness" (dt.: Die Irrlehre der *Wokeness*) greift diese Sorge auf: „Angesichts ihres Versagens bei der Sündendiagnose ist es nicht überraschend, dass kritische Theorien kein angemessenes Verständnis von Erlösung haben ... die Schuld bestimmter Gruppen und die moralische Überlegenheit anderer Gruppen steht fest und ist beständig. Das bedeutet, dass Vergebung und Versöhnung praktisch von vornherein ausgeschlossen sind."

In dem Artikel wird weiter ausgeführt, dass der Rassismus ein unvermeidliches und unauslöschliches Merkmal bestimmter Gruppen und der Gesellschaft ist, da der Wokeismus auf einer Weltanschauung beruht, in der es keine Erlösung gibt. Da es keine Hoffnung auf gegenseitige Vergebung gibt, können sie nur „eine Gruppe von

Mächten durch eine andere ersetzen.[40] Die Bibel stellt jedoch eine andere Diagnose: „denn alle haben gesündigt und die Herrlichkeit Gottes verloren" (Röm 3,23; NeÜ). Am Fuße des Kreuzes sind wir alle gleich – wir sind alle auf Vergebung und Erlösung angewiesen.

Der Kampf gegen den Rassismus ist kein einseitiges Unterfangen. Es gibt einige Probleme, die nur die sogenannten Unterdrückten lösen können, indem sie persönliche Verantwortung übernehmen. Darüber hinaus sind sowohl gegenseitige Vergebung als auch Zusammenarbeit notwendig, wenn wir echte Fortschritte bei der Verwirklichung biblischer Gerechtigkeit erzielen wollen. Pastor Patrick Miller hat aus gutem Grund darauf hingewiesen, dass DEI, oder genauer gesagt CRT, *immer wieder auseinanderreißt, wofür Jesus gestorben ist, um es zusammenzubringen.*[41]

Im folgenden Abschnitt über den Helden sehen wir ein starkes Beispiel für den Weg nach vorn. Doch zunächst ein Versprechen aus Gottes Wort.

Zusage für den Alltag

Du bist würdig, das Buch zu nehmen und seine Siegel zu öffnen; denn du bist geschlachtet worden und hast durch dein Blut Menschen für Gott erkauft aus jedem Stamm und jeder Sprache und jedem Volk und jeder Nation und hast sie unserem Gott zu einem Königtum und zu Priestern gemacht, und sie werden über die Erde herrschen! (Offb 5,9-10)

Gottes multiethnischer, multinationaler Erlösungsplan wird in Erfüllung gehen.

Ein Held, der keinen Grund hatte, sich zu verstecken

Es gibt viele Helden, die ich auswählen könnte, um uns zu motivieren und zu inspirieren, Christus in unserer rassisch gespaltenen Welt gut zu vertreten, aber ich habe einen ausgewählt, der mich persönlich durch sein Zeugnis, seine Weisheit und seine unerschütterliche Treue zum Evangelium beeindruckt hat.

Bevor ich Ihnen diesen Helden vorstelle, möchte ich Ihnen eine Geschichte erzählen, die sein Zeugnis in einen Kontext stellt. Jede Seite muss Demut, Bekenntnis und Vergebung aufbringen. Das ist der einzige Weg, um voranzukommen. Vor ein paar Monaten hatte ich Kontakt zu Pastor Bill Leverage in Oklahoma, der mir die folgende Geschichte erzählte:

Im Jahr 2007 reiste Bill nach Togo in Westafrika, um einen befreundeten Missionar namens Rex Holt zu besuchen, der acht Jahre lang als Missionar tätig war und in diesem Land eine Gemeinde gegründet hatte. Während eines Gesprächs schlug Rex vor, ein altes Sklavenhaus in einem Küstendorf zu besuchen. Nachdem sie das Gelände besichtigt hatten, gingen sie in das Haus. Es war unheimlich, fast als würde es dort spuken. Sie gingen sogar unter das Haus, um zu sehen, wo die Sklaven früher festgehalten wurden, während sie darauf warteten, an die Briten verkauft zu werden, wenn deren Schiffe eintrafen. Rex erzählte Bill, dass er bei einer früheren Gelegenheit mit einem schwarzen Pastor vor Ort gebetet und um Vergebung für den schrecklichen Sklavenhandel gebeten hatte, der von Menschen aus dem Westen betrieben wurde.

Der Pastor hatte ihn daraufhin unterbrochen und gesagt: „Moment mal, wir teilen eure Scham. Auch wir sind schuldig. Unsere Vorfahren jagten unsere Brüder und Schwestern und verkauften sie an euch. Wir hätten das verhindern können, aber wir haben es nicht getan. Wir haben Sklaven an euch verkauft für eine Flasche Gin.“

Selbst nachdem die Sklaverei verboten worden war, verkaufte dieser afrikanische Stamm weiterhin Sklaven an britische Händler.

Dabei nahm ein Stammeshäuptling junge Männer eines anderen Stammes gefangen und verkaufte sie; diese Gefangenen verschwanden einfach, und nicht einmal ihre eigene Familie oder ihr Stamm wusste, wohin sie gebracht worden waren. In dieser Situation waren es also nicht die Briten, die die Sklaven erbeuteten, sondern die Afrikaner. Alles für Geld. Oder wie der Bruder es ausdrückte: „Für eine Flasche Gin."

Gibt es Rassismus in Amerika?

Ja, es gibt Rassismus, und zwar aus dem Grund, dass Rassismus in jedem menschlichen Herzen existiert. Aber diejenigen, die mit dem Finger auf andere zeigen und sie des Rassismus beschuldigen, sind nicht frei von den rassistischen Vorurteilen und der Engstirnigkeit, die sie in anderen so deutlich sehen. Sie sehen sich selbst nicht als gebrochen an; sie sehen den Balken in den Augen der anderen, aber nicht in ihren eigenen (vgl. Mt 7,1-5). Sie betrachten sich selbst als die wahren Hüter von allem, was gut, richtig und tugendhaft ist. Diejenigen, die nicht mit ihnen übereinstimmen, werden beschuldigt, blind für Rassismus zu sein, aber genau genommen sind die Ankläger oft auch blind. Die Überwindung der rassischen Kluft ist kein einseitiges Unterfangen; alle Gruppen müssen erkennen, dass sie der Reue, der Vergebung, des Opfers und der Gnade bedürfen.

Und nun zu einem zeitgenössischen Helden.

Im Jahr 2015 zog der schwarze Pastor, Pädagoge und Schriftsteller Voddie Baucham von Texas nach Afrika, um Dekan der *School of Divinity* an der *African Christian University* in Lusaka, Sambia, zu werden. Dort wurde er daran erinnert, dass seine Vorfahren von ihren eigenen Verwandten in den Sklavenhandel verkauft worden waren. In seinem ausgezeichneten Buch *Fault Lines*, in dem er die Gefahren der Bewegung für soziale Gerechtigkeit aufzeigt, erzählt er, wie sehr es ihn bewegte, zum ersten Mal auf afrikanischem Boden zu stehen, dort, wo seine Vorfahren herkamen. Aber er stellte fest, dass dies auch der Ort war, an dem Schwarze andere Schwarze an Sklavenhändler verkauft hatten.[42]

Er schreibt:

Und zum ersten Mal in meinem Leben habe ich vergeben …
Ich habe den Afrikanern vergeben, die meinen Vorfahren die Freiheit genommen haben. Ich habe den Amerikanern vergeben, die sie gekauft und ausgebeutet haben. Ich habe der Familie vergeben, die meine Identität durch ihren deutschen Namen ersetzt hat. Ich habe einfach vergeben! Ich hegte keinen Groll. Ich fühlte mich nicht berechtigt, eine Entschuldigung oder Wiedergutmachung zu verlangen. Durch Gottes Gnade erkannte ich, dass die Vorsehung mich über die kühnsten Träume meiner Vorfahren oder über meine eigenen hinaus gesegnet hatte. Ich konnte nicht anders, als mich an Josefs Worte zu erinnern: „Ihr zwar, ihr hattet Böses gegen mich beabsichtigt; Gott aber hatte beabsichtigt, es zum Guten zu wenden, um zu tun, wie es an diesem Tag ist, ein großes Volk am Leben zu erhalten." (1Mo 50,20)

Einige Absätze später schreibt er: „Wer bin ich, einem weißen Bruder zu sagen, dass er nicht mit mir versöhnt werden kann, solange er nicht alle rassistischen Sünden der Vergangenheit seiner Vorfahren auf sich genommen und eine angemessene Wiedergutmachung geleistet hat? Christus hat für die Sünde gebüßt!"

Er fährt fort: „Der Antirassismus weiß nichts von Vergebung, weil er nichts vom Evangelium weiß. Stattdessen beinhaltet der Antirassismus endlose Schuldgefühle, Verurteilung und Angst. Was für eine Chance haben wir, das Licht Christi inmitten der Finsternis zum Leuchten zu bringen!"[43]

Die Bibel lehrt, dass wir trotz unserer Unterschiede letztlich kein *Haut*problem haben, sondern ein *Sünden*problem. „Alle haben gesündigt und die Herrlichkeit Gottes verloren" (Röm 3,23; NeÜ). Das gleiche Evangelium, das uns demütigt, versöhnt uns auch. Wir sind vereint in unserer Sündhaftigkeit ebenso wie in unserer Erlösung.

Aktionsschritt

Kritik an der DEI-Ideologie ist einfach, aber was tun wir, um zur Einheit beizutragen, anstatt auf der Grundlage der Hautfarbe zu spalten? Beginnen wir mit Demut und Zuhören und stellen wir uns den Spaltungen entgegen, die durch linke Ideologie verursacht werden! Jeder, der dies liest, sollte sich fragen: Welche Schritte kann ich für mehr Einheit und gegen Spaltung unternehmen? Einer der besten Vorschläge, die ich machen kann, ist dieser: Schließen Sie sich einer Organisation in Ihrer Umgebung an, die sich für die Armen, die Ausgegrenzten und die Leidenden einsetzt, unabhängig von ihrer Hautfarbe. Und lernen Sie multiethnische Gemeinden kennen, die vorleben, dass wir in Christus eins sind!

Hier ist unser Marschbefehl:

> Seid einander in herzlicher geschwisterlicher Liebe zugetan! Übertrefft euch in gegenseitigem Respekt! ... Nehmt Anteil an den Nöten der Gläubigen und helft ihnen! Bemüht euch um Gastfreundschaft! Segnet eure Verfolger, wünscht ihnen Gutes und verflucht sie nicht! Freut euch mit denen, die sich freuen; weint mit denen, die weinen! Seid miteinander auf dasselbe Ziel bedacht! Strebt nicht hoch hinaus, sondern lasst euch auch von geringen Dingen in Anspruch nehmen! Haltet euch nicht selbst für klug! (Röm 12,10.13-16; NeÜ).

Und lassen Sie uns gemeinsam auf eine vom Evangelium geprägte Gerechtigkeit hinarbeiten!

Können wir etwas tun, um unsere Geschichte von Rassismus, gestohlenem Land und Kollektivschuld zu überwinden?

Aus einem einzigen Menschen hat er alle Völker hervorgehen lassen.
Er wollte, dass sie die Erde bewohnen, er bestimmte die Zeit ihres
Bestehens und die Grenzen ihres Gebietes. Er wollte, dass sie
nach ihm fragen, dass sie sich bemühen, ihn irgendwie zu finden,
obwohl er keinem von uns wirklich fern ist.
APOSTELGESCHICHTE 17,26-27 (NeÜ)

Vor Kurzem besuchte ich auf einer Konferenz ein Seminar von einem jungen afroamerikanischen Pastor, Isaac Adams, mit dem Titel „Why Is It So Hard to Talk About Race?" (dt.: Warum ist es so schwer, über Rasse zu sprechen?) Ich empfand seine Ausführungen als sehr hilfreich, um die Tür zu einem ehrlichen Dialog zu öffnen. In seinem Vortrag wies er darauf hin, dass wir nicht in allem übereinstimmen müssen, um unsere Einheit in Christus zu feiern. Die Menschen haben unterschiedliche Erfahrungen und treten mit unterschiedlichen Hintergründen, Erwartungen und Denkweisen an dieses Thema heran. Wir sollten nicht so in den Austausch darüber gehen, als ob wir die Auseinandersetzung gewinnen müssten. Diese Fragen sind nicht leicht zu klären und werden vielleicht nie zur Zufriedenheit aller gelöst werden.

Er erwähnte auch, dass wir an solche Diskussionen mit großem Misstrauen herangehen – mit der Befürchtung, dass, wenn wir sagen, was wir wirklich denken, das Gespräch „explodieren" könnte und es unsere Beziehung zu anderen beendet. Da wir nicht wissen, was wir sagen sollen, hüllen wir uns in Schweigen.[1]

Warum dieses Kapitel? Ich hoffe, dass wir zumindest in einigen kontroversen Fragen eine gemeinsame Grundlage unter den Gläubigen finden können, damit wir auf Einheit hinarbeiten können, statt auf Groll und unnötige Spaltungen. Ich wünsche mir stets, dass die Gemeinde Christus mit Vielfalt, Respekt und einem gemeinsamen Ziel repräsentiert.

Dieses Kapitel wird sicherlich nicht alle Fragen zum Thema Rasse beantworten. Und wie Sie wissen, sind viele Bücher zu diesem Thema geschrieben worden. Mein Ziel ist nicht, irgendwelche Streitigkeiten beizulegen, sondern einen Standpunkt darzulegen und uns gleichzeitig aufzufordern, voranzukommen und Dinge zu verbessern. Wir müssen diese Angelegenheit bescheiden und mit gegenseitigem Respekt angehen, denn wir wissen, dass Menschen aufgrund von Rassenunterschieden leiden und dass diese offenen Wunden nicht schnell geheilt werden können.

Kürzlich erhielt ich diese anonyme E-Mail, die ich zur besseren Verständlichkeit leicht verändert habe:

Amerikas Vergangenheit ist wirklich hässlich und wurde weiß übertüncht. Unsere Geschichte ist erschütternd, und als Christen haben wir die Tür zu hitzigen Gesprächen geöffnet, weil wir nicht ehrlich waren und für die schrecklichen Sünden dieser Nation keine Verantwortung übernommen haben. Wir haben die nationalen Sünden gesetzlich erlaubter Sklaverei (bei der Menschen wie Eigentum behandelt wurden) und des Völkermords an den amerikanischen Ureinwohnern, der so schrecklich war wie der Holocaust, nicht ehrlich angesprochen. Wie können wir eine moralische Position zurückgewinnen, wenn wir uns nicht für die Unterdrückten eingesetzt haben?

In der E-Mail wurden weiße Amerikaner zweimal beschuldigt, für die Sünden ihrer schrecklichen Vergangenheit keine *Verantwortung übernommen* zu haben. Was bedeutet es, Verantwortung für die Sünden der Vergangenheit zu übernehmen und den Weg zu einem besseren Amerika einzuschlagen?

Als Seelsorger erkenne ich sofort, dass diese E-Mail von jemandem kommt, der verletzt ist und sich von Amerika ungerecht behandelt und verraten fühlt. Mir ist auch klar, dass es Menschen gibt, die sagen würden, dass ich als Weißer einfach nicht das Recht habe, mich zu diesen Themen zu äußern. Mein Ziel ist es also nicht so sehr, einen Standpunkt zu beweisen, sondern vielmehr, drei Themen zu beleuchten: unsere Geschichte, die Frage des gestohlenen Landes und die Gefahren der Kollektivschuld.

Lassen Sie mich auf die in dieser E-Mail erhobenen Vorwürfe antworten.

Eine übertünchte Geschichte

Lassen Sie uns diese Aussage betrachten: „Amerikas Vergangenheit ist wirklich hässlich und wurde weiß übertüncht. Unsere Geschichte ist erschütternd ...“

Ich nehme an, dass sich der Autor auf die Gründung dieses Landes und seine Geschichte der Sklaverei und des Rassismus bezog und wahrscheinlich auch der linken Darstellung zustimmt, dass die Gründerväter böse Männer mit bösen Motiven waren. Die radikale Linke behauptet, dass diese Männer weiße Rassisten waren, die die Unabhängigkeitserklärung, die Verfassung und die *Bill of Rights* verfassten, um ihre Macht zu behalten.

Michael P. Farris ist der Präsident und Geschäftsführer der *Alliance Defending Freedom*. In seiner hilfreichen Broschüre *We Are Americans* beschreibt er, wie Amerika heute gesehen wird. Man sagt uns heute, dass der Ursprung Amerikas als Staat nicht rechtmäßig war, Amerika sei „gegründet von weißen Männern für weiße Männer". *People of Color* waren nicht in die Pläne für den amerikanischen Traum einbezogen."[2] Farris weist darauf hin, dass diese Sichtweise erklärt, warum in den letzten Jahren nicht nur die Denkmäler der Konföderierten umgestürzt wurden. In Portland wurde eine Bronzestatue von Thomas Jefferson zerstört und eine Statue von George Washington angezündet und umgerissen. Ob Abraham Lincoln, der gegen die Sklaverei kämpfte, oder Ulysses S. Grant, der die Konföderation erfolgreich besiegte – selbst die Statuen derjenigen, die sich gegen die Sklaverei einsetzten, wurden verunstaltet oder umgestürzt.

In Bezug auf die Entstellung der Statuen von Lincoln und Grant schreibt Farris: „Diese Vorfälle können nicht als Angriffe auf den Rassismus erklärt werden ... sie sind Angriffe auf die Legitimität Amerikas selbst."[3] Die Radikalen sehen sich selbst als das Äquivalent derer, die die Berliner Mauer niedergerissen haben. Aber, wie bereits gesagt, würden diese Radikalen, wenn sie die Möglichkeit dazu hätten, uns selbst hinter einer eigens von ihnen errichteten Berliner Mauer einsperren.

Amerika ist nicht perfekt und wird es auch nie sein. Die Gründerväter wussten das, und deshalb haben sie eine Regierung mit gegenseitigen Kontrollen geschaffen, um zu verhindern, dass eine Person (oder ein Regierungszweig) zu viel Macht anhäuft. Die Gründerväter waren fehlerhaft, wie wir alle; sie schrieben über Ideale, denen sie selbst nicht gerecht wurden. Aber, um noch einmal Farris zu zitieren: „Amerika wurde nicht auf der persönlichen Treue der Gründer zu diesen Versprechen aufgebaut. Amerika wurde auf diesen Grundprinzipien selbst aufgebaut. Alle Menschen sind gleich geschaffen. Alle sind von Gott mit unveräußerlichen Rechten ausgestattet ... *Diese Ideale waren größer als die Männer, die sie schrieben*"[4] (Hervorhebung hinzugefügt).

Dies war auch die Haltung von Dr. Martin Luther King Jr. In seinem Kreuzzug gegen die sogenannten Jim-Crow-Gesetze, die den Schwarzen ungerechterweise Rassentrennung und brutale Unterdrückung auferlegten, plädierte Dr. King nicht für die Zerstörung Amerikas, sondern er bestand darauf, dass Amerika seinen Idealen gerecht werden sollte. In den Kirchen berief er sich auf die biblische Lehre, dass alle Menschen nach dem Ebenbild Gottes geschaffen wurden und daher das Recht auf Chancengleichheit haben.

Um Farris noch einmal zu zitieren: „Jeder Schritt in Richtung echter und angemessener Gleichberechtigung wurde nicht dadurch erreicht, dass die Unabhängigkeitserklärung und die Grundsätze Amerikas niedergerissen wurden – vielmehr war es eine konsequente, rechtschaffene Stimme, die sagte, dass wir unseren eigenen Standards gerecht werden müssen."[5]

Leider ist es wahr, dass die Kirche, insbesondere im Süden, Sklaverei und Rassentrennung nicht nur duldete, sondern auch verteidigte. Wie Dr. King in seinem „Brief aus dem Gefängnis von Birmingham" schrieb, ging er durch die Straßen und sah die hohen Kirchtürme und fragte sich: *Wer betet dort, während das Leiden der schwarzen Brüder und Schwestern ignoriert wird?*[6]

Diese gefühllose Haltung der Kirchen ist die Grundannahme des Buches *White for Too Long* (dt.: Schon zu lange weiß) von Robert Jones. Es beschreibt detailliert, wie einige Kirchen die Sklaverei rechtfertigten und sich dabei oft auf die Bibel beriefen, um ihren Standpunkt zu belegen. Zum Glück gab es aber auch viele weiße christliche Führer, die sich für ein Ende der Sklaverei einsetzten. Die ganze Geschichte muss erzählt werden, auch dass prominente Gegner der Sklaverei wie Albert Barnes und William Wilberforce unermüdlich daran arbeiteten, große Bewegungen aufzubauen, die dazu beitrugen, der Sklaverei in den USA und im Vereinigten Königreich ein Ende zu setzen.

Natürlich muss die Sklaverei, insbesondere die in Amerika praktizierte, aufs Schärfste verurteilt werden. Vor einiger Zeit besuchte ich eine Ausstellung über die Geschichte der Lynchjustiz in Amerika und mein Herz wurde vor Trauer zerrissen, als ich an die Grausamkeiten erinnert wurde, die in unserer Vergangenheit begangen wurden. Durch die Sklaverei wurden Menschen, die das Ebenbild Gottes trugen, brutal entmenschlicht. Wie bereits erwähnt, setzte Gott in seiner Barmherzigkeit christliche Führer ein, um der Sklaverei ein Ende zu setzen.

Aber seien wir ehrlich und machen wir uns klar, dass es immer noch etwa 40 Millionen Sklaven auf der Welt gibt, vor allem in Afrika, Indien und im Nahen Osten. Erinnern wir uns daran, dass die Vereinigten Staaten die Sklaverei nicht erfunden, sondern glücklicherweise abgeschafft haben. Ja, die amerikanische Geschichte der Sklaverei muss anerkannt und in Erinnerung gerufen werden, aber wir dürfen nicht vergessen, dass die amerikanische Geschichte noch mehr zu bieten hat. Keine Nation hat so unermüdlich daran gearbeitet, die dunklen Seiten ihrer Vergangenheit zu überwinden, wie die Vereinigten Staaten; und keine Nation hat jemals so viel Freiheit und wirtschaftlichen Fortschritt erlangt wie dieses Land. Inmitten von Misserfolgen, Rückschlägen und Enttäuschungen haben die Amerikaner versucht, die Bestrebungen und Versprechen unserer Gründerväter am Leben zu erhalten.

Die marxistisch geprägte Black-Lives-Matter-Organisation muss für Aussagen wie die folgende zur Verantwortung gezogen werden: „Wenn wir schwarzen Amerikaner diese Flagge [die amerikanische Flagge] sehen, wissen wir, dass es für uns in der Nähe der Person, die sie hisst, nicht sicher ist. Wenn wir diese Flagge sehen, wissen wir, dass die Person, die sie hisst, rassistisch ist."[7] Aufrührerische Rhetorik wie diese ist nicht nur falsch, sie spaltet auch die Einheit, die wir brauchen, um voranzukommen. Fragen Sie die Zehntausenden von Flüchtlingen, die Leib und Leben riskieren, um über unsere Grenzen zu kommen, ob die amerikanische Flagge für zügellosen Rassismus steht; sie werden Ihnen sagen, dass sie bereit sind, alles aufzugeben, um hierher zu kommen, weil diese Flagge für Hoffnung und Freiheit steht.

Lassen Sie uns unsere Geschichte weder vergessen noch beschönigen. Wir sollten auch nicht die Fortschritte vergessen oder übersehen, die Amerika auf dem Weg zu gleichen Rechten und Chancengleichheit gemacht hat. Wir brauchen keine weitere Spaltung, sondern Einmütigkeit, die auf „eine vollkommenere Einheit" (Barack Obama) hinarbeitet. Gibt es Ungerechtigkeiten in Amerikas Vergangenheit? Ja, und sie sollten anerkannt werden. Gibt es bemerkenswerte verfassungsmäßige Freiheiten, etablierte Bürgerrechte und eine Geschichte von Innovation und Wohlstand, die die Missionsarbeit in der ganzen Welt beflügelt hat? Ja, und diese sollten ebenfalls anerkannt werden.

Woke Philosophien können nur niederreißen; sie können nichts Besseres bauen.

Je mehr ich als aus Kanada eingebürgerter Amerikaner über unsere Geschichte lerne und sie mit der Geschichte anderer Länder vergleiche, desto bemerkenswerter finde ich dieses Land. Lassen Sie uns auf den uns überlieferten Prinzipien aufbauen und nicht unser Erbe für die Illusion einer angeblich besseren Welt zerstören. *Woke* Philosophien können nur niederreißen, sie können nichts Besseres bauen.

Da kein Land perfekt ist, scheint der Marxismus attraktiv zu sein, da er die Vision einer utopischen Zukunft mit Gesetzen in Aussicht stellt, die Gleichheit und Gerechtigkeit vorschreiben. Aber wie uns der schwarze Autor und Wirtschaftswissenschaftler Thomas Sowell aufzeigt, müssen Überzeugungen nicht funktionieren, damit sie überleben. Wie wir bereits gelernt haben und die Geschichte des Kommunismus beweist, entpuppt sich dieser marxistische Traum stets als ein Albtraum gigantischen Ausmaßes. Wir müssen auf Freiheit und Gerechtigkeit für alle hinarbeiten, ohne uns von marxistischen Visionen täuschen zu lassen. Weil wir alle Sünder sind, wird es in diesem Leben immer Raum für Verbesserungen geben.

Gibt es ein Land auf der Erde, das eine so große Bevölkerung verschiedener Ethnien aufweist, das weniger rassistisch ist als die

Vereinigten Staaten? Zeigen Sie mir dieses Land, wenn Sie können. Wir sollten die Vergangenheit nicht vergessen, aber wir können auch nicht in ihr leben. Lassen Sie uns das Gestern untersuchen und gemeinsam auf ein besseres Morgen hinarbeiten.

Wir sind noch nicht da, wo wir sein sollten, aber keine andere Nation hat so viel Zeit und Mühe darauf verwendet, auf Chancengleichheit für alle hinzuarbeiten.

Kehren wir zu der bereits zitierten E-Mail zurück, in der weitere Kritik an Amerika geübt wurde.

Von den amerikanischen Ureinwohnern gestohlenes Land

Beim Nationalen Gebetsgottesdienst in Washington, DC, am 21. Januar 2021 betete Jen Hatmaker (eine progressive Christin): „Allmächtiger Gott, Du hast uns dieses gute Land als unser Erbe gegeben." Die negative Reaktion folgte auf dem Fuß. Kurz danach entschuldigte sie sich, denn: „Er hat uns dieses Land nicht geschenkt. Wir haben uns dieses Land auf gewaltsame und traumatisierende Art und Weise genommen."[8] In der E-Mail, die ich erhielt, heißt es von dem Völkermord an den amerikanischen Ureinwohnern, dass er „so schrecklich war wie der Holocaust".

Xusana Davis sagte in einem Vortrag mit dem Titel „The Land We Call Vermont" (dt.: Das Land, das wir Vermont nennen), dass ihr Bundesstaat „unrechtmäßig besetztes indigenes Territorium" ist, und erzählt der Schülerschaft, dass das Land, auf dem ihre Schule steht, „den Indianern durch Mord und Sterilisation gestohlen wurde". Dann fragte sie: „Seid ihr schon deprimiert? Mein Ziel ist es, Menschen zu deprimieren."[9]

Ich bin sicher, dass es ihr gelungen ist, die Schülerinnen und Schüler zu deprimieren und ihnen ein schlechtes Gewissen einzureden, weil sie in Amerika, diesem bösen Land, leben. Und weil die Vereinigten Staaten von weißen Europäern gegründet wurden, will sie wahrscheinlich, dass ihre weißen Zuhörerinnen und Zuhörer sich selbst und ihre Vorfahren, die angeblichen „weißen Vorherrscher", die als Quelle allen Übels in Amerika gelten, hassen. In einigen Schulen betrachten sich weiße Schüler selbst als systemisch rassistisch. Und der einzige Beweis, den sie brauchen, so die vorherrschende Auffassung, sei ihre Hautfarbe.

Sind also die Radikalen, die in Vermont oder Washington leben und die uns alle belehren, bereit, ihre Häuser und Grundstücke an die indianischen Stämme zurückzugeben, die noch in ihrer Umgebung leben? Schließlich wurden auch ihre Häuser auf Grundstücken gebaut, die von den Vorfahren der amerikanischen Ureinwohner „gestohlen" wurden. Ich habe den Verdacht, dass sie das nicht tun werden. Wie Xusana Davis sagt, wollen sie nur, dass wir deprimiert über Amerika sind. Alle positiven Gedanken, die wir über dieses Land haben, müssen aus ihrer Sicht zerstört werden. Wir können davon ausgehen, dass wirklich patriotisch zu sein für sie bedeutet, Amerika zu hassen.

An Thanksgiving 2021 postete die Organisation *Black Lives Matter* einen Tweet mit dem Inhalt: „Ihr esst trockenen Truthahn und verkochte Füllung auf gestohlenem Land." Der Beitrag enthielt eine Grafik, in der die Behauptung „gestohlenes Land" wiederholt wurde. „Ihr befindet euch auf gestohlenem Land. Die Kolonisierung hat nie aufgehört, sie wurde nur normalisiert", heißt es in der Grafik, die die Amerikaner auffordert: „Finde heraus, welches Heimatland ihrer Vorfahren du gerade besetzt."[10]

Es sei darauf hingewiesen, dass am ersten Thanksgiving auch amerikanische Ureinwohner teilnahmen. Das einzige Zeugnis, das wir über das erste Erntedankfest haben, ist ein Brief von Edward Winslow, der mit der Mayflower nach Amerika gekommen war und das Ereignis als Augenzeuge miterlebte. Ihm zufolge waren dabei die Kolonisten von Plymouth den amerikanischen Ureinwohnern zahlenmäßig wahrscheinlich im Verhältnis von mehr als zwei zu eins unterlegen. In Winslows Bericht heißt es: „Viele Indianer kamen zu uns, unter ihnen ihr größter König Massasoit mit etwa 90

Männern.“[11] Massasoit (oder Ousamequin) war der Sachem (Häuptling) der Pokanoket-Wampanoag, eines Zusammenschlusses einheimischer Stämme, die bereits seit 1621 mit den Kolonisten Beziehungen pflegten.[12]

Ja, tragischerweise wurden in den Vereinigten Staaten und Kanada während der Gründung dieser Länder Gräueltaten an den amerikanischen Ureinwohnern begangen; in einigen Fällen wurden Kinder von ihren Eltern getrennt, um in weißen Schulen unterrichtet zu werden, mit der Absicht, sie zu christianisieren. Sie erfuhren schreckliches Leid und wurden oft körperlich und sexuell missbraucht. Es geht mir nicht darum, solche Gräueltaten zu rechtfertigen, und Gott wird über alles, was geschehen ist, gerecht urteilen. Aber wir können nicht mit ständiger Schuld über Dinge leben, mit denen wir nichts zu tun hatten und die wir nicht ändern können. Mein Vorgänger in der Moody Church, Warren Wiersbe, pflegte zu sagen, dass die Geschichte ein Ruder sein sollte, das uns in die richtige Richtung lenkt, und kein Anker, der uns daran hindert, uns auf eine bessere Zukunft zuzubewegen.

Wie wir gesehen haben, lehrt der Kulturmarxismus, dass wir Amerika dekonstruieren müssen; dass die Grundpfeiler unseres Landes untergraben werden müssen. Und dies wird erreicht, indem man Selbsthass unter weißen Amerikanern erzeugt, ihren Einfallsreichtum erstickt und Amerikas religiöse Geschichte zerstört. Marxisten sagen, dass die Übel einer vergangenen Generation jede Möglichkeit aufheben, dass weiße Amerikaner rechtmäßig Erfolg haben können. Wenn sie Erfolg haben, dann nur aufgrund ihres weißen Privilegs. Schließlich lehrte Marx, dass Reichtum nur dann angehäuft werden kann, wenn anderen der Reichtum vorenthalten wird. Wenn Sie weiß und erfolgreich sind: *Fühlen Sie sich schuldig!*

Thomas Sowell argumentiert in seinem Buch *Discrimination and Disparities* (dt.: Diskriminierung und Ungleichheiten) schlüssig und anhand von Fakten und Zahlen, dass die in verschiedenen Gemeinschaften bestehenden Ungleichheiten nicht unbedingt das Ergebnis von Diskriminierung sind. Er schreibt: „Die Grundannahme, die vielen politischen oder ideologischen Kreuzzügen zugrunde liegt, ist, dass sozioökonomische Ungleichheiten automatisch jemandes Schuld sind und dass wir daher die Wahl haben, entweder der Gesellschaft die Schuld zu geben oder ‚das Opfer zu beschuldigen[13]‘.“ Er wendet sich gegen die Annahme, dass der Misserfolg einer Gruppe immer die Schuld eines anderen ist.

Was die Vorstellung betrifft, dass diejenigen, die Reichtum geschaffen haben, dies getan haben, indem sie anderen ihren gerechten Anteil vorenthalten haben, schreibt Sowell: „Mit solchen Wortspielen könnte man sagen, dass Babe Ruth einen ungerechten Anteil an den Homeruns der New York Yankees erhalten hat.“[14]

Carol Swain ist eine schwarze amerikanische Aktivistin, die sich gegen das Narrativ der radikalen Linken von der weißen Vorherrschaft wendet. Auf einer Konferenz bedauerte sie: „Die eine Seite [d. h. weiße Amerikaner] muss ständig ihre Mitschuld an Ungerechtigkeit und Rassismus eingestehen, aber die andere Seite [People of Color] hat nichts zu gestehen. Ihr Buch *Black Eye for America*[15] aus dem Jahr 2021 sollte Pflichtlektüre für jeden Studenten in unserem Land sein.

Da Swain als schwarze Amerikanerin es immer wieder gewagt hat, dem Narrativ der radikalen Linken zu widersprechen, haben zahlreiche Studenten der Universität, an der sie lehrte, eine Petition für ihre Entlassung eingereicht und sie beschuldigt, sie sei „ein Synonym für Fanatismus, Intoleranz und Unprofessionalität“.[16] Viele andere Studenten unterzeichneten eine Petition, um sie zu unterstützen. Letztendlich entschied die Schulleitung gegen Swain. Ihren Rücktritt kündigte sie mit den Worten an: „Ich werde nicht vermissen, was aus amerikanischen Universitäten geworden ist.“[17]

Nach Ansicht der radikalen Linken vollzieht sich das Urteil der Geschichte an uns und unseren Kindern. Diejenigen, die weiß sind, sollten, bildlich gesprochen, in die Beichtkabine gehen und sie nie wieder verlassen. Denn egal, wie lange sie es bereuen, sie werden die Tatsache, dass „sie Rassisten sind, die den amerikanischen Ureinwohnern das Land gestohlen haben“, nie überwinden. Doch niemand kann von Sünden freigesprochen werden, die er nicht begangen hat. Und was die Wiedergutmachung für die Vergangenheit betrifft: Wie viel, wie lange und an wen sollen diese Mittel verteilt werden? Und ist es gerecht, von dieser Generation zu erwarten, dass sie für Unrecht bezahlt, das sie nicht begangen hat, um eine Generation zu belohnen, die dieses Unrecht nicht erlebt hat?

Die zahlreichen Geschichten von Gemeinden und einzelnen Christen, die den amerikanischen Ureinwohnern Lebensmittel und Kleidung zur Verfügung gestellt haben, sind in Vergessenheit geraten. Der Theologe und Prediger Jonathan Edwards aus dem 18. Jahrhundert zum Beispiel leistete einen aktiven Dienst an den amerikanischen Ureinwohnern. Ein Autor bemerkt: „Wenn es einen Bereich in Edwards' Leben gibt, der immer wieder übersehen wurde, dann ist es seine Rolle als Missionar unter den Ureinwohnern und als Fürsprecher für deren Angelegenheiten." Er „setzte sich eifrig für die Rechte der Indianer ein" und berichtete den Verantwortlichen in Boston über diejenigen, die die amerikanischen Ureinwohner im Zusammenhang mit Landzuteilungen und finanziellen Fragen schlecht behandelten.[18] Wie bereits erwähnt, bemühte er sich um eine gerechte Behandlung der amerikanischen Ureinwohner, setzte sich für ihre Rechte auf Bildung ein und wollte, dass sie mit Kleidung und Decken versorgt werden.

Ähnlich dachte auch David Brainerd, der zur gleichen Zeit wirkte wie Edwards. Er war Missionar bei den indianischen Stämmen in New York und New Jersey. Er gründete eine Schule für indianische Kinder, ermahnte die Menschen, die amerikanischen Ureinwohner gerecht zu behandeln. Er brachte der indigenen Bevölkerung Fertigkeiten bei, damit sie sich selbst versorgen konnten.

Aber was ist mit der Frage des gestohlenen Landes? Ein ungeschriebenes, aber unumstößliches Gesetz der radikalen Linken lautet wie folgt: Vergleiche niemals Amerika mit anderen Ländern; es ist schwer, die anderen dazu zu bringen, Amerika zu hassen, wenn wir denselben Maßstab an sie anlegen. Wenn wir das täten, würden wir feststellen, dass keine Nation wirklich legitim ist.

Das ist die Realität: Nationen werden durch Kriege, Konflikte und feindliche Übernahmen gegründet. Egal, wo man in dieser Welt hinsieht, jede Geschichte ist eine Geschichte von verschiedenen Volksgruppen, die andere Volksgruppen verdrängen. Sogar die indianischen Stämme selbst führten territoriale Kriege gegeneinander. Dem großen Historiker Toynbee werden die folgenden Worte zugeschrieben: „Glücklich ist die Nation, die keine Geschichte hat, denn die Geschichte ist eine Aufzeichnung des Krieges."

Von anderen Ländern lernen

Einige von uns glauben, dass Israel ein Recht hat, als Nation zu existieren, aber die Palästinenser werden Ihnen sagen (und ich habe mit palästinensischen Christen darüber gesprochen), dass die Juden den Palästinensern im Krieg von 1947–1949 das Land gestohlen haben.

In Wirklichkeit hat Israel das Land nicht von den Palästinensern gestohlen. Tatsache ist, dass in der Balfour-Erklärung von 1917, auf der Pariser Friedenskonferenz von 1919 und auf der Konferenz von San Remo 1920 (durch die die Balfour-Erklärung rechtsverbindlich wurde) die Schaffung eines nationalen Heimatlandes für das jüdische Volk gefordert wurde, und 1947 genehmigten die Vereinten Nationen offiziell die Abtretung von Land an die Juden.[19] Dies bedeutete, dass die Palästinenser, die in diesem Land lebten, eigentlich Landbesetzer waren. Die Juden sagen, dass der Krieg von 1947–1949 ein Verteidigungskrieg war, der notwendig war, um die Zerstörung des jungen jüdischen Staates angesichts der ständigen Angriffe zu verhindern, und dass die Palästinenser dort bleiben durften, wo sie lebten (etwa 21 Prozent der heutigen Einwohner Israels sind Palästinenser).[20]

Ohne sich nun all den Nuancen des Konflikts zu widmen, ist es doch so, dass die Palästinenser sich immer noch als die rechtmäßigen Besitzer des Landes sehen und die Juden als diejenigen, die es ihnen gestohlen haben. Ein Palästinenser erzählte mir, dass seine

Eltern in der Nähe von Haifa lebten und nach dem Sieg der Juden im Krieg 1947–1949 in ein Flüchtlingslager gebracht wurden. Als ich meinem palästinensischen Bruder sagte, dass ich glaube, dass die Juden biblisch gesehen ein Recht auf das Land haben, antwortete er: „Die Theologie des einen ist die Zerstörung des anderen … sie haben das Land *gestohlen!*"

Worauf ich hinaus will? Wenn Sie sich mit der Geschichte befassen, werden Sie feststellen, dass Länder schon immer in andere Länder einmarschiert sind, dass Nationen gegen Nationen gekämpft haben und dass Landnahme von Anfang an Teil der Menschheit gewesen ist. Traurigerweise werden Nationen durch Kriege gegründet, oft durch Angriffskriege mit Konflikten über Grenzen und Territorien. Gott wird über all diese Handlungen ein angemessenes Urteil fällen; aber wir können die Vergangenheit nicht ungeschehen machen.

Das Land, in dem ich geboren wurde, Kanada, entstand durch einen Krieg zwischen den Engländern und den Franzosen. Die Angelegenheit wurde auf der Abraham-Ebene entschieden. Die Engländer gewannen und übernahmen das Land. Sollte ich sagen, dass meine Eltern (deutsche Flüchtlinge, die aus der Ukraine nach Kanada eingewandert waren, nachdem sie die Schrecken des Ersten Weltkriegs überlebt hatten) kein Recht hatten, Gott für Kanada zu danken, das ihnen Freiheit und Chancen bot? Immerhin wurde Kanada im Krieg geboren. Manche behaupten, das Land wurde den Franzosen „gestohlen", doch da bin ich anderer Meinung.

Ich glaube, dass keine Nation das „Recht" hat, andere Nationen zu verdrängen und „ihr Land zu stehlen". Gleichzeitig sollten wir beachten, dass weder die Völker, die das Land durchstreiften, das wir heute Amerika nennen, noch die Palästinenser, die das Land besetzten, das wir heute Israel nennen, zentral regiert wurden; sie waren kein Land, sondern eher eine Ansammlung von Stämmen oder Gruppen ohne Grenzen oder eine einheitliche, nationale Regierung.

Das Bemerkenswerte am modernen Amerika ist, dass es, obwohl es als Supermacht gilt und über die Waffen und die Fähigkeit verfügt, sein Territorium auszudehnen und andere Länder zu erobern, dies in der jüngeren Geschichte nicht getan hat. Zweifellos haben wir oft in Konflikten in anderen Ländern Partei ergriffen (z. B. Vietnam, Irak, Afghanistan), aber immer mit dem Ziel, Freiheit zu schaffen. Unabhängig davon, wie fehlgeleitet solche Kriege waren, wir haben uns nicht mit der Absicht beteiligt, unsere eigenen Grenzen zu erweitern oder andere Länder zu kolonisieren.

Wir erkennen die Übeltaten Amerikas in Vergangenheit und Gegenwart an, doch wir sollten auch ohne Schuldgefühle Gottes Vorsehung unter den Nationen anerkennen und Gott für Amerika danken. Als Eingebürgerter bin ich stolz darauf, Amerikaner zu sein, und ich singe die Nationalhymne mit Dankbarkeit, ohne persönliche Schuldgefühle wegen der Sünden der Nation in der Vergangenheit. Ich fühle mich auch nicht schuldig, weil ich in Kanada geboren wurde, einer anderen Nation, die im Krieg geboren wurde.

Verantwortung für unsere Vergangenheit übernehmen und die Frage der Kollektivschuld

Der letzte Vorwurf in der E-Mail, die ich vorhin geteilt habe, war die wiederholte Beschuldigung, dass wir (die Gemeinde und die breitere weiße Gesellschaft) nie die *Verantwortung* für unsere vergangenen Sünden übernommen haben; deshalb sind weiße Amerikaner kollektiv schuldig.

Zum Beispiel waren wir nach Ansicht einiger Linker alle schuldig am Mord an George Floyd, der zum Prozess und zur Verurteilung des ehemaligen Polizisten Derek Chauvin führte. Die Linke argumentierte, dass das Knie an Floyds Hals den gegenwärtigen Zustand der weißen Vorherrschaft über das schwarze Amerika repräsentiere und daher alle Weißen schuldig seien.

Aber ich muss fragen: Kann der „Fleck" der Vergangenheit jemals entfernt werden, und muss das Übernehmen von Verantwortung für vergangene Sünden ein ständiger, nicht endender Prozess sein? Wie oft und wie lange muss man „Verantwortung für die Vergangenheit übernehmen"? Wir können und sollten die beschämenden Ereignisse der Vergangenheit zugeben und beklagen, aber was bedeutet es, eine Vergangenheit *zu verantworten*, an der wir nicht beteiligt waren?

Ich habe in meinem eigenen Leben mit dieser Frage gerungen. Ich bin deutscher Abstammung; ich habe einen Verwandten, der zu Hitlers SS-Truppen gehörte. Ich schäme mich, dass mein Volk, die deutsche Nation, an den Gräueln des Nationalsozialismus beteiligt war. Nach der Besichtigung des Holocaust-Museums in Jerusalem nahm ich einen jüdischen Freund, der mit uns auf der Tour war, in den Arm und bat ihn weinend um Vergebung für das, was mein Volk seinem Volk angetan hat. Er antwortete: „Du brauchst dich nicht zu entschuldigen, du hast es nicht getan!"

Bei einer anderen Gelegenheit gingen mein messianisch-jüdischer Freund Michael Rydelnik und ich gemeinsam zum Podium, wobei wir die gleichen Treppenstufen benutzten wie Hitler bei seinen Kundgebungen in Nürnberg. Wir gingen Arm in Arm, ein Deutscher und ein Jude, als Symbol für unsere Einheit in Christus. Aber ich bin mir immer noch nicht sicher, ob ich *Verantwortung* für die Vergangenheit übernommen habe.

Für die Deutschen von heute ist es nicht leicht, sich mit der Vergangenheit auseinanderzusetzen. Ja, es ist lobenswert, dass jedes Schulkind ein Konzentrationslager besuchen muss, aber der Grund sollte eine Warnung sein, was passieren kann, wenn eine Nation von ihrem Weg abkommt; die Erfahrung sollte nicht dazu benutzt werden, den Kindern die Schuld für Taten zu geben, die sie nicht begangen haben. Heute hat in gewisser Hinsicht eine Kollektivschuld die jüngere Bevölkerung in Deutschland demoralisiert, obwohl sie nicht an den vergangenen Gräueltaten beteiligt war.

Einige Deutsche sind so demoralisiert, dass ich einen Mann im Fernsehen sagen hörte: „Wir könnten unser Land genauso gut den Muslimen überlassen, denn wir sind nicht besser als die Nazis!" Kann Deutschland jemals vom „Makel des Nationalsozialismus" befreit werden? Für einige lautet die Antwort: *Nein*. Sie werden bis in alle Ewigkeit zu ihrer Schuld stehen müssen, und ihre Kinder werden dafür leiden. Ironischerweise ist es diese Lehre von der Kollektivschuld, die Christen dazu veranlasst hat, die Juden jahrhundertelang zu hassen und zu verfolgen. Ich habe das Jüdische Museum in Berlin besucht, das der Geschichte der Judenverfolgung gewidmet ist. Traurigerweise und zu unserer großen Schande gehörte die Kirche im Laufe der Geschichte oft zu den schärfsten Verfolgern der Juden. Sie rechtfertigte diese Verfolgung, weil die Juden als „Christusmörder" angesehen wurden. Immerhin, so war ihr Argument, hatten die jüdischen Führer in Gegenwart von Pilatus gerufen: „Sein Blut komme über uns und über unsere Kinder!"(Mt 27,25). Aber die Kirche hat die Tatsache ignoriert, dass diese Worte von heuchlerischen religiösen Führern gerufen wurden, die Christus ablehnten und deren Handeln nicht von Gott gebilligt war. Und diese Worte wurden jahrhundertelang benutzt, um die Juden zu misshandeln und sie zu beschuldigen, Christus gekreuzigt zu haben.

Die Geschichte der Judenverfolgung durch die Kirche ist eine der erschütterndsten Tatsachen, mit denen wir jemals konfrontiert werden. Martin Luther selbst, der die Idee der Kollektivschuld vertrat, belegte die Juden mit Flüchen. Sie wurden gejagt, ihre Synagogen niedergebrannt und viele von ihnen wurden getötet. Jahrhunderte später beriefen sich Adolf Hitler und seine Propagandisten auf Luther, um ihren Antisemitismus zu rechtfertigen, und gingen sogar so weit zu sagen: „Dr. Luther ist einer der größten Antisemiten der deutschen Geschichte."[21] Die Deutschen akzeptierten also die Vorstellung von der Kollektivschuld der Juden am Mord an Christus. Hitler warf so viele Juden wie möglich in Konzentrationslager und in die Verbrennungsöfen und stellte sicher, dass sie *Verantwortung* für ihre Vergangenheit *übernahmen*.

Kollektivschuld hat schon immer zu Gräueltaten und Ungerechtigkeiten, Hass und Demoralisierung geführt. Im Gegensatz dazu wurde Amerika auf der Idee der individuellen Verantwortung aufgebaut. Ich muss mir meine eigene Sünde und mein eigenes Übel eingestehen; ich kann nicht die Sünden meiner Vorfahren auf mich nehmen, und ich kann nicht jemand anderem die Schuld für mein Handeln geben. Ronald Reagan hatte Recht, als er sagte: „Wir müssen die Vorstellung zurückweisen, dass jedes Mal, wenn ein Gesetz gebrochen wird, die Gesellschaft schuldig ist und nicht der Gesetzesbrecher. Es ist an der Zeit, das amerikanische Prinzip wiederherzustellen, dass jeder Einzelne für seine Handeln verantwortlich ist."[22]

Sollten wir uns wegen der Vergangenheit schuldig fühlen? Nur wenn wir selbst darin schuldig sind, dass wir die Sünden unserer Geschichte fortsetzen. Wir sollten uns schuldig fühlen, wenn wir Rassismus praktizieren oder ihm Raum geben, aber wir können nicht die Schuld unserer Eltern oder Großeltern auf uns nehmen. Wir sollten die Vergangenheit beklagen und die anhaltenden Auswirkungen erkennen, aber wir sollten nicht dort stehen bleiben. Die Sünden der Geschichte sollten weder beschönigt werden noch bestimmen, wer wir heute sind.

Das Alte Testament hilft uns, richtig über das Konzept der Kollektivschuld nachzudenken. Als die Zehn Gebote gegeben wurden, sagte Gott, er werde „die Schuld der Väter noch bis zur dritten und vierten Generation" heimsuchen (5Mo 5,9; NeÜ). Aber im selben Buch heißt es: „ Die Väter sollen nicht für die Söhne und die Söhne nicht für die Väter hingerichtet werden. Jeder muss für sein eigenes Verbrechen sterben" (24,16). Die Lehre, die sich daraus ergibt, ist also Folgende: Kinder bekommen oft die Folgen der Sünde ihrer Eltern zu spüren, aber die Sünde der Eltern müssen sie nicht bekennen. Trotz der Vergangenheit bleiben sie nur persönlich verantwortlich für ihre eigene Beziehung zu Gott.

Der Prophet Hesekiel hat es deutlich gesagt: „Die Seele, die sündigt, sie soll sterben. Ein Sohn soll nicht an der Schuld des Vaters mittragen, und ein Vater soll nicht an der Schuld des Sohnes mittragen. Die Gerechtigkeit des Gerechten soll auf ihm sein, und die Gottlosigkeit des Gottlosen soll auf ihm sein" (Hes 18,20).

Glücklicherweise richtet Gott individuell – nicht nach Gruppen, nicht nach der Hautfarbe, nicht nach der Familiengeschichte. Jede Seele wird für ihre eigene Sünde gerichtet werden.

Die Herausforderung für die Gemeinde

Die Linke macht den systemischen Rassismus für die hohe Kriminalität und die Armut unter Minderheiten verantwortlich; die weiße Vorherrschaft wird zur Ursache für die Unruhen, die Plünderungen und die Vaterlosigkeit erklärt, die Kriminalität und Drogenkonsum begünstigen. Die Rechte macht mangelnde Eigenverantwortung, fehlende Initiative und staatliche Almosen verantwortlich. Schuldzuweisungen und Beschuldigungen werden nicht die Hoffnung auf eine bessere Zukunft wecken.

Wie geht es für uns als Christen weiter?

Isaac Adams, der junge schwarze Pastor, den ich zu Beginn dieses Kapitels erwähnt habe, gibt uns für diese Zeit eine weise Antwort. Er sagt, dass wir nicht in allem übereinstimmen müssen, um unsere Einheit in Christus zu feiern. Wie ich bereits erwähnt habe, zeigt sich dies besonders in Ländern wie Israel, wo messianische Juden und arabische Christen sehr unterschiedliche und tiefe Überzeugungen darüber haben, wem das Land gehört. Stellen Sie sich vor, Sie würden die beiden Gruppen von Christen in einen Raum in Jerusalem bringen und ankündigen: „Wir sind hier, um zu diskutieren, wem das Land gehört!" Ich wage zu behaupten, dass das Treffen mit Geschrei und Beschimpfungen ziemlich abrupt enden würde.

Was sollten also messianische Juden und arabische Christen tun, wenn sie sich im selben Raum befinden? Christus anbeten! Sie sollten mit ihrer Einheit in Christus beginnen und von dort aus weiterarbeiten. Der Tag wird kommen, an dem sie Fragen über ihr Land und andere Dinge diskutieren können, aber sie können nicht damit beginnen. Wenn sie darauf bestehen, dass sie nicht zusammen anbeten können, bevor die Landfrage geklärt ist, werden sie bis zum Himmel warten müssen, um gemeinsam das Lamm zu preisen, das für alle Menschen, die glauben, geschlachtet wurde.

Sie können und sollten gemeinsam Gottesdienst feiern und sich dann fragen: Wie können wir uns gegenseitig helfen, das Evangelium zu verkünden und Christus gut zu vertreten? Können wir uns treffen, um unsere Einheit zu bekräftigen, obwohl wir um uns herum überall von Feindseligkeit umgeben sind? Können wir uns außerdem darauf einigen, Ungerechtigkeit in unseren Gemeinden und in der Gesellschaft um uns herum zu bekämpfen?

Erinnern wir uns an die Zeit des Neuen Testaments, als die ethnischen und wirtschaftlichen Unterschiede zwischen den Menschen noch größer, die Schuldzuweisungen noch heftiger waren und die Feindseligkeiten eine längere Geschichte hatten, als dies heute oftmals der Fall ist. Unglaublicherweise schrieb Paulus: „Da ist weder Grieche noch Jude, Beschneidung noch Unbeschnittensein, Barbar, Skythe, Sklave, Freier, sondern Christus alles und in allen" (Kol 3,11;NeÜ). Dies ist wirklich eine erstaunliche Aussage.

In Christus gibt es eine transzendente Einheit unter den Gläubigen trotz ihrer ererbten Unterschiede, und diese Einheit sollte sich darin zeigen, wie wir füreinander sorgen und uns gegenseitig respektieren und lieben.

Schauen wir uns das genauer an. Die Feindseligkeit zwischen Griechen und Juden saß jahrhundertelang tief und war geprägt von Feindseligkeit, Schuldzuweisungen und selbstgerechtem Zorn. Und die Barbaren? Nun, sie verhielten sich barbarisch. Die Skythen waren Plünderer, die das Land durchstreiften und sich vieles nahmen, was ihnen nicht gehörte. Und dass Sklaven und Herren oft verfeindet waren, versteht sich von selbst. Aber trotz dieser ungelösten Differenzen sagte Paulus, dass sie in Christus eins waren. Und Christus war „alles und in allen".

Paulus wollte damit nicht sagen, dass die gläubigen Griechen aufgehört hätten, Griechen zu sein, und die gläubigen Juden aufgehört hätten, Juden zu sein; sie behielten ihr Erbe und ihre kulturelle

Identität ebenso wie die Barbaren und alle anderen. Das Einssein in Christus löschte ihre einzigartige ethnische Zugehörigkeit nicht aus. Zweifellos hatte jede Gruppe unterschiedliche Traditionen, Bräuche und Werte. Aber Paulus wollte damit sagen: In Christus gibt es eine transzendente Einheit unter den Gläubigen, trotz ihrer ererbten Unterschiede, und diese Einheit sollte sich darin zeigen, wie wir füreinander sorgen und uns gegenseitig respektieren und lieben. Gott hat uns unterschiedlich und zu einer Einheit gemacht, und wir können beides feiern.

In der Moody Church in Chicago, in der ich 36 Jahre lang als leitender Pastor tätig sein durfte, waren wir dankbar, dass sonntagmorgens mehr als 70 verschiedene Herkunftsländer vertreten waren. Wenn Menschen verschiedener Abstammung in die Gemeinde kamen, zeigte ihnen diese Vielfalt, dass sie willkommen waren. Wir müssen alles in unserer Macht Stehende tun, um die Einheit zu fördern, für die Jesus gebetet hat, „damit sie eins sind" (Joh 17,11; NeÜ).

Ja, lasst uns wie die Propheten des Alten Testaments unsere gemeinsamen historischen Sünden beklagen, aber trotz unserer Unterschiede unseren auferstandenen Christus feiern und uns fragen, was wir gemeinsam tun können, um das zu bewahren, was wir haben, und uns gemeinsam für Gerechtigkeit in unseren Städten und Vierteln einzusetzen. Wir sind vielleicht nicht in der Lage, alle historischen und rassischen Probleme zu lösen, die uns trennen, aber gemeinsam können wir Christus anbeten, die Gefallenen aufrichten und den Hoffnungslosen Hoffnung geben.

Und was sagen wir den Minderheiten, die sich von Amerika verraten fühlen? Wie sollen wir uns an die Sklaverei der Vergangenheit erinnern und dennoch Hoffnung für die Zukunft finden? Diese Fragen sind nicht neu. Bereits in den 1880er-Jahren rang ein entlaufener Sklave mit dieser Frage. Seine Geschichte ist es wert, erzählt zu werden.

Was bedeutet für einen Sklaven der Unabhängigkeitstag?

Frederick Douglass (1817–1895) war ein Schwarzer, der aus der Sklaverei in Maryland entkam und zum Sozialreformer, Redner und Schriftsteller wurde – und zu einem Anführer der Bewegung zur Abschaffung der Sklaverei in Massachusetts und New York. Er schrieb über seinen christlichen Glauben und seine Hoffnung für Amerika. Zum rettenden Glauben an Christus kam er durch die Predigt eines methodistischen Pfarrers, der lehrte, „dass alle Menschen – ob groß oder klein, ob gebunden oder frei – vor Gott Sünder sind, dass sie von Natur aus Rebellen gegen seine Herrschaft sind und dass sie ihre Sünden bereuen und durch Christus mit Gott versöhnt werden müssen."[23] Ein Freund namens Charles Lawson lehrte ihn, seine „ganzen Sorgen auf Gott zu werfen."[24]

Was dachte Frederick Douglass, einer der führenden Köpfe im Kampf gegen die Sklaverei, über die Gründerväter Amerikas?

> Der Gesichtspunkt, von dem aus ich gezwungen bin, sie zu betrachten, ist gewiss nicht der günstigste; und doch kann ich ihre großen Taten nicht mit weniger als Bewunderung betrachten. Sie waren Staatsmänner, Patrioten und Helden, und für das Gute, das sie taten, und die Prinzipien, für die sie kämpften, werde ich mich mit Ihnen vereinen, um ihr Andenken zu ehren.[25]

Douglass verstand, dass ihre Fehler die Wahrheiten, die sie niederschrieben, und die Ideen, für die sie eintraten, nicht aufhoben. Mit Sicherheit war er auch dankbar dafür, dass die Baptisten von Virginia bereits 1790 eine Resolution gegen die Sklaverei verabschiedeten, in der sie erklärten, dass diese Praxis „eine gewaltsame Beraubung der Naturrechte und unvereinbar mit einer republikanischen Regierung" sei, und die Gesetzgeber aufforderten, „das schreckliche Übel aus dem Land auszurotten".[26] Im Jahr 1833 fand in Philadelphia ein

Anti-Sklaverei-Kongress statt, der zu einer Reihe von Ereignissen führte, die im Bürgerkrieg gipfelten, nachdem die Sklaverei in den Vereinigten Staaten gesetzlich abgeschafft wurde.

Ist das Christentum eine Religion des weißen Mannes? Der Pastor und Schriftsteller Eric Mason beklagt zu Recht, dass unsere Geschichte manchmal „übertüncht" wurde. Infolgedessen lehnen einige Schwarze das Evangelium ab, weil sie glauben, es sei nur etwas für Weiße. Mason weist darauf hin, dass in neutestamentlichen Zeiten ähnliche Barrieren überwunden werden mussten, als sich das Evangelium von den Juden zu den Heiden und darüber hinaus verbreitete. In der Tat ist das Evangelium für alle da und muss als solches verkündet werden, um alle Mauern niederzureißen, die uns voneinander getrennt haben.[27]

Frederick Douglass machte deutlich, dass das Christentum keine Religion des weißen Mannes ist, indem er darauf hinwies, dass die Sklavenhalter nicht nach der Bibel lebten, an die sie zu glauben vorgaben. Gegen Ende seiner Rede mit dem Titel „What to the Slave Is the Fourth of July?" (dt.: Was bedeutet für einen Sklaven der vierte Juli [Unabhängigkeitstag]?) warf Douglass den Amerikanern vor:

Ihr seid Heuchler. Eure Unabhängigkeitserklärung sieht die Abschaffung der Sklaverei vor. Eure Verfassung enthält keine Bestimmung, die die Sklaverei schützt, und ihr großer moralischer Tenor ist der Schutz der Freiheit, der ablehnt, dass Sklaverei rechtmäßig ist. Eure Bibel widerspricht den gelehrten Pastoren, die die Rechtmäßigkeit der Sklaverei verteidigt haben.

Und jetzt?

Gestatten Sie mir abschließend zu sagen, dass ich trotz des düsteren Bildes, das ich heute vom Zustand dieser Nation gezeichnet habe, nicht an diesem Land verzweifle. Es sind Kräfte am Werk, die unweigerlich den Untergang der Sklaverei herbeiführen müssen. „Die Hand des Herrn ist nicht zu kurz", und der Untergang der Sklaverei ist gewiss. Ich höre daher dort auf, wo ich begonnen habe: mit der Hoffnung. Während ich aus der Unabhängigkeitserklärung, den darin enthaltenen großartigen Prinzipien und der Genialität der amerikanischen Institutionen Ermutigung schöpfe, freut sich mein Geist auch über die offensichtlichen Tendenzen der Zeit.[28]

Sein Aufruf war einfach: Lasst uns Amerika nicht niederreißen, lasst uns seinen Idealen gerecht werden! Lasst uns der Lehre der Bibel folgen! Lasst uns auf die Erfüllung der Vorsätze hinarbeiten, aus Amerika „eine vollkommenere Einheit" (Barack Obama) zu machen!

Lassen wir uns nicht von der Verheißung des Evangeliums abbringen, das uns in Christus vereint und uns befähigt, auf die Einheit hinzuarbeiten, für die Jesus gebetet hat.

Ist Amerika es wert, bewahrt zu werden? Dieser entlaufene Sklave, der zum Staatsmann wurde, glaubte daran, dass die Antwort *ja* ist. Ich glaube, die Bürger von Südkorea würden sagen, dass ihre Freiheiten es wert sind, bewahrt zu werden. Ihre Freunde und Verwandten, die in Nordkorea leben, würden sagen: „Wir wünschten, wir hätten eure Freiheiten; eure Freiheit ist es wert, bewahrt zu werden." Also ja, Amerika ist es wert, bewahrt zu werden.

Als Antwort auf die E-Mail, die ich erhalten habe, schließe ich mit zwei Ermahnungen zur Hoffnung: Geben wir die Ziele Amerikas nicht auf, sondern arbeiten wir gemeinsam daran, diese Ideale zu verwirklichen! Und vor allem: Lassen wir uns nicht von der Verheißung des Evangeliums abbringen, das uns in Christus vereint und uns befähigt, auf die Einheit hinzuarbeiten, für die Jesus gebetet hat!

Zusage für den Alltag

Denn er selbst ist unser Friede. Er hat aus beiden, den Fernen und Nahen, eine Einheit gemacht und durch sein körperliches Sterben *die Mauer der Feindschaft* niedergebrochen ... um die beiden in seiner Person zu dem einen neuen Menschen zu formen und um sie in einem Leib mit Gott zu versöhnen. Das geschah durch seinen Tod am Kreuz, durch den er auch *die Feindschaft zwischen ihnen getötet* hat. (Eph 2,14-16)

Auch heute kann der Herr „die Mauer der Feindschaft" niederreißen. Bringen wir jedem Menschen, unabhängig von seiner ethnischen Zugehörigkeit, die Würde entgegen, die er als Mitglied des Leibes Christi verdient. Wir sind noch nicht da, wo wir sein sollten, aber lassen Sie uns in Christus den Weg gemeinsam gehen.

Ein Held, der keinen Grund hatte, sich zu verstecken

Als ich John Perkins kennenlernte, wusste ich, dass ich mich in der Gegenwart einer wahren Größe befand.

Ich lernte John gegen Ende der 1970er-Jahre durch die Lektüre seines Buches *Let Justice Roll Down* (dt.: Lass das Recht fließen, nach Am 5,24) kennen, in dem er die Geschichte seines Lebens, seiner schweren Misshandlung durch Weiße, seiner Bekehrung zu Christus und seines Kampfes für Gerechtigkeit und Bürgerrechte erzählt.

Auf dem Cover einer Ausgabe seines Buches heißt es: „Aus einem, der in der dritten Klasse die Schule abbrach und vom Sheriff und der Staatspolizei geschlagen und gefoltert wurde, wurde er zu jemandem, der das Böse mit Gutem erwiderte, Hass mit Liebe, Vorurteil mit Fortschritt, und unter Schwarzen und Weißen gleichermaßen Hoffnung verkündete."

Vor vielen Jahren habe ich John eingeladen, in der *Moody Church* zu sprechen. Seine Botschaft war eine Herausforderung für uns alle. Er wurde 1930 in Mississippi geboren, zur Zeit der Rassentrennung und der Jim-Crow-Gesetze, die Schwarze von vielen Privilegien ausschlossen, von denen die Weißen einfach annahmen, dass sie ihnen allein zustünden. Sein Bruder Clyde, der von einem Polizeibeamten erschossen wurde, starb in seinen Armen.

Obwohl er zu Unrecht verhaftet und geschlagen wurde und mit einem Hass auf Weiße aufwuchs, wurde er schließlich Christ, und seine bemerkenswerte Bekehrungsgeschichte war ein Segen für Millionen Menschen. Er verbringt seine Zeit damit, über Bürgerrechte zu sprechen, mit dem Ziel, Schwarze und Weiße in Christus zu vereinen und beiden Gruppen zu helfen, zusammenzuarbeiten, um die multiethnische Gemeinde zu repräsentieren, die eines Tages Gott vor seinem Thron die Ehre geben wird (Offb 5,9-10).

Perkins' Demut, seine großherzige Vergebung und sein unermüdlicher Einsatz für wahres Verständnis, Heilung und Einheit sind ein Vorbild für uns alle. Ich möchte Sie ermutigen, zumindest eines seiner Bücher zu lesen, vielleicht sogar das, das ich im vorherigen Kapitel zitiert habe, *One Blood: Parting Words to the Church on Race and Love* (Chicago: Moody Publishers, 2018; dt.: Ein Blut: Abschiedsworte an die Gemeinde über Rasse und Liebe).

Aktionsschritt

Wo soll man anfangen? Jeder von uns sollte eine Person oder eine Familie mit einer anderen Hautfarbe oder einem anderen Herkunftsland näher kennenlernen. Lasst uns zuhören, nicht um einen Streit zu gewinnen, sondern um Freundschaften zu entwickeln, in denen wir vielleicht unerwartet eine gemeinsame Basis finden. So gut wir können, müssen wir Botschafter der Versöhnung unter den Völkern der Welt sein. Wir können in unserer eigenen Nachbarschaft anfangen, in der Hoffnung, den Frieden Christi in anderen Gemeinschaften und darüber hinaus zu verbreiten.

Unterstützen Sie großzügig Organisationen vor Ort, die, angetrieben vom Evangelium, benachteiligten Gemeinschaften dienen, und denjenigen, die in ihrer Verzweiflung gefangen sind, eine hoffnungsvolle Zukunft geben. Multiethnische Gemeinden – und derer gibt es viele – brauchen unsere Ermutigung und Unterstützung. Und denken Sie daran: Es geht nicht darum, einen Streit zu gewinnen, sondern Botschafter Christi zu sein, der der Retter aller Gläubigen ist.

KAPITEL 6

Lassen wir uns von der Sprache der Propagandisten täuschen?

Wehe denen, die das Böse gut nennen und das Gute böse;
die Finsternis zu Licht machen und Licht zu Finsternis;
die Bitteres zu Süßem machen und Süßes zu Bitterem!
JESAJA 5,20

Ich beginne mit einem Gebet von Fred Hollomon, einem ehemaligen Seelsorger des Senats des Bundesstaates Kansas:

> Allwissender Vater, hilf uns zu erkennen, wer die Wahrheit sagt. Die eine Seite sagt uns das eine, die andere genau das Gegenteil. Und wenn keine der beiden Seiten die Wahrheit sagt, würden wir auch das gerne wissen. Und wenn jede Seite nur die halbe Wahrheit sagt, gib uns die Weisheit, die richtigen Hälften zusammenzusetzen. In Jesu Namen, Amen.[1]

Ja, *Amen!*

Sowohl von der Rechten als auch von der Linken werden wir in den Medien überschüttet. Täglich werden wir in Fernsehen, Internet, Radio und Zeitungen mit Informationen bombardiert. Und während praktisch alle Nachrichtensender irgendeine Form von Propaganda verbreiten, ist es in Amerika derzeit in der Regel die Linke, die das Narrativ beherrscht.

Linke Nachrichtensender und Politiker wollen, dass wir müde werden, uns gegen ihre verdrehten Ansichten über Sexualität, Rasse und Gerechtigkeit zu wehren. Wenn sie uns dazu bringen können, den Mut zu verlieren, ist es für sie einfacher, uns auch dazu zu bringen, resigniert zu sagen: „Der Wolf steht vor der Tür; lasst ihn einfach herein." Doch bevor wir aufgeben – und ich bete, dass wir das nicht tun –, müssen wir verstehen, dass der Kampf oft durch einen Angriff auf Worte gewonnen oder verloren wird. Und letztlich ist ein Krieg gegen Worte ein Krieg gegen Überzeugungen. Die radikale Linke will die Debatte mit Worten nicht nur gewinnen, sondern sie im Keim ersticken.* Sie wollen den Einfluss derjenigen zerstören, die anderer Meinung sind als sie. Sie wollen mit Worten unsere Gedanken einschränken und sogar kontrollieren.

Willkommen zu einem Überblick darüber, wie Propaganda funktioniert.

Denken Sie daran, dass der Zweck der Propaganda darin besteht, die Sicht der Menschen auf die Realität umzukrempeln, indem sie sich die Realität neu definieren, an die menschlichen Wünsche appellieren und verdeckte Täuschung einsetzen. Propaganda schafft ein Paralleluniversum, in dem die Ideologie „Fakten" schafft, denen hohle Versprechen folgen. Das langfristige Ziel ist immer *Macht* – Macht, um zu kontrollieren; Macht, um die Massen zu manipulieren und zu indoktrinieren. Das ultimative Ziel besteht darin, sie den Befehlen eines Führers oder der Eliten gefügig zu machen, die uns weismachen wollen, dass sie „das Beste für das Volk" wollen. Irgendwann sind die Menschen bereit, ihr Urteilsvermögen auszuschalten, das, was sie für wahr halten, beiseite zu legen und sich der Masse anzuschließen. Der „Herdentrieb" wird so stark sein, dass nur wenige den Mut haben werden, sich gegen das allgegenwärtige kulturelle Narrativ zu stellen.

Hugh Trevor-Roper fasste die Überzeugungen von Joseph Goebbels, Hitlers Propagandaminister, folgendermaßen zusammen:

---

* Der Autor spielt hier auf die sog. *Cancel*-Kultur an. (Anm. d. dt. Hg.)

„Argumente mussten daher grob, klar und eindringlich sein und an Gefühle und Instinkte appellieren, nicht an den Intellekt. Die Wahrheit war unwichtig und der Taktik und Psychologie völlig untergeordnet, aber bequeme Lügen ('poetische Wahrheiten', wie er sie einmal nannte) mussten immer glaubwürdig gemacht werden."[2] Ja, Propaganda macht Lügen glaubwürdig.

Mit seinem Verweis auf die „Psychologie" meinte Goebbels, dass Emotionen entfacht werden müssen, um den Verstand zu umgehen und so die Herzen der Menschen gewinnen zu können. Fakten spielen keine Rolle; wütende Gefühle werden die Massen zu willigen Anhängern machen. Und hinter diesen Strategien steht ein finsteres Ziel: vollständiger Gehorsam gegenüber den Machthabern – und für diejenigen, die sich nicht fügen: *erzwungener* Gehorsam.

Wir alle – ob konservativ, liberal, christlich oder nichtchristlich – sind anfällig für Propaganda, weil wir manchmal mehr mit dem Herzen als mit dem Verstand hören. Wir neigen dazu, das zu hören, was wir hören wollen. In seinem Buch *Winning the War in Your Mind* (dt.: Gewinne den Krieg in deinem Verstand) spricht Craig Groeschel von „kognitiver Verzerrung". Er beschreibt, wie wir die Realität durch eine Brille (unsere vorgegebene Sichtweise) betrachten und die Informationen finden, nach denen wir suchen, so wie ein Geier nach einer bestimmten Art von Nahrung sucht und ein Kolibri nach einer anderen.[3]

Auf welche Nachrichtenquellen hören wir? Die Antwort lautet: *Wir hören Menschen zu, die mit uns übereinstimmen, und wir meiden diejenigen, die nicht mit uns übereinstimmen.* Das erklärt, warum Jesus wiederholt sagte: „Wer Ohren hat, der höre" (Mt 11,15). Er wollte damit sagen, dass niemand so taub ist wie jemand, dessen Herz nicht offen für die Wahrheit ist. Deshalb warnt die Heilige Schrift so oft davor, ein hartes Herz zu haben. Der Verstand wird nur das aufnehmen, was das Herz zulässt.

Das erklärt, warum Propaganda so gefährlich ist: Sie appelliert an unsere Gefühle und vermeidet so weit wie möglich eine sachliche Bewertung der Realität. Es wurde einmal treffend gesagt, dass der Wunsch, etwas zu glauben, stärker ist als rationale Argumente. Wir alle sind schon Menschen begegnet, für die Fakten einfach keine Rolle spielen, und vielleicht trifft das manchmal auch auf uns selbst zu. Wenn wir nicht offen für die Möglichkeit sind, falsch zu liegen, kann die Propaganda ihren Zweck leichter erfüllen.

Denken Sie daran, wie in George Orwells Roman *1984* der „Große Bruder" (oder Big Brother), der die Menschen und ihre Gedanken kontrolliert, verehrt wird. Er hat die Vergötterung erlangt, die er sich wünscht. Und diejenigen, die sich nicht unterwerfen, müssen hart bestraft werden.

George Orwell schrieb *1984*, nachdem er viel Zeit damit verbracht hatte, über den Aufstieg des kommunistischen Russlands und Hitlers erschreckende Kontrolle über Deutschland nachzudenken. Die *Encyclopedia Britannica* fasst *1984* auf diese Weise zusammen:

> Die Darstellung eines Staates, in dem Andersdenkende mit Folter belohnt werden, in dem Menschen jede Sekunde am Tag überwacht werden und in dem Parteipropaganda die Rede- und Denkfreiheit übertrumpft, ist eine ernüchternde Erinnerung an die Übeltaten unverantwortlicher Regierungen.[4]

Dazu müssen die Lügen versüßt werden, damit sie leichter zu schlucken sind, selbst wenn sie sich als unverdaulich erweisen. Dies geschieht durch Konditionierung, indem man deutlich macht, was man sagen darf und was nicht. Und was nicht gesagt werden darf, darf nicht einmal gedacht werden. Das Ziel ist, dass die Menschen zu willfährigen Sklaven werden, die sich gehorsam fügen.

Ein Professor fasst George Orwells Auffassung von Sprache wie folgt zusammen:

> Wir Menschen brauchen nicht immer Worte für Gefühle, aber wir brauchen sie für Gedanken, insbesondere für komplexe Gedanken. Und deshalb führt der Große

Bruder Krieg gegen die Sprache. Er will sie für die Untersuchung von Ideen weniger nützlich machen, indem er die Macht der Worte auf die einfachsten Ausdrücke reduziert. Neusprech ist sein Werkzeug, um seine Untertanen dauerhaft sprachunfähig zu halten.[5]

Bedenken Sie, was hier gesagt wird: Die Kontrolle von Worten soll eine Kontrolle von Gedanken bewirken. Das Mantra lautet: *Erlaube deinem Geist nicht, Gedanken zu denken, die nicht innerhalb der zulässigen verbalen Richtlinien liegen.*

Aldous Huxley traf in seinem Buch *Schöne neue Welt* die folgende erschreckende Beschreibung eines totalitären Staates:

Ein wirklich leistungsfähiger totalitärer Staat wäre einer, worin die allmächtige Exekutive politischer Machthaber und ihre Armee von Managern eine Bevölkerung von Zwangsarbeitern beherrschen, die gar nicht gezwungen zu werden brauchen, weil sie ihre Sklaverei lieben. Ihnen die Liebe zu ihr beizubringen, ist in heutigen totalitären Staaten die den Propagandaministerien, Zeitungsredakteuren und Schullehrern zugewiesene Aufgabe.[6]

Das Ziel ist es, dass die Menschen ihre Knechtschaft lieben und das kontrollierende Narrativ akzeptieren, das darauf abzielt, das zu begrenzen, was sie sagen und was sie denken dürfen. Es werden kulturelle Informationsströme geschaffen, denen sich der Einzelne kaum entziehen kann.

In diesem verwirrenden Informationszeitalter sollten wir uns die Worte zu Gemüte führen, die gemeinhin Booker T. Washington zugeschrieben werden: „Eine Lüge wird nicht zur Wahrheit, Falsches wird nicht richtig, und Böses wird nicht gut, nur weil es von der Mehrheit akzeptiert wird."

Dieselben Wörter, ein anderes Wörterbuch

Schauen wir uns den zu Beginn dieses Kapitels zitierten Bibelvers etwas genauer an: „Wehe denen, die das Böse gut nennen", schrieb Jesaja. Man kann das Böse nur dann gut nennen, wenn man es umbenennt; anders gesagt, man muss gute Worte benutzen, um das Böse zu verschleiern. Aber – und das ist entscheidend – das Böse gut zu nennen, ist nur die eine Hälfte der Aufgabe; die andere Hälfte besteht darin, *das Gute böse zu nennen*. Um das zu erreichen, muss die Sprache manipuliert werden. Und da eine solche Umkehrung der moralischen Werte oft mit den menschlichen Wünschen übereinstimmt, kann sie durchgeführt werden, und zwar wirksam.

Kurz gesagt, Propaganda bedeutet, *den Menschen zu sagen, was sie hören wollen, und ihnen dann das zu geben, von dem man selbst will, dass sie es haben.* Durch die geschickte Verwendung von Worten und Parolen kann eine Person oder Gruppe die Debatte gewinnen und gegenteilige Ansichten inakzeptabel machen. Das Ziel ist, dass die Menschen am Ende indoktriniert und in ihrem Denken eingeschränkt oder wenigstens verwirrt darüber sind, ob sie überhaupt dem gesunden Menschenverstand trauen können. Das Ziel der Propaganda ist es, eine Lüge als wahr erscheinen zu lassen.

Wie können die Menschen davon überzeugt werden, dass das Heidentum ein Fortschritt ist? Wie kann man sie davon überzeugen, dass die Dunkelheit in Wirklichkeit das Licht ist und das Licht die Dunkelheit? Das geht nur, indem man an die menschlichen Gefühle appelliert, die Dunkelheit als verlockend darstellt und diejenigen, die das Licht lieben, als Unterdrücker bezeichnet. Die Menschen, die vertrauensunwürdiger sind als alle anderen, haben so viel Vertrauen in ihre Überzeugungskraft, dass sie es riskieren können, große Lügen zu erzählen.

Um es mit den Worten zu sagen, die wahrscheinlich von Voltaire stammen: „Wer dich dazu bringen kann, Absurditäten zu glauben, kann dich dazu bringen, Gräueltaten zu begehen." *Und wenn man*

Menschen dazu bringen kann, eine Lüge zu glauben, werden sie so leben, als ob die Lüge die Wahrheit wäre.

Vor Jahrhunderten verbreiteten falsche Propheten so viel Propaganda, dass sogar Gott müde wurde! Er sagte: „Ihr ermüdet den HERRN mit euren Worten. Doch ihr sagt: Womit ermüden wir ihn? – Damit dass ihr sagt: Jeder, der Böses tut, ist gut in den Augen des HERRN, und an solchen hat er Gefallen; oder: Wo ist der Gott des Gerichts?" (Mal 2,17). Gott war es leid, den Menschen zuzuhören, die sagten, Menschen, die Böses tun, seien „gut sind in den Augen des Herrn" und Gott übersehe Ungerechtigkeit.

Wenn Gott der Worte müde wird (natürlich spricht er hier in menschlichen Begriffen, denn Gott wird nicht wirklich müde wie wir), verwundert es uns dann, dass wir versucht sind, dessen müde zu werden, was wir jeden Tag hören und sehen? Angesichts von Nachrichtensendern, die rund um die Uhr berichten, und sozialen Medien, die aus allen Richtungen auf uns einprasseln, werden auch wir müde und wissen oft nicht mehr, was wir glauben können. Und im Laufe der Zeit neigen wir immer mehr dazu, das Schlimmste über unsere ideologischen Feinde und das Beste über unsere Freunde anzunehmen.

Vor vielen Jahrhunderten litt der alttestamentliche Prophet Jeremia unter den Propagandisten seiner Zeit, die sagten: „Auf, wir wollen ihn *mit der Zunge schlagen* und nicht achten auf all seine Worte!" (Jer 18,18). Kein Wunder, dass wir in Sprüche 18,21 lesen: „Tod und Leben sind in der Gewalt der Zunge."

Heute werden wir von vielen betrügerischen Zungen auf subtile Weise „heimgesucht". Ich hörte einmal Pastor H. B. Charles in einer Predigt sagen: „Die Wahrheit ist in einer gottlosen Welt nicht sicher."

Sechs Arten, wie Sprache
in der Propaganda manipuliert wird

Die Schrift warnt uns: „Kaufe Wahrheit und verkaufe sie nicht" (Spr 23,23). Heute wird die Wahrheit auf den Altären der politischen Zweckmäßigkeit, der moralischen Verderbtheit und des persönlichen Gewinns preisgegeben. Sie ist zu einem seltenen Gut geworden, das in einem Zeitalter der Täuschung und in einer Zeit, in der viele bereit sind, sich auf Lügen einzulassen, gehegt und gepflegt werden muss. Die Wahrheit wird zu Schleuderpreisen verkauft.

George Orwell nannte diesen verbalen Taschenspielertrick *Neusprech,* d. h. eine veränderte Sprache, um die Realität neu zu gestalten oder sogar eine neue Realität zu schaffen.

Wie wird die Wahrheit „verkauft"?

Die Verwendung von wohlklingenden Parolen

In allen politischen Kampagnen, ob liberal oder konservativ, wird versucht, einen Slogan zu finden, der einprägsam ist und Emotionen und Hingabe hervorruft. „Make America Great Again" (dt.: Macht Amerika wieder großartig) oder „Build Back Better" (dt.: Besser wiederaufbauen) sind Beispiele dafür. Noam Chomsky (dessen Bücher über analytische Philosophie ich gelesen habe, als ich die *Loyola University* besuchte) sagte, dass eine Revolution nur dann zustande kommen kann, wenn man eine Parole hat, gegen die man nur schwer etwas einwenden kann. Natürlich, so möchte ich hinzufügen, braucht man auch einen Feind, den man hassen kann.

Einer der vielleicht wirkungsvollsten Slogans unserer Zeit ist „Black Lives Matter", der als Parole fast unangreifbar ist. Es erscheint so richtig, die Bewegung zu unterstützen, weil das Leben von Schwarzen *wirklich* wichtig ist; tatsächlich ist das Leben *aller* Schwarzen sehr wichtig. Erst wenn man das Etikett entfernt, erkennt man eine marxistische Organisation, die glaubt, dass nur die Leben *einiger* Schwarzer wichtig sind – nämlich die, die für politische Zwecke genutzt werden können.

Der Slogan „Kampf für soziale Gerechtigkeit" scheint ein Motto zu sein, das jeder Christ unterstützen sollte. Für Gläubige ist das Streben nach Gerechtigkeit nicht nur eine Option, sondern ein Auftrag. Aber wenn man enthüllt, was *soziale Gerechtigkeit* heute bedeutet, stellt man fest, dass sie die Umstrukturierung der gesamten Gesellschaftsordnung auf der Grundlage von Themen wie Geschlechteridentität, Kritische Rassentheorie, Sozialismus und Gleichheit beinhaltet.

Propagandisten sagen das eine, meinen aber in Wirklichkeit etwas anderes. Als Hitler Kinder hungern ließ, nannte er das „kalorienarme Ernährung". Die Tötung der Juden war eine „Säuberung des Landes", und Euthanasie war eine „barmherzige Anwendung medizinischer Therapie". Kein Wunder, dass es heißt: Wenn Worte ihre Bedeutung verlieren, verlieren Menschen ihr Leben. Ich wiederhole: Propaganda bedeutet, den Menschen zu sagen, was *sie* hören wollen, und ihnen dann zu geben, von dem *du* willst, dass sie es haben.

Überlassen Sie dem Etikett das Verkaufen, Sie übernehmen das Täuschen!

Mit Sprache Realität schaffen

Gott sprach, und es geschah, wie er es befohlen hatte: „Es werde Licht! Und es wurde Licht" (1Mo 1,3). Radikale jeglicher Richtung gaukeln sich vor, dass sie dasselbe tun können. Sie führen uns in die Dunkelheit und nennen es Licht. Wenn sie einen Lichtschimmer sehen, nennen sie es Dunkelheit. Die radikale Linke benutzt die Sprache nicht, um die Realität zu *beschreiben*, sondern um sie zu *erschaffen*.

Orwell schrieb im Buch *1984*: „Krieg ist Frieden. Freiheit ist Sklaverei. Unwissenheit ist Stärke."[7] Wenn in Orwells Buch von Winston Smith erwartet wird, dass er sagt, dass 2 + 2 = 5 ist, dann ist das nicht so sehr ein Versuch, ihn davon zu überzeugen, sondern vielmehr ein Versuch, ihn daran zu gewöhnen, Lügen auszusprechen und an seinem eigenen Urteilsvermögen zu zweifeln. Wenn er Lügen aussprechen konnte, konnte er auch mit Lügen leben.

Das Ziel von Big Brother ist eine Bevölkerung, die so abhängig von der Regierung ist, dass sie sich bereitwillig kontrollieren lässt. Und das Ministerium für Liebe wird jeden „liebevoll" indoktrinieren, der sich weigert, sich zu unterwerfen. Die Regierung sagt im Grunde: „Indoktrination ist liebevoll, weil wir es sagen", und: „Was wir brauchen, ist Liebe, mehr Liebe!"

Während der Unruhen nach dem Tod von George Floyd sagte ein Nachrichtenreporter vor brennenden Autos und Gebäuden im Hintergrund, die Demonstrationen seien „weitgehend friedlich" verlaufen. Krawalle können also als „friedlich" bezeichnet werden, Plünderungen als „Umverteilungsgerechtigkeit", und diejenigen, die das Gesetz brechen, um in die USA zu gelangen, sind keine illegalen Einwanderer, sondern „Arbeiter ohne Papiere". Und ein Krimineller ist „eine Person, die Probleme mit dem Gesetz hat", was impliziert, dass der wahre Schuldige das Gesetz selbst ist.

Linke versuchen, mit Worten eine neue Realität zu schaffen, wenn sie uns sagen: „Der Mann, den Sie beim Sport sehen, ist eigentlich eine Frau." Sie erwarten von uns, dass wir unsere Augen vor der biologischen Realität verschließen, den gesunden Menschenverstand abgeben und zustimmen, dass er eine Frau ist. Schließlich hat er ja *gesagt,* er sei eine Frau. Allein durch die Macht der Sprache kann also eine schier unendliche Anzahl von Realitäten geschaffen werden. Ihre Definition von Toleranz ist erzwungene Konformität.

Ich wiederhole: In der Propaganda *werden Worte nicht verwendet, um die Realität zu beschreiben, sondern um sie zu schaffen.* Um mit der linken Argumentation fortzufahren: Der Professor, der gegen Weiße hetzt, bekämpft in Wirklichkeit den Rassismus. Die Universität, die einem Konservativen nicht erlaubt, auf dem Campus zu sprechen, tut dies im Interesse der Toleranz. Und die Mutter, die ihr ungeborenes Kind tötet, trifft lediglich eine Entscheidung aus Gründen der Gesundheitsfürsorge.

Und es kommt noch mehr.

Sie sagen uns, dass Drag Queens Künstler sind, die in Bibliotheken eingeladen werden sollten, um zu Kindern zu sprechen. „Drag ist Kunst", schreibt Jaden Amos, die für *National Public Radio* (NPR) berichtet. „Es schafft eine Möglichkeit für künstlerischen Ausdruck, nicht nur für die Queens und Kings, die auftreten. Es ist auch eine Möglichkeit für die Designer, Maskenbildner, Friseure und Fotografen, die hinter den Kulissen mit ihnen zusammenarbeiten, um ihre Kunstfertigkeit zu zeigen."[8] Was gibt es daran nicht zu mögen?

Wenn das Ziel der Sprache nicht mehr die Wahrheit, sondern Ideologie und Macht ist, ist der totalitäre Staat erreicht. Marxisten können die Vergangenheit auslöschen, als hätte es sie nie gegeben; sie können eine Vergangenheit erfinden, die es nie gegeben hat, und eine Zukunft beschreiben, die nur in ihrer Fantasie existiert. Das alles geschieht natürlich „zum Wohle des Volkes". Und wenn Worte wiederholt von ihrer Bedeutung abgeschnitten werden, so der Autor Steve Miller, erleben wir „den Tod der Wahrheit durch tausend Schnitte".[9]

Dunkelheit ist Licht, und Licht ist Dunkelheit, weil bestimmte Leute das sagen.

Worte benutzen, um die Debatte zu unterdrücken

An vielen Hochschulen und Universitäten gibt es Richtlinien, die die Redefreiheit einschränken und die Studenten zum Schweigen bringen sollen, sodass diese im Unklaren darüber sind, was sie sagen dürfen und was nicht.

Wortkontrolle bedeutet Gedankenkontrolle; das Ziel ist es, den Menschen Vorgaben zu machen, was sie sagen dürfen, damit sie diese Vorgaben schließlich auch auf ihre Gedanken anwenden. Trauen Sie sich einfach, vor anderen einen abweichenden Standpunkt zu vertreten, und sehen Sie, was passiert.

Die Brandeis University hat vor Kurzem eine Liste mit angeblich beleidigenden Wörtern veröffentlicht, in der sie Studierende und Lehrkräfte auffordert, „Wörter und Ausdrücke wie ‚Picknick', ‚Triggerwarnung' und sogar ‚Faustregel' nicht mehr zu verwenden, weil sie laut einer Beratungsstelle auf dem Campus mit Gewalt und Macht verbunden sind und ‚Unterdrückungssysteme verstärken'."[10]

Eine Liste potenziell repressiver Ausdrücke wurde vom *Prevention, Advocacy & Resource Center* auf die Webseite der Universität gestellt. Andere als beleidigend angesehene Wörter sind z. B. *Neuling, Opfer,* Überlebender, *Süchtiger, Behinderter, Polizist,* und die Liste geht weiter. Und wenn es in Ihrer Gegend einen Friseursalon gibt, sollten die Inhaber nicht sagen, dass sie „Laufkundschaft" willkommen heißen, denn Menschen, die an Behinderungen leiden und nicht gehen können, könnten sich ausgeschlossen fühlen.

Die ITS-Abteilung der Universität von Michigan hat ein ähnliches Wörterbuch mit akzeptierten Begriffen zusammengestellt. Andere Hochschulen und Universitäten folgen diesem Beispiel und stellen sicher, dass ihre Studenten und Mitarbeiter die anerkannten Richtlinien kennen. Auch die Vereinten Nationen haben sich der aktuellen Entwicklung angeschlossen und fordern, dass das Wort „*Chairman*" (dt.: Vorsitzender) nicht mehr verwendet werden darf, da der Wortbestandteil „*man*" Frauen ausschließe.[11] Die Tierschutzorganisation PETA hat darauf gedrängt, dass im Baseball-Sport aus Rücksicht auf die Rinder der Begriff *Bullpen* durch *arm barn* ersetzt wird.[12]

Es gibt einen Grund für diesen Wahnsinn.

Das Gespräch soll damit nicht *belebt* werden, sondern *verstummen.* Das Ziel besteht nicht nur darin, die freie Meinungsäußerung zu verweigern, sondern auch darin, Studenten zu formen, die zum Zeitpunkt ihres Abschlusses ideologisch angepasst sind; diejenigen, die sich nicht an diese Vorgaben halten, werden eingeschüchtert. Schließlich könnte ein unzulässiges Wort oder ein unzulässiger Satz jemanden triggern und dazu führen, dass er sich minderwertig oder ausgeschlossen fühlt.

Eine christliche Professorin an einer staatlichen Universität erzählte mir, dass sie, wenn sie in einer Sitzung eine christliche Meinung äußert, zu hören bekommt: „Ich fühle mich in Ihrer Nähe nicht sicher" oder „Was Sie sagen, schadet mir". Diese Frau fragte mich: „Was sagen Sie, wenn jemand sagt, er fühle sich in Ihrer Nähe nicht sicher?" Sie beantwortete ihre eigene Frage und sagte, dass die Diskussion abrupt endet.

Und genau das ist der Punkt.

Dieser Rückzug in die Sprache der politischen Korrektheit soll denjenigen den Mund verschließen, die dem Zeitgeist widersprechen könnten. Bestimmte Ideen sollten nicht ausgesprochen werden. Die radikale Linke wirbt mit ihrem Engagement für Toleranz, doch ihre Toleranz erstreckt sich nur auf das Echo ihrer eigenen Stimmen. Sie sind sehr intolerant gegenüber drei Dingen, die Amerika geprägt haben: dem Christentum, der Verfassung und dem Kapitalismus.

Die Meinungsfreiheit wurde eingeengt, damit sie in einen immer enger werdenden Tunnel passt.

„Meine Pronomen sind nicht bevorzugt, sie sind obligatorisch!", schreien einige Aktivisten. Aber das Ziel einer endlosen Anzahl von Pronomen ist es, uns demoralisiert und sprachlos zu halten. Wir fürchten uns davor, auch nur einen einfachen Satz zu sagen, weil wir versehentlich ein falsches Pronomen verwenden oder etwas sagen könnten, das zeigt, dass wir nicht ganz mit der *woken* Lehre übereinstimmen. (Ob wir als Christen die bevorzugten Pronomen der Menschen verwenden sollten, wird in Kapitel 8 erörtert).

Eine Untersuchung des *Cato Institute* ergab, dass fast die Hälfte der befragten Schülerinnen und Schüler im Alter von 13 bis 22 Jahren angaben, dass sie aufgrund der vorherrschenden Atmosphäre von Intoleranz und politischer Korrektheit aufgehört hätten, sich im Klassenzimmer zu äußern. Allgemeiner ausgedrückt: „Selbstzensur ist in den Vereinigten Staaten auf dem Vormarsch. 62 Prozent der Amerikaner geben an, dass das heutige politische Klima sie davon abhält, ihre Überzeugungen zu äußern", und „77 Prozent der Konservativen ... fühlen sich gezwungen, ihre Überzeugungen für sich zu behalten."[13]

Denken Sie daran, dass das Ziel darin besteht, den Verstand einzusperren und die Menschen zur Selbstzensur zu veranlassen, damit verbotene Ansichten niemals geäußert werden. Schließlich werden die Menschen nicht mehr in der Lage sein, radikalen linken Ideen zu widersprechen, egal wie absurd sie sind, weil es kein Vokabular dafür geben wird; die Worte, die sie brauchen, werden verboten sein.

Zusammengefasst: Die radikale Linke ist bestrebt, Ideen einzuschränken. Es werden Schranken errichtet, damit jeder „in seiner Spur bleibt" und nicht in die Konservativität abschweift. Unabhängiges Denken muss zugunsten eines von der Ideologie gebilligten Gruppendenkens verboten werden. Jeder, der es wagt, gegenteilige Ideen zu äußern, wird zum Schweigen gebracht. Sie sagen uns, dass sie den Menschen nicht das Recht auf freie Meinungsäußerung verweigern, sondern lediglich versuchen, „Schadensbegrenzung" zu betreiben. Wirklich?

Diejenigen diffamieren, die nicht mit dem akzeptierten Narrativ übereinstimmen

Die radikale Linke glaubt, dass sie denjenigen moralisch überlegen ist, die anderer Meinung sind als sie. Daher schalten sie gegenteilige Ideen aus, indem sie ihre Gegner eines psychologischen und moralischen Defizits bezichtigen. Sie bezeichnen diejenigen, die anderer Meinung sind, als emotional unterentwickelt. In der Debatte geht es nicht mehr um Ideen, sondern um Fanatismus und Hass. Und Empörung verkauft sich gut.

Sind Sie gegen Abtreibung? Dann bedeutet das, dass Sie Frauen hassen. Wenn Sie gegen die gleichgeschlechtliche Ehe sind, sind Sie ein Fanatiker. Wenn Sie glauben, dass die USA starke Grenzen haben sollten, sind Sie ein Rassist. Wenn Sie gegen den radikalen Islam sind, sind Sie islamophob (ein Begriff, der von einem Muslim geprägt wurde, um jeden zu beschämen, der es wagt, den Islam zu kritisieren). Und wenn Sie gegen die diktatorische Regierung in China sind oder sich fragen, ob COVID-19 aus einem Labor in Wuhan entkommen ist, sind Sie fremdenfeindlich. Und wenn Sie glauben, dass die Menschen einen Ausweis vorzeigen sollten, um wählen zu können, dann zerstören Sie die Demokratie!

Das Narrativ ist, dass Konservative durch Hass motiviert sind, während die Linke durch edle Ideen von Gerechtigkeit und Fairness motiviert ist. Daher will die Linke Gesetze gegen Hassreden erlassen, um die Äußerung konservativer Ansichten unter dem Vorwand zu unterbinden, sie seien hasserfüllt und würden Schaden anrichten. In einer makabren Ironie rechtfertigt die Linke manchmal sogar Gewalt als „freie Meinungsäußerung".

Und wenn Sie der Meinung sind, dass man die amerikanische Flagge ehren sollte, sind Sie höchstwahrscheinlich ein *Verfechter der weißen Vorherrschaft*. Wenn Sie glauben, dass die Menschen, die in den USA leben, sich an die Verfassung halten sollten, oder dass sie Redefreiheit haben sollten, dann deshalb, weil Sie Ihre weiße Macht verteidigen wollen. Das Ziel dieser Verleumdung ist es, die Menschen zum Schweigen zu bringen.

In der Vergangenheit hat Russland die Taktik angewandt, Andersdenkende als geistig verwirrt abzustempeln. Damit sagt die Regierung: „Wenn ihr unsere Ansichten infrage stellt, erklären wir euch für geisteskrank. Du hast eine emotionale oder geistige Störung und solltest in ein Irrenhaus gesperrt werden." Tragischerweise wurden viele gesunde Menschen in Irrenhäuser gesteckt oder umgebracht, nur weil sie sich nicht an die Richtlinien des Staates hielten, nur das zu sagen, was erlaubt war.

Theodore Dalrymple, ein Gefängnisarzt, Psychiater und englischer Kulturkritiker, dessen Vater ein Kommunist war, schreibt:

> Politische Korrektheit ist versteckte kommunistische Propaganda. Bei meinem Studium kommunistischer Gesellschaften bin ich zu dem Schluss gekommen, dass der Zweck der kommunistischen Propaganda *nicht darin bestand, zu überzeugen oder zu informieren, sondern darin, zu demütigen; und deshalb war es umso besser, je weniger sie der Realität entsprach.* Wenn Menschen gezwungen werden, zu schweigen, wenn ihnen die offensichtlichsten Lügen erzählt werden, oder schlimmer noch, wenn sie gezwungen werden, die Lügen selbst zu wiederholen, verlieren sie ein für alle Mal ihren Sinn für Rechtschaffenheit ... Eine Gesellschaft, die aus entmannten Lügnern besteht, ist leicht zu kontrollieren. Ich denke, wenn man die

politische Korrektheit untersucht, hat sie denselben Effekt und ist auch dazu gedacht.[14] (Hervorhebung hinzugefügt)

Die Quintessenz: Die politische Korrektheit verlangt, dass alle Einwände gegen das linke Narrativ auf eine psychische Störung reduziert werden, die einer Therapie bedarf. Letztlich ist das Ziel immer dasselbe: zu definieren, was akzeptable Gedanken sind und was nicht. Genehmigt werden nur Wörter und Ideen, die den *woken* Richtlinien entsprechen.

Ich sollte hinzufügen, was mir ein weiser Anwalt einmal gesagt hat: Wenn die Diskussion von Ideen zu Beschimpfungen und persönlichen Angriffen übergeht – die ein Vermeidungsversuch sind –, haben Sie die Debatte eigentlich schon gewonnen. Ihr Gegner greift zu Anschuldigungen, weil er weiß, dass er in einem respektvollen Gedankenaustausch nicht gewinnen kann.

Die radikale Linke sagt: „Sie sind anderer Meinung als ich? Gehen Sie zu einem Therapeuten!"

Ideologie muss immer den Vorrang vor Fakten haben

In der Propaganda kontrolliert die Ideologie die „Fakten" und nicht die Fakten die Ideologie. Diejenigen, die Propaganda betreiben, wissen, dass Geschichte, Politik und sogar Wissenschaft immer so dargestellt werden müssen, dass sie der vorherrschenden Ideologie entsprechen. Daher werden die „Fakten" sorgfältig ausgewählt, damit sie ins Narrativ passen. Ein Gegenbeweis ist nicht zulässig. Alle Informationen werden durch ein ideologisches Raster gesiebt und danach bewertet, ob sie zur Durchsetzung der politischen, moralischen oder rassistischen Ziele verwendet werden können. In Kanada können sogar wahre Aussagen verboten werden. „Nicht alle wahrheitsgemäßen Aussagen müssen frei von Beschränkungen sein"[15], sagt Marshall Rothstein, Richter am kanadischen Supreme Court.

Leider folgen sowohl konservative als auch liberale Medien im Wesentlichen der gleichen Sendephilosophie: Ignoriere alles Gute über die politische Partei, die du ablehnst, und sage nichts Schlechtes über die politische Partei, die du unterstützt. Freue dich über die Erfolge deiner Freunde als auch über die Misserfolge deiner Feinde. Man kann keine Gemeinsamkeiten zugestehen.

Dies geschieht durch das Herauspicken von Informationen, die in die gewünschte Darstellung passen. So wurde beispielsweise während des Truckerstreiks in der kanadischen Hauptstadt Ottawa im Jahr 2022 eine Nazi-Flagge entrollt. (Bei einer großen Demonstration gibt es fast immer eine Person, die die Publicity ausnutzen will.) Das bot den linken Medien die nötige Angriffsfläche, um die Trucker als Nazis und Rassisten darstellen zu können. Eine Abgeordnete, Ya'ara Saks, hielt eine Rede, in der sie sagte, der Gruß „Honk Honk" unter Truckern sei ein Euphemismus für „Heil Hitler" (weil die Wörter alle mit dem Buchstaben H beginnen).[16]

Auch wenn während der dreiwöchigen Demonstration Tausende von kanadischen und amerikanischen Flaggen wehten, keine Denkmäler abgerissen und keine Gebäude in Brand gesetzt wurden, wurden die Trucker als Terroristen und sogar als Nazis bezeichnet. Die *Washington Post* bezeichnete den Freiheitskonvoi als „explizit rassistisch" und argumentierte, dass „der Glaube, dass man ein Recht auf Freiheit hat, eine Schlüsselkomponente der weißen Vorherrschaft ist."[17] Denken Sie daran: Nicht Fakten zählen, sondern Bilder und Emotionen!

Die Art und Weise, in der die Medien Geschichten entweder verherrlichen oder unterschlagen, lässt sich am Kontrast zwischen der Berichterstattung über zwei verschiedene Ereignisse erkennen. Sehen wir uns an, wie die Medien über die Geschichte von Kyle Rittenhouse in Kenosha, Wisconsin, berichtet haben. Einige Medien nutzten die Geschichte aus, indem sie ihn als Rassisten beschimpften, weil er weiß war (obwohl auch alle drei Menschen, die er in Notwehr erschossen hatte, weiß waren). Lange bevor die Fakten ans Licht kamen, gab es Spekulationen und Lügen über ihn: Er sei ein „weißer Rassist", er gehöre „einer Miliz" an, er habe „eine Waffe über die Staatsgrenzen gebracht", und andere derartige Anschuldigungen wurden von den linken Medien wiederholt verbreitet.

Offensichtlich können sich einige Nachrichtenagenturen nicht zurückhalten, Urteile zu fällen, bevor die Fakten geklärt sind. Schon früh sahen einige darin die Gelegenheit, sich dem Hass ihres rassistischen Narrativs hinzugeben, und zogen voreilige Schlüsse, die sie unbedingt für wahr halten wollten. Später wurde Rittenhouse von einem Geschworenengericht freigesprochen und dabei wurden alle Lügen aufgedeckt, die über ihn verbreitet worden waren.

Im Gegensatz dazu wurde über die Geschichte von Darrell E. Brooks berichtet, der im Dezember 2021 mit seinem Lieferwagen absichtlich in eine Weihnachtsparade in Waukesha, Wisconsin, fuhr, wobei sechs Menschen getötet und zahlreiche weitere verletzt wurden. Anfangs erwähnten einige Nachrichtenagenturen nicht einmal seinen Namen, und innerhalb weniger Tage war die Geschichte ganz verschwunden.

Rittenhouse erschoss drei Menschen in Selbstverteidigung; Brooks tötete absichtlich so viele Menschen wie möglich. Aber seine Geschichte fiel weg, weil sie nicht für rassistische oder politische Zwecke ausgenutzt werden konnte.

Die Propaganda kontrolliert also nicht nur das, was gesagt wird, sondern auch das, was *nicht* gesagt wird.

Aldous Huxley bemerkte: „Die größten Triumphe der Propaganda wurden nicht dadurch erzielt, dass man etwas tat, sondern dadurch, dass man es unterließ. Groß ist die Wahrheit, aber noch größer ist, vom praktischen Standpunkt aus betrachtet, das Schweigen über die Wahrheit."[18]

Wir alle kennen Fälle, in denen ein Sender oder eine Nachrichtensendung eine Geschichte „begraben" hat, mit der klaren Absicht, entweder eine rassistische oder politische Darstellung aufrechtzuerhalten oder alles herunterzuspielen, was ihren Botschaften widersprechen könnte. Es geht nicht nur darum, die Nachrichten zu verbreiten, sondern sie zu *kontrollieren*.

Wie man so schön sagt: „Derjenige, der die beste Geschichte erzählt, gewinnt!"

Ehrbare Begriffe verwenden, aber ihnen eine weniger ehrbare Bedeutung geben

Es gibt vielleicht keine zwei Wörter, die so oft verwendet – oder missbraucht – werden, wie *Gleichheit* und *Gerechtigkeit*. Sie wollen für Ihre Sache werben? Verwenden Sie einfach eines dieser Wörter (oder beide), und Sie werden sofort Anhänger gewinnen. Denn wer möchte nicht auf der Seite von Gleichheit und Gerechtigkeit stehen? Eine solche Sprache ist in der Heiligen Schrift verwurzelt und sollte uns zum Handeln motivieren.

Die Begriffe Gleichheit und Gerechtigkeit sind stark, weil sie an unseren Wunsch nach Fairness appellieren und auch in der Unabhängigkeitserklärung festgehalten sind: „Alle Menschen sind gleich geschaffen." Wenn man etwas als Gleichheits- oder Gerechtigkeitsproblem bezeichnet, wird jedes Thema zu einem Gespräch über Menschenrechte hochstilisiert.

Tim Keller erzählt, wie er an einer Sitzung teilnahm, in der die Teilnehmer darüber diskutierten, wer ihre Organisation vertreten sollte. Einige waren der Meinung, dass es ein weibliches Mitglied der Belegschaft sein sollte, das über ein höheres Dienstalter verfügte; andere sprachen sich für einen jungen Mann aus, der sehr begabt war. Schließlich sagte jemand, der die Frau unterstützte, dass sie es verdiene, gewählt zu werden, weil „es eine Frage der Gerechtigkeit sei".

Keller fährt fort:

> Das lag daran, dass es eine Art Trumpfkarte ist, wenn man in unserer Gesellschaft etwas als „Gerechtigkeitsproblem" bezeichnet. Wenn man gegen jemanden argumentiert, der plötzlich verkündet, dass seine Position diejenige ist, die Gerechtigkeit fördert, gibt es keine Verteidigungsgrundlage mehr. Wenn man weiterhin für sein eigenes Argument einsteht, stellt man sich auf die Seite der Ungerechtigkeit, und wer will das schon tun?[19]

Wir sollten die Linke für ihr Streben nach Gerechtigkeit loben, aber die Gerechtigkeit, die sie anstrebt, ist in einem säkularen Wertesystem verwurzelt. Jede Theorie der Gleichheit oder Gerechtigkeit basiert auf einer Weltanschauung, einer moralischen Sichtweise. Und Gott betrachtet nicht alle moralischen Standpunkte als gleich gerecht. Keller hat es richtig verstanden:

> Das Streben nach Gerechtigkeit in der Gesellschaft ist niemals moralisch neutral, sondern beruht immer auf einem Verständnis der Realität, das im Wesentlichen religiöser Natur ist. Christen sollten in ihrer Sprache oder Haltung nicht scharf und verurteilend sein, aber sie sollten auch nicht über die biblischen Wurzeln ihrer Leidenschaft für Gerechtigkeit schweigen.[20]

Was vor Gott gerecht ist, unterscheidet sich sehr von dem, was vor einer säkularen Welt gerecht ist. Die „Umweltgerechtigkeit" (also der „Green New Deal"), von der wir heute hören, stellt eine ganze Weltanschauung dar, von der viele Wissenschaftler und Ökonomen glauben, dass sie mehr Schaden als Nutzen bringt. Die „reproduktive Gerechtigkeit"* bezieht sich auf Abtreibung. Und die Liste geht weiter.

Es gibt keine Gerechtigkeit jenseits von Gottes Wahrheit. Wenn Sie sich von Gottes Wort entfernen, können Sie Ihre Sache zwar als gerecht bezeichnen, aber nur durch Ihre Worte ist sie noch lange nicht gerecht.

---

* Ein in den 1990er-Jahren in den USA mobilisiertes Aktivistenkonzept, das nicht nur Abtreibungsrechte, sondern auch Bevölkerungspolitik, Verhütungspolitik, Familien- und Rollenmodelle, Reproduktionstechnologien, Geburtenkontrolle und vieles mehr umfasst. (Anm. d. dt. Hg.)

Ich habe oft darüber nachgedacht: Im Buch der Richter lesen wir, dass in jenen Tagen „jeder tat, was recht war in seinen Augen" (siehe Ri 21,25). Beachten Sie, dass die Menschen nicht das taten, was sie für falsch hielten, sondern das, was sie für *recht* und *gerecht* hielten. Wenn Worte wie *Recht, Gerechtigkeit* oder *Gleichheit* ohne Gottes Offenbarung verwendet werden, können sie auf jede nur denkbare Gräueltat angewendet werden. Um ein extremes Beispiel zu nennen: Hitler dachte, die Vernichtung der Juden sei die „Gerechtigkeit", die sie verdienten.

Einer der vielleicht wichtigsten Bibelverse über Gerechtigkeit steht im Buch Jesaja: „So ist das Recht zurückgedrängt, und die Gerechtigkeit steht ferne. Denn die Wahrheit ist gestürzt auf dem Marktplatz, und die Geradheit findet keinen Eingang. So geschieht es, dass die Wahrheit fehlt, und wer sich vom Bösen fernhält, wird beraubt. Und der HERR sah es, und es war böse in seinen Augen, dass es kein Recht gab" (Jes 59,14-15). Es gibt keine Gerechtigkeit jenseits von Gottes Wahrheit. Wenn Sie sich von Gottes Wort entfernen, können Sie Ihre Sache zwar als gerecht bezeichnen, aber nur durch Ihre Worte ist sie noch lange nicht gerecht.

Jeder Christ sollte auf eine biblische Gerechtigkeit hinarbeiten und für sie eintreten, die mindestens Folgendes umfasst: die Verteidigung der Armen und Hilflosen, die Gleichstellung von Menschen vor dem Gesetz und die Aufopferung für das Wohl anderer durch Barmherzigkeit. Biblisch gesehen verlangt Gerechtigkeit, dass wir niemanden bevorzugen oder übervorteilen. Manchmal ist biblische Gerechtigkeit vergeltend, wie im Fall der Bestrafung von Übeltätern. Für eine umfassendere Sicht dessen, was biblische Gerechtigkeit erfordert, empfehle ich das Buch *Kingdom Race Theology* (dt. etwa: königreichsbezogene Rassentheologie; in Anspielung auf die kritische Rassentheorie) von Tony Evans, das hilfreiche Unterscheidungen zwischen der sogenannten sozialen Gerechtigkeit und der wahren biblischen Gerechtigkeit trifft.

In der Bibel wird Gerechtigkeit immer als eine Handlung beschrieben – sie ist nie an die ethnische Zugehörigkeit oder Rasse

einer Person gebunden. Für das hebräische Denken ist Unterdrückung (die ungerecht ist) nie eine Sache der Identität, sondern dessen, was eine Person tut. Deshalb werden in der Bibel viele Warnungen an die Reichen ausgesprochen, aber es wird nie von *allen*
Reichen als Unterdrückern und *allen* Armen als Unterdrückten
gesprochen. Die Bibel betont persönliche Verantwortung und individuelles Handeln.

Betrachten wir das Wort *Gleichheit*. Wie die Gerechtigkeit ist
auch die Gleichheit niemals moralisch neutral; sie beruht auf einer
Weltanschauung. Von der Gleichheit (o. Gleichstellung) der Ehe zu
sprechen, um die gleichgeschlechtliche Ehe zu rechtfertigen, ist also
ein Missbrauch des Begriffs *Gleichheit*. Dasselbe gilt für die Gleich-
heit (o. Gleichstellung) der Geschlechter, die heute gleiche Rechte für
Männer bedeutet, die sich als Frauen identifizieren. Wirtschaftliche
Gleichheit ist ein Synonym für Sozialismus. Nicht alle moralischen
Standpunkte sind gleich. Deshalb ist der geplante *Equality Act* (dt.:
Gleichstellungsgesetz)[21] eine solche Bedrohung für die traditionelle
Moral; er würde unmoralischen Praktiken verschiedener Art eine
Rechtsgrundlage verleihen.

Ein letztes Wort zur Gleichheit: Die Bibel sorgt nicht für Ein-
heit, indem sie unsere Unterschiede hervorhebt, sondern unsere
Gemeinsamkeiten. Wir sind alle gleich geschaffen, und wir sind alle
Sünder, die gleichermaßen Gottes Eingreifen und Gnade benötigen.
Wir sind gleichermaßen wegen unserer Sünde verurteilt (Röm 3,23),
gleich in Christus (Gal 3,26-28; Kol 3,11) und gleich als Glieder am
Leib Christi (Eph 5,30).

Neben diesen Gemeinsamkeiten gibt es jedoch auch Unterschiede, die wir anerkennen müssen. Wir sind nicht alle gleich, was unsere Fähigkeiten, unsere Intelligenz oder unseren sozioökonomischen
Status angeht. Wir sind auch nicht gleich in Bezug auf Einfallsreichtum, Vorstellungskraft oder Ziele. Wir sind auch nicht alle gleich,
was unser Aussehen oder unsere Herkunft betrifft. Es ist ein Fehler
anzunehmen, dass alle Ungleichheiten das Ergebnis von Diskriminierung sind – einige mögen es sein, aber viele sind es nicht.

Wir müssen uns darüber im Klaren sein, was wir mit den Begriffen *Gerechtigkeit* und *Gleichheit* meinen und was nicht. Es sind ehrenwerte Worte, die oft für unehrenhafte Ziele missbraucht werden. „Böse Menschen verstehen nicht, was recht ist; die aber den HERRN suchen, verstehen alles" (Spr 28,5).

Wie können wir der Propaganda entgegentreten?

Seit der breitflächigen Internetnutzung, Verfügbarkeit von Nachrichtensendungen und dem Aufkommen der sozialen Medien sind wir in eine Glaubwürdigkeitskrise geraten. Angesichts der vielen verfügbaren Informationen fragen sich vor allem junge Menschen: „Wem kann man trauen?" Die Antwort auf diese Frage ist selten einfach, sondern meist schwierig.

Wie können wir die Wahrheit von Halbwahrheiten und Lügen unterscheiden? Wir müssen damit beginnen, mit dem Apostel Paulus zu beten, „dass eure Liebe noch mehr und mehr überreich werde in *Erkenntnis* und aller *Einsicht*, damit ihr prüft, worauf es ankommt, damit ihr lauter und unanstößig seid auf den Tag Christi" (Phil 1,9-10). Einsicht ist heute mehr denn je gefragt.

Wir müssen uns auch konkret entscheiden, keine Kanäle für Propaganda zu sein. Wiederum bekräftigen wir mit Paulus: „Wir arbeiten weder mit Tricks noch verfälschen wir das Wort Gottes, sondern diese Wahrheit lehren wir offen und frei. Dadurch empfehlen wir uns vor den Augen Gottes dem Gewissensurteil aller Menschen" (2Kor 4,2; NeÜ).

Und nun zu einigen Grundsätzen, die uns helfen sollen.

Verstehen, dass Information nicht Weisheit ist

Informationen kommen von überall her zu uns. Junge Menschen müssen heute nicht mehr nach Ideen suchen; die Ideen suchen nach ihnen. Und Informationen sind nie neutral; sie sind immer mit Annahmen und Absichten verbunden. Wir müssen erkennen, dass die

Wahrheit selten an der Oberfläche liegt, sondern gesucht werden muss. Fleiß, Unterscheidungsvermögen und eine biblische Weltanschauung geben uns Orientierung. Man kann sich im Internet Fakten besorgen (was allerdings immer schwieriger wird), aber man kann sich dort keine Weisheit holen, oder das, was die Bibel auch Erkenntnis nennt.

> Mein Sohn, wenn du meine Reden annimmst und meine Gebote bei dir verwahrst, indem du der Weisheit dein Ohr leihst, dein Herz dem Verständnis zuwendest, ja, wenn du den Verstand anrufst, zum Verständnis erhebst deine Stimme, wenn du es suchst wie Silber und wie Schätzen ihm nachspürst, dann wirst du verstehen die Furcht des HERRN und die Erkenntnis Gottes gewinnen. (Spr 2,1-5)

Schätze liegen normalerweise nicht einfach auf dem Boden herum; wir müssen bereit sein, unter der Oberfläche zu graben, um sie zu finden. Oberflächliche Antworten auf komplexe Fragen sind nur selten richtig. Wir brauchen Gottes Weisheit, um die Wahrheit vom Irrtum zu unterscheiden. Die Suche nach der Wahrheit bedeutet manchmal, dass man sich mit einem Urteil zurückhält; ein kluger Mensch neigt nicht zu voreiligen Schlüssen und vorschnellen Reaktionen auf die neueste Empörung.

Das Streben nach Weisheit und nicht nur nach Information ist eines der Dinge, die in unserer Zeit am dringendsten gebraucht werden. Und als Warnung möchte ich die bereits zitierten Worte von Booker T. Washington zusammenfassen: Eine Lüge wird nicht zur Wahrheit, nur weil sie von der Mehrheit akzeptiert wird.

Die Etiketten entfernen

Nur einen Block von der *Moody Church* in Chicago entfernt befindet sich eine Apotheke, in die 1982 ein Mann eindrang, mehrere Flaschen Tylenol aus dem Regal nahm und sie mit Zyanidkapseln füllte.

Insgesamt starben sieben Menschen, die dachten, sie würden Medikamente einnehmen, ohne zu wissen, dass sie in Wirklichkeit Gift zu sich nahmen. Daraufhin wurden alle Medikamente mit Schutzhüllen verpackt und Gesetze erlassen, die Manipulationen verhindern sollten. Dies ist ein eindrucksvolles Beispiel dafür, wie irreführend Etiketten sein können.

Wenn auf dem Etikett so etwas wie *„soziale Gerechtigkeit"* oder *„Black Lives Matter"* steht, finden Sie heraus, was es wirklich bedeutet! Vielleicht entdecken Sie, dass es einiges gibt, was Sie unterstützen können, auch wenn Sie die zugrunde liegende Philosophie ablehnen sollten. Das Gleiche gilt für all die anderen Wörter und Ausdrücke, die in der säkularen Gesellschaft verwendet werden, insbesondere solche, die unserem christlichen Erbe entlehnt sind. Fallen Sie nicht auf Etiketten oder hitzige Rhetorik herein, die darauf abzielen, zu zündeln statt aufzuklären, eine Ideologie zu rechtfertigen statt eine ausgewogene Sichtweise zu präsentieren.

Verwenden Sie, wenn möglich, mehrere Informationsquellen

Während der COVID-19-Pandemie wurde uns immer wieder gesagt, dass bestimmte öffentliche Entscheidungsträger „der Wissenschaft folgen", aber es gab widersprüchliche wissenschaftliche Ansichten. Es wäre für die Wissenschaft von Vorteil gewesen, wenn die ganze Angelegenheit nicht politisiert worden wäre. Wissenschaftliche Schlussfolgerungen sind nicht unumstößlich; manchmal müssen frühere wissenschaftliche „Erkenntnisse" aufgrund neuerer Daten geändert werden. Aber beide Seiten gaben keinen Zentimeter nach und konnten der jeweils anderen Seite keine Zugeständnisse machen. Einige, die sagten, sie würden der Wissenschaft folgen, glaubten tatsächlich, dass sie das taten. Andere wussten es besser und folgten dennoch einem bestimmten Narrativ.

In der Folge lernten wir, dass wissenschaftliche Aussagen dazu benutzt werden können, etwas zu „legitimieren", was sich in Wirklichkeit als falsch herausstellen könnte. Gillian Flynn schrieb: „Die

Wahrheit ist formbar; man muss nur den richtigen Experten auswählen."[22] In der Tat, formbar.

Bitte verstehen Sie mich nicht falsch. Ich bin für die Wissenschaft
sehr dankbar. Ich bin dankbar für Impfstoffe und wissenschaftlichen
Fortschritt; ich bin froh über all den wissenschaftlichen Fortschritt,
der uns den Komfort und die Gesundheitsversorgung gegeben hat,
die wir heute genießen. Ich will damit nur sagen, dass wir oft mehrere Standpunkte in Betracht ziehen müssen und nicht blind denjenigen folgen sollten, die behaupten, sie hätten recht, weil sie „der
Wissenschaft folgen".

Es ist nicht notwendig, zu allem eine feste Meinung zu haben. Oft
müssen wir geduldig und unvoreingenommen abwarten. Wir sollten Gottes Weisheit suchen und nicht in einer Haltung der Autorität
über Dinge sprechen, wenn wir selbst nicht sicher sind, was richtig
oder wahr ist.

Wir brauchen Weisheit, um zu wissen, wann wir sprechen und
was wir sagen sollen. Wir müssen Gedankenfreiheit und Meinungsverschiedenheiten über Themen zulassen, die die ewigen Wahrheiten des Evangeliums nicht berühren.

Aber *Wissenschaft ohne Integrität ist eindeutig Propaganda.*

Hören Sie auf eine vertrauenswürdige Stimme

Die Wahrscheinlichkeit, dass wir von der Propaganda getäuscht werden, würde sich erheblich verringern, wenn wir genauso viel Zeit
mit dem Lesen der Bibel verbringen würden wie mit dem Verfolgen der Nachrichten. Die Heilige Schrift ist eine Linse, durch die wir
die Welt klarer sehen können. Unsere ultimative Autorität ist nicht
ein bekannter Nachrichtensender oder ein großes Medienunterneh-
men. Wir müssen uns in erster Linie an die eine Stimme wenden, der
wir vertrauen können: Jesus Christus. Gott weist uns an: „Dieser ist
mein geliebter Sohn, an dem ich Wohlgefallen gefunden habe. Ihn
hört!" (Mt 17,5).

Einer unserer Pastoren in der Moody Church war mit seiner Frau
bei der Geburt ihres ersten Kindes im Krankenhaus. Plötzlich brach

Panik aus, als die Schulter des Babys im Geburtskanal stecken blieb. Der junge Vater wurde unruhig.

Der Arzt kam zu ihm, sah ihm direkt in die Augen und sagte: „Gleich wird dieser Raum mit zwanzig Personen gefüllt sein, und es wird viel Trubel herrschen. Aber denken Sie daran: Wir haben das schon mal gemacht. Wir wissen, was wir tun, und alles wird gut werden."

Das Verhalten des Vaters änderte sich. Die Sorge verwandelte sich in hoffnungsvolle Vorfreude. Und ja, sie wussten, was sie taten, und alles war in Ordnung. Ihre Tochter kam sicher und gesund auf die Welt.

Wenn Sie heute nicht wissen, wem Sie in dem Durcheinander der Stimmen, die für diesen oder jenen Standpunkt plädieren, vertrauen können, hören Sie auf die Stimme, von der Sie mit Sicherheit wissen, dass sie immer die Wahrheit spricht. Bevor Sie sich morgens Ihrem Smartphone zuwenden, lesen Sie Gottes Wort. Hören Sie auf seine Stimme. „Die Worte des HERRN sind reine Worte – Silber, am Eingang zur Erde geläutert, siebenmal gereinigt" (Ps 12,7).

Wir müssen uns daran erinnern, dass Gott die Wahrheit kennt, und je enger wir mit ihm zusammenleben, desto eher werden wir vor Irrtümern bewahrt.

Wir befinden uns in einem Rennen, bei dem uns die Leute von der Tribüne aus alle möglichen Mitteilungen zurufen. Und alle Läufer scheinen in eine andere Richtung zu laufen und sich darüber zu streiten, wo die Ziellinie sein soll. Wir werden durch unterschiedliche Meinungen darüber abgelenkt, wer im Rennen ist, wer gewinnen sollte und wer verlieren wird. Die Verwirrung greift um sich, und in der Regel wird derjenige gehört, der das lauteste Megafon hat, auch wenn er vielleicht die falsche Botschaft verkündet.

Wir müssen uns daran erinnern, dass Gott die Wahrheit kennt, und je enger wir mit ihm zusammenleben, desto eher werden wir vor Irrtümern bewahrt. Er versichert uns: Am Ende wird „alles gut werden".

Zwei Zusagen für den Alltag

Die erste Verheißung erinnert uns an die Gewissheit der Absichten Gottes; die zweite zeigt uns das Endergebnis dieser Absichten und Pläne. Nach Gottes gutem Ratschluss wird das Durcheinander der Stimmen, die im Laufe der Geschichte geschrien haben, ein Ende haben, und ein vereintes Volk wird Gott preisen wie mit einer Stimme.

> Ja, ich bin Gott und keiner sonst. Es gibt keinen Gott, der mir gleicht. Von Anfang an habe ich den Ausgang gezeigt, lange im Voraus die ferne Zukunft vorhergesagt. Meine Pläne verwirkliche ich, und was ich mir vornehme, das tue ich auch. (Jes 46,9-10; NeÜ)
>
> Nach diesem hörte ich etwas wie eine laute Stimme einer großen Volksmenge im Himmel, die sprachen: Halleluja! Das Heil und die Herrlichkeit und die Macht sind unseres Gottes! (Offb 19,1)

Eine große Volksmenge, *eine* laute Stimme! In der Ewigkeit werden wir die unverfälschte, ungefilterte und unwidersprochene Wahrheit genießen, und endlich werden wir uns alle über alles einig sein! Und Gott wird wirklich Gerechtigkeit für alle bringen.

„Der Herr, unser Gott, der Allmächtige, hat die Herrschaft angetreten" (Offb 19,6b).

Ein Held, der keinen Grund hatte, sich zu verstecken

Stellen Sie sich vor, ein Soldat schießt auf gut Glück einen Pfeil ab, und dieser Pfeil tötet einen König, und das alles nur, weil Gottes Wort erfüllt werden muss. Dies ist die Geschichte eines treuen Propheten, der gefangen genommen wurde, weil er den Herrschenden die Wahrheit sagte. Obwohl die Geschichte einige Wendungen hat und vor langer Zeit stattfand, ist sie für uns von Bedeutung. (Sie können sie selbst in 1. Könige 22 nachlesen.) Nach der Herrschaft von König Salomo wurde das Land Israel in zwei Königreiche geteilt. Jahre später regierte König Joschafat im Südreich (Juda) und König Ahab im Nordreich (Israel). Sie beschlossen, gemeinsam zu kämpfen, um eine Stadt 40 Kilometer nördlich des Sees Genezareth einzunehmen.

König Joschafat überzeugte König Ahab davon, dass sie Gott fragen sollten, ob dies eine weise Entscheidung sei und sie gewinnen oder verlieren würden. Stattdessen suchte König Ahab den Rat seiner Berater (die Propheten des Gottes Baal waren). Alle 400 Propheten sagten den beiden Königen genau das, was diese hören wollten. Sie sagten allesamt: „Gott wird euch den Sieg über eure Feinde geben."

Beide Könige freuten sich über die gute Nachricht, aber Joschafat hatte Zweifel, ob die Berater die Wahrheit sagten. Er fragte, ob es einen Propheten des Herrn gäbe, den sie fragen könnten. Ahab antwortete widerwillig, dass es noch einen solchen Propheten gebe, Micha, aber „er weissagt nichts Gutes über mich, sondern nur Böses" (Vers 8). Mit anderen Worten: „Ich mag ihn nicht, weil er mir die Wahrheit sagt."

Joschafat bestand darauf, Micha zu rufen, und wie Sie sich denken können, prophezeite Micha, dass ein Angriff auf die Stadt im Norden eine Katastrophe sein würde. Wegen dieser Vorhersage ließ Ahab Micha verhaften und ins Gefängnis werfen. Das war die antike Version der *Cancel Culture*.[*]

---

[*] Systematischer Boykott von Menschen oder Gruppen, denen diskriminierende Haltungen vorgeworfen werden. (Anm. d. dt. Hg.)

Trotz Michas Prognose versammelten Ahab und Joschafat ihre Truppen und zogen in den Krieg. Um sich im Kampf zu schützen, verkleidete sich Ahab, um nicht erkannt zu werden. Doch wir lesen: „Einer ihrer Kämpfer aber schoss auf gut Glück einen Pfeil ab und traf den König von Israel zwischen Gurt und Panzer" (Vers 34; NeÜ). Das Blut lief auf den Boden des Wagens, und noch in der gleichen Nacht starb der König.

Ein nicht identifizierter Soldat, ein zufälliger Pfeil, und die Prophezeiung des Micha wurde erfüllt!

Soweit wir wissen, starb Micha im Gefängnis. Er hatte der Propaganda von 400 falschen Propheten widersprochen und den Preis dafür bezahlt. Das Aussprechen der Wahrheit beendete seine Karriere.

Aber für Micha war die Wahrheit wichtiger als die Reaktion des Königs, und Integrität war wichtiger als die Zustimmung des Pöbels. Nur was Gott dachte, war wichtig. Er kannte die Lektion aus Sprüche 23,23: „Kaufe Wahrheit und verkaufe sie nicht."

Welchen Preis sind wir bereit zu zahlen, wenn wir die Wahrheit sagen?

Aktionsschritt

Verbringen Sie nicht übermäßig viel Zeit damit, die Nachrichten zu sehen und zu hören. Verbringen Sie genauso viel Zeit – oder sogar mehr – mit dem Lesen der Bibel. Suchen Sie nach Weisheit, nicht nur nach Informationen.

Vermeiden Sie es, Propaganda zu verbreiten. Sprechen Sie stattdessen die Wahrheit in Liebe. Nehmen Sie politische Meinungen und Urteile nicht so ernst wie das Evangelium.

Das alte Sprichwort „Predige das Evangelium jederzeit; wenn nötig benutze Worte dazu" ist irreführend. Wenn Sie nur ein wunderbares christliches Leben führen, werden die Menschen Ihren Charakter vielleicht nicht Christus zuschreiben. Beten Sie, dass Gott Sie zu Menschen führt, mit denen Sie Ihr Zeugnis teilen können. Und fordern Sie diejenigen, die sich den vorherrschenden Narrativen unterworfen haben, auf, ihre Sichtweise zu überdenken. Stellen Sie Fragen, seien Sie freundlich, aber sagen Sie auch die Wahrheit, die andere vielleicht nicht hören wollen. Wir können nicht alles wissen, aber es gibt einige Gewissheiten in Gottes Wort, die wir verteidigen müssen.

Und wenn Sie ein Pastor, ein Lehrer oder ein Leiter sind: „Kaufen Sie Wahrheit und verkaufen Sie sie nicht", egal, was es kostet.

KAPITEL 7

Werden wir einen Kompromiss mit der christlichen Linken eingehen?

Ich komme bald. Halte fest, was du hast,
damit niemand deinen Siegeskranz nimmt!
JESUS CHRISTUS, OFFENBARUNG 3,11

Jetzt kommt der schwierige Teil.

Die *Woke*-Kultur, über die ich schreibe, findet zurzeit ihren Weg in evangelikale Gemeinden und führt in einigen Fällen zu einer Kompromittierung des Evangeliums. Vielen aufrichtigen und treuen Gläubigen erscheint es richtig und gut, sich der Kultur zu beugen, weil es differenziert und im Zeichen der Liebe und des Mitgefühls geschieht.

Ich bete dafür, dass das, was ich in diesem Kapitel schreibe, dazu beiträgt, die Gemeinde zu vereinen, und nicht zu weiteren Unstimmigkeiten und Schuldzuweisungen führt. Meine Absicht ist es, mehr Klarheit zu schaffen, nicht Spaltung. Sollte dieses Kapitel dennoch zu einer gewissen Spaltung führen, so hoffe ich, dass dies aus den richtigen Gründen geschieht.

Die Gemeinde befand sich schon immer in einem Kampf um die Wahrheit. Jede Generation steht vor der Herausforderung, das Evangelium zu verteidigen.

Eine Warnung aus der Vergangenheit

Bevor wir darüber sprechen, was heutzutage geschieht, wollen wir uns die Worte von Horatius Bonar, einem schottischen Prediger, zu Gemüte führen, die er über den Teufel und das Evangelium schrieb. Ich möchte Sie ermutigen, jedes Wort zu lesen:

> Er [der Teufel] kommt als Engel des Lichts, um in die Irre zu führen, während er jedoch vorgibt, zu leiten; um zu blenden, während er vorgibt, die Augen zu öffnen; um zu verdunkeln und zu verwirren, während er vorgibt, zu erleuchten und zu leiten. Er nähert sich uns mit schönen Worten auf seinen Lippen: Liberalität, Fortschritt, Kultur, Freiheit, Entfaltung, Reichtum, Wissenschaft, Literatur, Wohlstand – ja, sogar Religion.
>
> ... Er kann das Evangelium leugnen oder verwässern; er kann es verdunkeln oder neutralisieren – wie es ihm gerade in die Karten spielt ... er wütet gegen den wahren Gott – manchmal offen und brutal, zu anderen Zeiten ruhig und höflich – und er macht die Menschen glauben, dass er der Freund der Wahrheit und der Feind ihrer Perversion ist. Fortschritt, Fortschritt, Fortschritt lautet seine Parole, durch die er hofft, die Menschen von den alten Ankern zu lösen, unter dem Vorwand, ihnen Lehren zu geben, die umfassender, vollständiger und genialer sind.[1]

Man könnte meinen, dass Horatius Bonar heute noch lebt und unter uns weilt, und diese Worte nicht bereits vor 150 Jahren geschrieben hat, als er die Strategie des Teufels beschrieb: „Fortschritt, Fortschritt, Fortschritt" ist das Mantra, das der Teufel benutzt, „um die Menschen von den alten Ankern zu lösen."

Die DEI-Ideologie hat sich zu einem trojanischen Pferd entwickelt, das unter dem Deckmantel der Relevanz und des Mitgefühls heimlich in die Gemeinde eingedrungen ist. Pastor und Redner Lucas Miles schreibt:

> Anders als das hölzerne Pferd, das in Troja einfiel, wurde dieses moderne trojanische Pferd aus dem trügerischen Holz der überlegenen Moral, des erhabenen Wissens, der überlegenen „Liebe" und der heiligen Sprache gebaut, die jeden in Frage stellt, der nicht mit den von der Linken vertretenen moralischen Positionen übereinstimmt ... während im Inneren der Hinterhalt gegen die wahren christlichen Werte lauert.[2]

Um nur ein Beispiel zu nennen: *Bethany Christian Services*, eine große evangelikale Organisation, die Kinder an Pflegefamilien vermittelt, hat sich nun der radikalen LGBTQ-Gemeinschaft gebeugt und bringt Kinder bei gleichgeschlechtlichen Paaren unter. „Der Glaube an Jesus steht im Mittelpunkt unseres Auftrags", so ihre Aussage. „Aber wir erheben keinen Anspruch auf eine Position zu den verschiedenen lehrmäßigen Fragen, über die Christen unterschiedlicher Meinung sein können."[3]

Die gleichgeschlechtliche Ehe gehört jedoch nicht zu den Lehren, über die Christen im Unklaren gelassen werden; homosexuelle Beziehungen werden sowohl im Alten als auch im Neuen Testament verurteilt. In den 2000 Jahren der Kirchengeschichte war dies nie umstritten.

Die Grundlage für deren Entscheidung? Die Organisation hatte die *Barna Group,* ein christliches Meinungsforschungsinstitut, beauftragt, die Ansichten bekennender Christen über LGBTQ-Adoptionen herauszufinden. 55 Prozent der Befragten waren der Meinung, dass die sexuelle Präferenz nicht darüber entscheiden sollte, wer als Pflege- oder Adoptivfamilie in Frage kommt, da es für ein Kind besser sei, in einer LGBTQ-Adoptivfamilie zu leben als in einer Pflegefamilie.

Diese theologische Entscheidung trafen sie auf der Grundlage von Meinungsumfragen.

Al Mohler schreibt: „Der Versuch, neu zu definieren, was es bedeutet, eine Mutter, ein Vater und eine Familie zu sein, ist ein Versuch, die Gesellschaft neu zu definieren. So hoch gesteckt sind ihre Ansprüche. Es geschieht auch vor unseren Augen."[4] Der Vermittlungsdienst *Bethany*, der auf den *Woke*-Zug aufgesprungen ist, war gezwungen, mit diesem Zug bis in den Bahnhof einzufahren. Es gab keine Haltestellen.

Später gaben sie außerdem bekannt, ihnen sei klar geworden, dass schwarze Kinder ihre schwarze Identität verlieren würden, wenn sie in weiße Familien hineinadoptiert würden. Die Frage ist nun also nicht mehr, ob das beste Zuhause eines mit christlichen Werten ist, sondern ob das Kind seine ethnische Zugehörigkeit und seine Kultur behalten kann. Selbst wenn man die schwerwiegenderen Probleme außer Acht lässt, besteht das Problem beim Beschreiten des *Woke*-Weges darin, dass sich die Kultur so schnell verändert, dass man möglicherweise nicht Schritt halten kann.

Im ersten Kapitel habe ich die Frage gestellt: *Werden wir die Heilige Schrift durch die Brille der Kultur interpretieren, oder werden wir die Kultur durch die Brille der Heiligen Schrift interpretieren?* Die Art und Weise, wie wir diese Frage beantworten, wird die künftige Richtung der Gemeinde bestimmen.

Ich glaube, dass *der Hinterhalt gegen das historische Christentum bereits hinter den Mauern der Evangelikalen lauert.*

Was passiert, wenn eine Gemeinde woke wird

Die folgende Geschichte basiert auf Informationen, die ich von besorgten Gläubigen erhalten habe, deren Gemeinden *woke* wurden. Vielleicht sind Ihnen ähnliche Geschichten bekannt. Mit einigen leichten Änderungen zum Schutz der Beteiligten möchte ich mit der Beschreibung einer dieser Gemeinden beginnen, wie sie mir von einem Freund erzählt wurde.

Die betreffende Gemeinde hat einen ausschließlich weißen Mitarbeiterstab, aber die Gemeinde selbst ist vielfältig und spiegelt die Zusammensetzung ihres Viertels wider. Weiße, Schwarze, Handwerker, Manager und Fabrikarbeiter kommen hier zusammen, konzentrieren sich auf das Evangelium und beten gemeinsam den Herrn an. Dies ist der Bericht meines Freundes:

Dann kam es zu den Ausschreitungen in Charlottesville, und die Mitarbeiter sprachen zur Gemeinde und warnten sie vor den Gefahren des christlichen Nationalismus. Was gesagt wurde, war umstritten, aber verständlich.

Von diesem Zeitpunkt an gab es jeden Sonntag mindestens „zwei Minuten Hass" in jedem Gottesdienst. Die Verantwortlichen waren so sehr darauf bedacht, nicht als rassistisch angesehen zu werden, dass sie sich auf die Seite der linksgerichteten Narrative stellten, die täglich in den Nachrichten präsentiert wurden.

Unmittelbar nach der Ermordung von George Floyd wurde eine Lobrede auf ihn gehalten, obwohl nur wenig über ihn bekannt war. Es hieß, er sei „ein Mitbruder im Herrn" und „eine Säule in der Gemeinde" gewesen. Und uns wurde gesagt, dass „wir uns alle mit *People of Color* solidarisch zeigen sollten."

Jede Woche wurde in den Nachrichten von einer neuen Tragödie berichtet, und als es im ganzen Land zu Unruhen kam und Menschen getötet wurden, hieß es nicht nur: „Lasst uns für Black Lives Matter beten", sondern auch für „Hispanic Lives Matter" und „Asian Lives Matter". Für all diese Gruppen wurde gebetet. Wenn eine weiße Person ermordet wurde – und das kam mehrmals vor – wurden wir nie aufgefordert, dafür zu beten, und wir hörten auch nie jemanden sagen: „White Lives matter". Und wenn man nicht mit allem einverstanden war, was die Mainstream-Medien sagten, dann hieß es: „Du verstehst es einfach nicht". Die Mitarbeiter der Gemeinde zogen die moralischen Überzeugungen von jedem in den Schmutz, der hinterfragte, was die Gemeinde tat.

Doch nach den Unruhen, bei denen David Dorn – ein pensionierter schwarzer Polizeibeamter in Saint Louis – ermordet wurde, als er versuchte, ein Geschäft vor BLM-Plünderern zu schützen, gab es keine Trauerrede. Auch die Namen der vielen schwarzen Kinder und Jugendlichen, die jedes Wochenende von Gangs und Schlägern aus ihrer Nachbarschaft erschossen werden, wurden nicht erwähnt. Es war klar, dass in dieser Gemeinde nur *einige* schwarze Leben von Bedeutung waren.

Selbst als in vielen anderen Städten Brände gelegt und Läden geplündert wurden, übernahm der Pastor die Darstellung der Medien, dass die Demonstrationen „größtenteils friedlich" verliefen. Als für unsere Stadt eine Black-Lives-Matter-Demonstration angekündigt wurde, äußerte ich gegenüber dem Pfarrer privat meine Besorgnis über die Sicherheit eines Ladens, der meiner Familie gehörte. Er sagte mir, ich würde „nicht an andere denken" und sei deshalb „egoistisch".

Im Grunde wurde uns Weißen gesagt, wir müssten uns für unsere Hautfarbe entschuldigen, „das Knie beugen und in der Ecke bleiben". Die Menschen wurden nach ihrer Hautfarbe eingeteilt und die Gemeinde verlor ihren Fokus und vergaß, dass wir alle eigentlich ein Leib in Christus sind.

Stattdessen wurde uns gesagt: „Soziale Gerechtigkeit ist ein Thema des Evangeliums", und so konzentrierten sich die Predigten auf soziale Gerechtigkeit und darauf, ob wir uns am Kampf für Rassen- und Wirtschaftsgerechtigkeit beteiligten. Die Gemeinde fiel auf einen Großteil des Narrativs der DEI-Ideologie herein.

Wir hörten nichts mehr davon, dass Christus von Sünde und Bösem erlösen kann; wir hörten nichts davon, dass Christus uns vereinen kann, damit wir gemeinsam vorankommen und unserem Umfeld helfen können. Wir wurden nicht ermutigt zu fragen, wie wir in einer Zeit der Angst und der Sorgen die Lasten der anderen tragen können. Wir wurden nicht aufgefordert, das Evangelium mit unseren verlorenen Nachbarn zu teilen. Stattdessen wurde uns gesagt, dass wir Weißen für all die Wut, die um uns herum geschah, verantwortlich gemacht werden sollten.

Bevor ich den Bericht meines Freundes zu Ende bringe, möchte ich, dass wir darüber nachdenken, wie diese Gemeinde von einem geeinten Leib von Menschen mit unterschiedlichen rassischen, wirtschaftlichen und bildungsmäßigen Hintergründen zu einer gespaltenen Gruppe wurde, als die Schuldzuweisungen und das öffentliche Bloßstellen Einzug hielten. Der Schwerpunkt verlagerte sich von der Einheit in Christus zur Spaltung durch die Zugehörigkeit zu verschiedenen rassischen und politischen Lagern, entweder als Unterdrückte oder als Unterdrücker, wobei einige beschuldigt und andere entschuldigt wurden. Die Menschen wurden nicht mehr anhand dessen identifiziert, was sie als Christen gemeinsam hatten, sondern anhand von Gruppenidentität, Hautfarbe und Wahlzetteln.

Dieses Gemeindemitglied schloss mit den Worten:

Die Gemeinde frisst sich selbst auf, weil wir unsere Augen von Christus abgewandt haben und uns über unsere Hautfarbe streiten. Die Leiter sind extrem unsicher, verzweifelt und besorgt, als nicht *woke* genug angesehen zu werden, und fürchten sich sehr davor, gecancelt zu werden. Anstatt das Evangelium zu predigen, stolpern sie über sich selbst, weil sie Angst haben, dass jemand sie als rassistisch beschimpfen oder dafür heruntermachen könnte, dass sie für den falschen Kandidaten gestimmt haben. Anstatt unsere Einheit in Christus zu feiern, wird die Gemeinde durch die politischen und kulturellen Themen, die uns umgeben, auseinandergerissen. Die Einheit, die wir einst kannten, ist der Beschuldigung der einen und der Entschuldigung der anderen gewichen.

Die Einigkeit, die wir einst kannten, ist der Beschuldigung der einen und der Entschuldigung der anderen gewichen.
Wenn eine Gemeinde sich in kulturellen Trends verstrickt, seien sie links oder rechts, dann geht sie wahrscheinlich am Kern des Evangeliums vorbei. Infolgedessen zersplittert die Einheit in Christus, und das Evangelium bleibt allzu oft auf der Strecke. Natürlich sollten wir uns alle, wie an anderer Stelle in diesem Buch dargelegt, aktiv um Gerechtigkeit bemühen und sie fördern, aber die Art und Weise, wie dies heute geschieht, trennt oft eher, als dass sie eint; sie verdunkelt das Evangelium, anstatt es zum Leuchten zu bringen.

Wenn eine Gemeinde sich in kulturellen Trends verstrickt, seien sie links oder rechts, dann geht sie wahrscheinlich am Kern des Evangeliums vorbei.

Die Irreführung der sozialen Gerechtigkeit

Can White People Be Saved? (dt.: Können weiße Menschen errettet werden?) lautet der Titel eines von *InterVarsity Press* veröffentlichten Buches mit unterschiedlichen Beiträgen. Zum Glück heißt es in dem Buch: *Ja*, sie können errettet werden. Für dieses Zugeständnis sind viele von uns dankbar. Aber in der Online-Werbung für das Buch heißt es dann weiter:

Aber was ist mit der Realität der weißen Normativität? Von dieser Denk- und Handlungsweise, wurde das Christentum infiziert, und das ist der Grund für viele unserer heutigen Probleme. Es ist an der Zeit, die Bemühungen der Gemeinde und ihrer Institutionen zu verdoppeln, um gut informierte, auf dem Evangelium basierende Initiativen zur Bekämpfung rassistisch motivierter Ungerechtigkeit und zur Überwindung *der Irrlehre des Weißseins* zu ergreifen.[5] (Hervorhebung hinzugefügt)

Die Hautfarbe ist also zu einer „Irrlehre" geworden, mit der man sich auseinandersetzen muss. Immer wieder hören wir, sogar von einigen Evangelikalen, dass Rassenfragen Evangeliumsfragen seien – oft verbunden mit der Vorstellung, dass die ethnische Zugehörigkeit alle Ungleichheiten erklären kann und eine Gruppe dafür verantwortlich gemacht werden muss.

Was bedeutet es, wenn man sagt, dass soziale Gerechtigkeit ein Thema des Evangeliums ist? Ich hoffe jedenfalls, dass es nicht das bedeutet, was es zu bedeuten scheint, wenn man es für bare Münze nimmt – nämlich, dass man an soziale Gerechtigkeit glauben muss (egal wie sie definiert wird), um an das Evangelium zu glauben oder von der eigenen Sünde gerettet zu werden. Paulus hat den Inhalt des Evangeliums ein für alle Mal klargestellt, als er schrieb: „Denn ich habe euch vor allem überliefert, was ich auch empfangen habe: dass Christus für unsere Sünden gestorben ist nach den Schriften; und dass er begraben wurde und dass er auferweckt worden ist am dritten Tag nach den Schriften; und dass er Kephas erschienen ist, dann den Zwölfen" (1Kor 15,3-5). Paulus fügte dann hinzu: „Ob nun ich oder jene: So jedenfalls predigen wir, und so seid ihr zum Glauben gekommen" (Vers 11).

Lassen Sie mich die Worte von Samuel Sey wiedergeben, einem schwarzen Gläubigen aus Kanada und einem aufmerksamen Denker, der die Fehler der Bewegung für soziale Gerechtigkeit erkennt, die von der Kritischen Rassentheorie hervorgebracht wurden. Er schreibt: „Die Kritische Rassentheorie ist nicht nur eine schlechte Theologie, sie bringt auch ein falsches Evangelium hervor – ein falsches Evangelium, das viele Christen dazu verleitet, die Aussagen der Bibel über Rassismus und Gerechtigkeit zu verwerfen."

Sey führt weiter aus, die Kritische Rassentheorie sei ...

> ... eine allumfassende Ideologie, die das biblische Verständnis von Gerechtigkeit und Sünde neu definiert – sie ist ein kleiner Sauerteig, der den ganzen Teig durchsäuert. Und aus diesem Grund ist die Kritische Rassentheorie zu einer der zerstörerischsten antichristlichen Ideologien in den heutigen Gemeinden vor Ort geworden. Ich habe viele Nachrichten von vielen Christen erhalten, die beklagen, wie die Kritische Rassentheorie ihre örtlichen Gemeinden, ihre Familien und ihre Freundschaften zerstört.[6]

Wie ich schon einmal gesagt habe: Das Beharren auf biblischer sozialer Gerechtigkeit ist eine *Frucht* des Evangeliums, und nicht selbst das Evangelium. Wenn ich mit einem Megafon so laut schreien würde, dass die ganze Welt es hören könnte, würde ich die Menschen daran erinnern: *Das Evangelium ist nicht das, was wir für Jesus tun können; es ist das, was Jesus für uns getan hat!* Oder anders ausgedrückt: *Das Evangelium ist nicht etwas, das wir erreichen können, sondern ein Geschenk, das wir empfangen.* Das Opfer Christi, sein am Kreuz vergossenes Blut, ist die einzige Grundlage für unsere Erlösung.

In Römer 6,23 heißt es: „Denn der Lohn der Sünde ist der Tod, die Gnadengabe Gottes aber ewiges Leben in Christus Jesus, unserem Herrn." Alle haben gesündigt; alle sind eingeladen, umzukehren und zu glauben.

Das Evangelium ist nicht das,
was wir für Jesus tun können; es ist das,
was Jesus für uns getan hat!

Ja, Christen sollten sich im Kampf für biblisch begründete Gerechtigkeit engagieren. Auch hier empfehle ich das Buch *Kingdom Race Theology* von Tony Evans. Er unterscheidet gekonnt zwischen der eigentlichen Botschaft des Evangeliums und den sich daraus ergebenden Veränderungen in unseren Werten und unserem Engagement für Gerechtigkeit. Er erklärt auch klar, was eine biblische Theologie der Gerechtigkeit beinhaltet.

Von der weißen Vorherrschaft zur christlichen Vorherrschaft

Es ist nur ein kleiner Schritt, um vom Angriff auf die weiße Vorherrschaft zum Angriff auf die christliche Vorherrschaft überzugehen. In der breiteren Gesellschaft geschieht es bereits. In einigen Kreisen wird das Christentum selbst als zu weiß und daher als vorherrschaftsfördernd angesehen.

Was ist christliche Vorherrschaft? Die queere Autorin Alba Onofrio definiert es für uns in einem Artikel mit dem Titel „Christian Supremacy is a front for power" (dt.: Christliche Vorherrschaft ist eine Fassade für Macht):

> Es ist diese Kooptation, die Vereinnahmung des Christentums und seine Verwendung wie ein Wolf im Schafspelz – die Verwendung seiner Sprache, heiligen Texte und Traditionen, um Schaden anzurichten, um Herrschaft, Imperialismus, Rassismus und Sexismus aufrechtzuerhalten. Diese Vermischung, diese Ehe, diese unheilige Verbindung zwischen Macht, Machtsystemen und Religion, nennen wir christliche Vorherrschaft, und die muss verschwinden. Gläubige Menschen wie ich müssen sich von der Vorstellung befreien, dass es bei Gott um Bestrafung, Tod und Leid geht, insbesondere für die am stärksten Ausgegrenzten. Das können wir unter anderem dadurch

erreichen, dass wir unser eigenes religiöses Trauma und die geistliche Gewalt, die uns als Frauen, LGBT-Personen, Immigranten usw. angetan wurde, heilen.[7]

Und das ist noch nicht alles. Auch die Religionsfreiheit wird angegriffen. Die Politikwissenschaftlerin Dr. Elenie Poulos veröffentlichte im *Australian Journal of Human Rights* einen Artikel, in dem sie kritisiert, dass die Gemeinde die Religionsfreiheit verteidigt. Ihrer Ansicht nach benutzen Christen die Idee der Religionsfreiheit als „Vorwand, um das Privileg der institutionellen, hierarchisch-patriarchalischen Gemeinde zu behaupten und aufrechtzuerhalten."[8] Diese Kritik, ja sogar Ablehnung, der Religionsfreiheit ist eine überall auf der Welt vertretene Haltung, die von den Vertretern linker politischer Ideologien geteilt wird.

Da haben wir es: Man sagt, wir Christen würden das Christentum benutzen, um unsere Vorurteile, unseren Glauben an das männliche Patriarchat und unsere repressive Sexualmoral zu verbergen. Man wirft uns vor, die Religionsfreiheit zu verteidigen, weil wir unsere antiquierten Ansichten über christliche Überzeugungen beibehalten wollen. Man wirft uns christliche Vorherrschaft vor und dass wir die Religion zum Machterhalt und zur Durchsetzung unserer eigenen Vorurteile nutzen. Indem wir dies tun, fügen wir Menschen „Schaden" zu.

Die Angriffe kommen aus allen Richtungen.

Wenn die Liebe siegt!

Praktisch jeder Schritt, den die Gemeinde unternommen hat, um sich die gottlose Kultur zu Eigen zu machen, geschah, als Menschen innerhalb der Gemeinde zuließen, dass ihre Gefühle maßgeblicher wurden als Gottes Wort. Es gibt einige, die das Christentum so umgestalten wollen, dass es sich der Kultur anpasst, anstatt sich gegen sie zu behaupten. Sie glauben, dass die Gemeinde auf diese Weise relevanter und liebevoller wird. Können wir nicht einfach einige der harten Kanten des Christentums abrunden und uns auf ein umfassenderes Verständnis des christlichen Glaubens zubewegen? Dies, so sagen sie, würde alle Barrieren für diejenigen beseitigen, die die Gemeinde als lieblos und hoffnungslos ausgrenzend ansehen.

Natürlich müssen wir der Kultur mit Mitgefühl und Gnade begegnen. Aber wenn man sich vom biblischen Verständnis von Liebe lossagt und eines übernimmt, das der heutigen Kultur entspricht, begibt man sich auf eine Reise, die in einer moralischen Einöde endet. Die Bibel macht deutlich, dass das Gesetz darin besteht, Gott und den Nächsten zu lieben. Unser Problem besteht jedoch nicht darin, dass wir lieben, sondern dass wir Gottes Vorstellung von Liebe durch unsere ersetzen. Mit anderen Worten: Wir lieben die falschen Dinge.

In den 1960er und 1970er-Jahren gab es ein Lied, das die sogenannten „Blumenkinder" sangen, als wäre es ein Allheilmittel für jedes Übel. Darin hieß es, dass die Welt jetzt Liebe braucht und es zu wenig davon gibt. Wir brauchen mehr Liebe, nicht weniger!

Aber welche Art von Liebe? Dan Hayden schreibt:

> Hippies waren Idealisten, die den Materialismus ablehnten, weil er sie der liebevollen Aufmerksamkeit ihrer Eltern beraubt hatte. Doch weil sie Lust mit Liebe verwechselten, tauschten sie das Übel des Materialismus einfach gegen sinnlichen Genuss in Form von Drogen und zügellosem Sex ein ... Heute, vierzig Jahre später, kämpfen wir immer noch mit diesem Verständnis von Liebe.[9]

Ja, wir kämpfen immer noch damit. Heute lautet das Mantra „Liebe ist Liebe", und wir verwechseln Liebe mit Sex und verschiedenen Ausdrucksformen sexueller Lebensweisen. Wir vergessen, dass Adam und Eva nach ihrem Sündenfall in Eden nicht aufhörten zu lieben, sondern nur anfingen, die falschen Dinge zu lieben. Sie liebten das Vergnügen mehr als Gott; sie liebten sich selbst und die Dinge, die Gott entgegengesetzt waren (siehe 2Tim 3,1-5). Es ist leicht, sich in das Böse zu verlieben.

Jesus hat diese Frage der Liebe für uns geklärt: „Wenn ihr mich liebt, so werdet ihr meine Gebote halten" (Joh 14,15). Gott zu lieben heißt, seinem Wort zu gehorchen.

Viele von uns sind durch die Bücher von Max Lucado gesegnet worden. Gott hat ihm die Gabe gegeben, sowohl biblisch als auch zwischenmenschlich in bereichernder Weise zu schreiben. Doch als er bezüglich Äußerungen unter Druck gesetzt wurde, die er vor vielen Jahren in einer Predigt getroffen hatte, beugte er sich den Forderungen der LGBTQ-Gemeinschaft. Ich erzähle diesen Vorfall nur ungern, aber weil er landesweit in den Nachrichten war, schreibe ich hier darüber. Auch hier habe ich keinen Zweifel daran, dass Lucado durch seine Bücher, Predigten und Online-Präsentationen Millionen Menschen gesegnet hat.

Nachdem Lucado eingeladen wurde, 2021 eine virtuelle Predigt in der *National Cathedral in Washington,* D.C. zu halten, protestierten LGBTQ-Gruppen wegen des „aktiven Schadens", den seine Ansichten anrichteten. Der Grund für diese Beschwerden war eine Predigt aus dem Jahr 2004, in der er die gleichgeschlechtliche Ehe ablehnte und bekräftigte, dass die Ehe die Vereinigung von Mann und Frau in einer Bundesbeziehung sei. Die *National Cathedral* zog ihre Einladung an Lucado zwar nicht zurück, entschuldigte sich aber später bei der LGBTQ-Gemeinschaft und erklärte, sie habe „die Tiefe ihrer Verletzung nicht erkannt", als sie Lucado als Redner eingeladen hatte. Dabei behandelte seine Predigt ein ganz anderes Thema.

Lucados Reaktion? Vier Tage später entschuldigte er sich bei der Gemeinde der National Cathedral und der LGBTQ-Gemeinschaft mit folgenden Worten:

Im Jahr 2004 habe ich eine Predigt zum Thema gleichgeschlechtliche Ehe gehalten. Heute sehe ich, dass ich in dieser Predigt respektlos war. Ich war verletzend. Ich habe

Menschen in einer Weise verletzt, die verheerend war. Ich hätte es besser machen sollen. Es schmerzt mich, dass meine Worte die LGBTQ-Gemeinschaft verletzt haben oder dazu benutzt wurden, sie zu verletzen. Ich entschuldige mich bei Ihnen und bitte Christus um Vergebung. Gläubige Menschen mögen unterschiedlicher Meinung darüber sein, was die Bibel über Homosexualität sagt, aber wir sind uns einig, dass Gottes heiliges Wort niemals als Waffe benutzt werden darf, um andere zu verletzen.

Er fuhr fort, dass er zwar an das traditionelle biblische Verständnis der Ehe glaube, aber auch an einen Gott der unbegrenzten Gnade und Liebe. Er bezeichnete LGBTQ-Personen und -Familien als „geliebte Kinder Gottes, weil sie im Bilde Gottes geschaffen sind."[10]

Vergleichen Sie dies mit dem Apostel Paulus. Wir können uns nicht vorstellen, dass er sich für das entschuldigt hätte, was er der Gemeinde in Rom über die Verurteilung homosexueller Beziehungen durch Gott schrieb; er beschrieb ihr Verhalten als das Ergebnis des Austauschs der Wahrheit Gottes gegen eine Lüge – er sagte, dass sie „dem Geschöpf Verehrung und Dienst dargebracht haben statt dem Schöpfer" (Röm 1,25). Außerdem sprach er davon, dass Gott sie ihren „schändlichen Leidenschaften" (Vers 26) überließ und dass sein Urteil über sie feststand. Paulus hat kein Blatt vor den Mund genommen.

Es stimmt zwar, dass alle Menschen nach dem Bild Gottes geschaffen sind, aber das entschuldigt oder rechtfertigt kein sündhaftes Verhalten. Lucado sagte, dass Gottes Wort „niemals … benutzt werden darf, um andere zu verletzen." Aber die Bibel bestätigt, dass Gott uns oft verletzen muss, bevor er uns heilen kann. Der Prophet Jeremia, der im Auftrag Gottes sprach, tadelte die Prediger seiner Zeit, weil sie nicht verstanden, dass Gott Wunden benutzen kann, um Heilung zu bringen. Er gab Gottes Worte weiter, dass diese Prediger „die schwere Wunde meines Volkes … nur äußerlich" behandelt haben (Jer 6,14).

Denken wir daran, dass biblische Liebe weh tun kann. Wenn die Wahrheit ausgesprochen werden muss, um Fehlverhalten aufzudecken, kann sie Menschen wütend machen, sie kann zu Ablehnung führen, sie kann sogar Familien entzweien. Kurz gesagt: Die biblische Liebe – die Liebe Gottes –, die in Wahrheit ein Hauptmerkmal Gottes ist, ist mit der Verurteilung vereinbar, die aus der Ablehnung von Gottes Wegen folgt.

Es ist besser, die Wahrheit zu sagen und als hasserfüllt angesehen zu werden, als mitfühlend Lügen zu flüstern.

Ist ein Kompromiss möglich?

Ist ein Kompromiss möglich? Es gibt eine wachsende neue Bewegung unter bekennenden LGBTQ-Christen, wie man sie auch auf der jährlichen *Revoice*-Konferenz erkennen kann. Es ist ihnen hoch anzurechnen, dass sie die Ehe als Bund zwischen einem Mann und einer Frau betrachten, aber sie sehen ihre LGBTQ-Identität als „Geschenk Gottes" und viele von ihnen leben in sexuell enthaltsamen gleichgeschlechtlichen Partnerschaften. Sie wollen einen Mittelweg zwischen der traditionellen biblischen Lehre und jenen progressiven Christen bieten, die aufs Ganze gehen und die gleichgeschlechtliche Ehe und das gesamte Spektrum der sexuellen Revolution gutheißen.

Aber dieser „Mittelweg" ist biblisch gesehen nicht sinnvoll. Wenn sie glauben, dass homosexuelles Verlangen ein Geschenk Gottes ist, dann stellt sich als nächstes die Frage: Warum verbietet er ihnen, ihre Wünsche in sexuellen Beziehungen zu erfüllen? In unserem gefallenen, gebrochenen menschlichen Zustand gibt es viele Menschen mit starken Begierden, die kein „Geschenk Gottes" sind. Sind die Begierden eines Pädophilen ein Geschenk Gottes? Oder denken Sie an den

Mann, der mir sagte: „Ich wurde als Kleptomane geboren; als Kind hatte ich das Verlangen, alles zu stehlen, was ich nur stehlen konnte." Waren diese Begierden ein Geschenk Gottes?

Mein Herz fühlt mit denjenigen mit, die mit ihrer sexuellen Identität und ihren sexuellen Begierden zu kämpfen haben, die sie vielleicht nicht wollen. Wir sollten ein offenes Ohr haben, wenn sie von ihren Problemen erzählen, aber wir müssen ihnen auch mit Mitgefühl und Sorgfalt helfen zu verstehen, dass wir alle Teil einer gefallenen, zerbrochenen Welt sind, in der Leidenschaften oft auf die Barrikaden gehen. *Und es ist besser, die Wahrheit zu sagen und als hasserfüllt angesehen zu werden, als mitfühlend Lügen zu flüstern.*

Schadet es Menschen, wenn wir sie zur Umkehr aufrufen? Eine trügerische Auffassung von Liebe führt zu einer trügerischen Auffassung von Buße.

Al Mohler berichtet von einem Vorfall, bei dem ein Prediger der Kapelle an der *Lee University,* die unter der Schirmherrschaft der *Church of God* steht, einige LGBTQ-Fragen ansprach, ohne sie eindeutig zu klären. Dies veranlasste den Präsidenten der *Lee University,* Dr. Mark Walker, dazu, die Angelegenheit in einer nachfolgenden Predigt zu klären. Dabei sprach er nicht nur über die biblischen Überzeugungen der Schule in Bezug auf Sexualität und Identität, sondern auch über die Notwendigkeit der Umkehr für diejenigen, die sich von Gottes Geboten entfernen.

Dr. Walker sagte: „Ohne Reue gibt es im christlichen Glauben keine Erlösung oder Vergebung der Sünden. Wir wollten sicherstellen, dass hier keine Unklarheiten bestehen."[11] Wenige Stunden später erhielt er von einigen Ehemaligen Gegenwind, die ihre Alma Mater LGBTQ-freundlicher machen wollten. Sie warfen dem Präsidenten vor, mit seinem Aufruf zur Umkehr LGBTQ-Studenten ins Visier zu nehmen.

In einem Bericht über die Kontroverse, der in der *Chattanooga Times Free Press* erschien, lesen wir Folgendes: „Der von Walker in seinem Vortrag dargelegte Gedanke, dass Christen andere zur Umkehr aufrufen müssen, beunruhigte einige Ehemalige, die meinten, dies könnte Studenten als Deckmantel dienen, um Menschen aus der LGBTQ-Gemeinschaft zu belästigen oder zu schikanieren.“[12] Auf diese Weise wurde der Aufruf zur Umkehr von einigen als eine Form von schädigendem Verhalten angesehen.

Mohler merkt dazu an: „Das Argument ist im Grunde, dass der Aufruf zur Umkehr an sich schon eine Form von Mobbing ist.“[13] Die Ehemaligen wollten einen Aufruf zur Buße – die ein absolut wesentlicher Bestandteil der Hinwendung zu Jesus Christus ist – ausdrücklich als Mobbing und Missbrauch definieren.

Gottes Wort schneidet, um zu heilen;
es verwundet, um uns zu verbinden;
und es zerbricht uns, um uns zu erlösen.

Ja, Buße ist eine wesentliche Voraussetzung für die Rettung. Ohne sie gibt es keinen rettenden Glauben, denn rettender Glaube ruft Buße hervor. Und ohne Buße bleiben wir in unseren Sünden, und das ist das eigentliche Problem. Die Buße ist der definitive Schritt vom Unglauben zum Glauben, und das ist es, was Gott verlangt. Paulus lobt die Gläubigen in Thessalonich, weil sie sich „von den Götzen zu Gott bekehrt“ haben (1Thes 1,9). Das Heil ist umsonst, aber wir müssen unsere Sündhaftigkeit eingestehen, um es zu empfangen; dies führt zur Buße. Gottes Wort schneidet, um zu heilen; es verwundet, um uns zu verbinden; und es zerbricht uns, um uns zu erlösen. Hier gibt es keinen Raum für Neutralität.

Wieder einmal sehen wir, wie die LGBTQ-Agenda darauf abzielt, zu dominieren, keinen Platz für das biblische Christentum zu lassen und jede Opposition entweder durch kulturellen Druck oder durch ein Gerichtsurteil zu unterbinden. Und ein großer Teil der evangelikalen Gemeinschaft beugt sich diesem Druck.

Werden wir wachsam sein oder *woke*? Stehen oder fallen? Untergehen oder schwimmen?

Und dies tut als solche, die die Zeit erkennen, dass die Stunde schon da ist, dass ihr aus dem Schlaf aufwacht! Denn jetzt ist unsere Rettung näher, als da wir zum Glauben kamen: Die Nacht ist weit vorgerückt, und der Tag ist nahe. Lasst uns nun die Werke der Finsternis ablegen und die Waffen des Lichts anziehen! Lasst uns anständig wandeln wie am Tag; nicht in Schwelgereien und Trinkgelagen, nicht in Unzucht und Ausschweifungen, nicht in Streit und Eifersucht; sondern zieht den Herrn Jesus Christus an, und treibt nicht Vorsorge für das Fleisch, dass Begierden wach werden! (Röm 13,11-14)

Es gibt für uns keinen Grund, uns zu verstecken; vielmehr ist es an der Zeit, aus unserer evangelikalen Benommenheit zu erwachen und mit Liebe gegen Kompromisse einzutreten.

Ein neues Christentum

Laut der jüngsten Umfrage von *Probe Ministries* zu religiösen Ansichten und Praktiken glauben fast 70 Prozent der Befragten, die sich als wiedergeborene Christen bezeichnen, nicht, dass Jesus der einzige Weg zu Gott ist. Sie wurden gefragt, ob „Muhammad, Buddha und Jesus alle gültige Wege zu Gott lehren".[14] Die meisten bejahten diese Frage.

Wer braucht in unserer selbstgefälligen Welt noch einen Retter, der uns von uns selbst und unseren Sünden befreit? Und warum sollten wir an die Lehren der Heiligen Schrift über Moral gebunden sein? Oder warum sollten wir an den schmalen Pfad gebunden sein, den Jesus für unsere Erlösung vorgezeichnet hat?

Die *Washington Post* veröffentlichte einen Artikel über Pastoren, die „das Etikett ‚evangelikal' für etwas Neues ablegen". Der Artikel begann mit der Beschreibung einer begeisterten Gruppe von Pastorinnen und Pastoren in Indiana: „Viele umarmten sich. Einige vergossen Tränen. Eine von ihnen gestand, dass sie nicht mehr beten konnte."

Doch sie vergossen die Tränen nicht, weil das Evangelium in ihren Gemeinden nicht mehr geliebt und gelehrt wurde. Nein, sondern sie „beklagten ihre konservativen, evangelikalen Eltern ... ebenso wie ihre Altersgenossen, die ihre Überzeugungen so sehr hinterfragt hatten, dass sie ihren Glauben völlig verloren."

Und jetzt kommen wir zum Kern der Sache:

> Die meisten der Leiter glaubten irgendwie an Jesus und an die Idee, dass es immer noch eine gute Idee ist, wenn sich Menschen in Gemeinden versammeln. Viele wollen, dass ihre Gemeinden gleichgeschlechtliche Trauungen vollziehen und LGBTQ-Personen als Leiter und Mitglieder aufnehmen. Sie zogen Neugierde der Gewissheit vor, Inklusion der Exklusion.

Und weiter heißt es:

> Sie fragten sich gegenseitig, wie es aussehen könnte, sich als „Post-Evangelikale" zu organisieren. Sie hatten zumindest eines gemeinsam: Sie alle befanden sich auf einem Weg der Dekonstruktion, dem Prozess der Überprüfung ihrer lang gehegten Überzeugungen, und sie wollten sich am Wiederaufbau und an der Schaffung von etwas Neuem beteiligen.

Amy Mikal, ehemals Pastorin bei Willow Creek (in der Nähe von Chicago), ist eine dieser Leiterinnen. Sie sagte, dass ihre neue Kirche, die sich „A Restoration Church" (dt.: Gemeinde der Wiederherstellung) nennt, die Strategien vermeidet, die von *Megachurches* verfolgt werden. Sie ermutigt ihre Gemeindemitglieder, die Verwendung männlicher Pronomen für Gott zu überdenken. Sie sagt: „Das Schwierigste ist, dass man uns beigebracht hat, die Bibel wörtlich zu nehmen. Wir wollen ein Ort sein, der mehr Fragen stellt als Antworten gibt."[15]

In dem Artikel werden mindestens zwei Themen beschrieben, die diese Leiterinnen und Leiter dazu veranlasst haben, ihren Glauben zu dekonstruieren: zum einen die Rassenungerechtigkeit und zum anderen die abweisende Haltung ihrer früheren Gemeinden gegenüber der LGBTQ-Agenda.

Viele Gemeinden haben sich bereits der „moralischen" Revolution unterworfen. Was sie glauben und praktizieren, ist für sie mit linken Ansichten darüber, dass der Mensch von Natur aus gut ist und sich durch gute Werke selbst erlösen kann, und mit der Akzeptanz eines breiten Spektrums sexueller Beziehungen vereinbar. Dies ist genau das, wovor der Apostel Paulus in der Endzeit gewarnt hat.

Die säkulare Linke ist nicht gegen eine kulturelle Ausprägung des Christentums, solange es so umdefiniert wird, dass es mit der vorherrschenden Kultur übereinstimmt. Der Säkularismus ist unter dem Deckmantel der sozialen Gerechtigkeit, der Umverteilung des Wohlstands und der Förderung der Gleichheit in einige Gemeinden eingedrungen. Die wahren Ziele der Linken sind die evangelikalen Gemeinden, die immer noch die historischen Lehren über Erlösung und christliche Moral lehren.

Die Progressiven wollen die Kernwahrheiten des Christentums aufgeben, und das wiederum führt zu einer schrecklichen Täuschung. Einige biblische Lehren werden im besten Fall ignoriert und im schlimmsten Fall verunglimpft. Doch die Ablehnung von Gottes Wort hat ewige Konsequenzen. Hier ist eine erschreckende Aussage, die Sie in der Theologie der Progressiven nicht finden werden: „Und wenn jemand nicht geschrieben gefunden wurde in dem Buch des Lebens, so wurde er in den Feuersee geworfen" (Offb 20,15). Wir müssen diejenigen warnen, die die Bibel benutzen, um sich das herauszupicken, wonach sie suchen, und den Rest einfach ignorieren.

Die Menschen wollen den Segen Gottes ohne die Wahrheit Gottes. Denken Sie nur an den Pharao, den König von Ägypten zur Zeit von Mose. Als er die Hebräer aufforderte, das Land zu verlassen, sagte er: „Auch eure Schafe und Rinder nehmt mit, wie ihr gesagt habt, und geht hin und *segnet auch mich!*" (2Mo 12,32). In seiner Verzweiflung suchte er den Segen Gottes, ohne die Wahrheit Gottes anzuerkennen; er wollte nicht zugeben, dass seine Götter dem Gott Jahwe unterlegen waren. „Herr, segne mich, aber ich werde meinen heidnischen Göttern die Treue halten."

Wir müssen zu einem Evangelium zurückkehren, das uns demütigt, überführt, warnt, rettet und dazu bringt, über unsere eigene Sünde und die Sünde anderer zu trauern. A. W. Tozer sagte: „Die Wahrheit ist herrlich, aber eine harte Geliebte. Sie fragt nie um Rat, verhandelt nie und geht nie Kompromisse ein."[16]

Kehren wir zu der Herausforderung zurück, die zu Beginn dieses Kapitels dargestellt wurde: Viele Evangelikale interpretieren die Heilige Schrift durch die Brille der Kultur. Aber wir sollten uns entschließen, die Kultur durch die Brille der Schrift zu interpretieren. Ewige Schicksale stehen auf dem Spiel.

Wie ein Freund von mir einmal bemerkte: „Wenn der Arzt krank ist, ist es für den Patienten schwierig, gesund zu werden."

Denjenigen die Hand reichen, die ihren Glauben aufgeben wollen

Es ist leicht, diejenigen zu kritisieren, die ihren Glauben dekonstruieren, aber nach meiner Beobachtung geschieht Letzteres oft nicht aufgrund neuer und überzeugender Argumente gegen das historische Christentum, sondern weil so viele Menschen – vor allem der jüngeren Generation – von der Gemeinde verletzt worden sind, und zwar aus den falschen Gründen. Sie sind nicht so sehr durch das verletzt worden, was wir glauben, sondern durch die Haltung, mit der wir es glauben.

Bevor wir diejenigen verurteilen, die den christlichen Glauben dekonstruieren, sollten wir innehalten und uns fragen: Hat die Gemeinde – also auch Ihre und meine Gemeinde – Dinge getan, die dazu beigetragen haben, dass diese Post-Evangelikalen das Christentum ablehnen? Trifft uns zumindest eine Teilschuld, weil wir uns gegenüber denen, die nicht mit uns übereinstimmen, lieblos verhalten haben? Ich möchte uns alle daran erinnern, dass harte Wahrheiten von weichen Herzen weitergetragen werden müssen und dass Lehren über Gerechtigkeit nicht aus dem Munde von Selbstgerechten kommen sollten. Wenn wir nicht wegen unserer eigenen Sünde zerbrochen und gedemütigt sind, haben wir kein Recht, auf die Sünde anderer hinzuweisen.

Mit gütigem Herzen müssen wir diejenigen suchen und ihnen zuhören, die im Stillen Zweifel am christlichen Leben hegen, sei es an seinen Lehren oder an seinen Moralvorstellungen. Viele kämpfen mit Sehnsüchten, die schwer zu kontrollieren sind, oder mit Beziehungen, die in die Brüche gegangen sind; oder sie fühlen sich von Gott verlassen. Wenn wir nicht Mitgefühl zeigen und helfen, werden sie sich von der Gemeinde verlassen fühlen. Wenn wir keine emotionale Verbindung zu ihnen aufbauen, wird alles, was wir sagen, für sie nur leere Worte sein.

Harte Wahrheiten müssen von weichen Herzen weitergetragen werden.

Was die Beweise für die Wahrhaftigkeit des christlichen Glaubens angeht, so gibt es für diejenigen, die offen für den Glauben sind, eine Fülle von Beweisen; aber natürlich gibt es nie genug Beweise für diejenigen, die entschlossen sind, nicht zu glauben. Und trotzdem müssen wir mit Bedacht und Mitgefühl auf sie zugehen.

Vor mehr als 20 Jahren gab Sarah E. Hinlicky einige gute Ratschläge für das Gespräch mit Mitgliedern der Generation X. Ihre Worte können heute angewandt werden, wenn wir die Generation Z oder andere junge Menschen ansprechen, die damit kämpfen, wo sie in ihrer Beziehung zu Gott und seinem Volk stehen. Sie schrieb:

Vielleicht ist das Einzige, was ihr tun könnt, uns auf Golgatha hinzuweisen, auf eine Geschichte, die wir verstehen können. Zeigt uns die Frauen, die weinten und den Herrn liebten, aber sein Schicksal nicht ändern konnten. Erinnert uns daran, dass Petrus, der Fels der Gemeinde, den Messias dreimal verleugnete. Erzählt uns, dass Pilatus seine Hände in Unschuld gewaschen hat – etwas, wozu wir oft versucht sind. Vor allem aber, weist uns auf den am Kreuz hängenden Gott hin. Das ist es, was die Welt mit dem Heiligen macht. Wo sich die Städte Gottes und der Menschen kreuzen, kommt es zu einer Kreuzigung. Die besten Pläne werden über den Haufen geworfen; die Entwürfe für die perfekte Gesellschaft werden unter den Verderbern aufgeteilt. Wir kennen diese Welt: von Anfang an zerrissen durch die Scheidungen unserer Eltern, verdorben durch unsere eigenen schlechten Entscheidungen, bedroht durch Krieg und Armut, Schmerz und Sinnlosigkeit. Unsere Welt ist eine Welt, in der unbequeme Leben abgetrieben und unbequeme Lieben aufgegeben werden. Wir wissen nur zu gut, dass auch wir den einzigen verraten würden, der uns retten könnte.[17]

Wenn wir auf diejenigen zugehen, die sich abgewandt haben, sollten wir uns daran erinnern, dass Selbstgerechtigkeit eine der am schwersten zu erkennenden Sünden in unserem eigenen Leben ist, und es ist eine Sünde, für die wir ständig Buße tun müssen. Bitten Sie Jesus um Hilfe (siehe Matthäus 23). Wir müssen die Wahrheit mit Mitgefühl und liebevoller Anteilnahme und im Bewusstsein unserer eigenen Sündhaftigkeit darlegen.

Am Ende dieses Kapitels werde ich einige Quellen auflisten, die denjenigen helfen sollen, die ihren Glauben dekonstruieren wollen oder dies bereits getan haben. Ich schlage vor, dass wir alle diese Bücher lesen, auch Eltern und Großeltern, damit wir besser verstehen, was die kommenden Generationen durchmachen müssen. Wenn wir wegschauen, ohne uns die Zeit zu nehmen, den Schmerz derjenigen zu verstehen, die den Glauben verlassen haben (oder verlassen werden), würden wir die Gelegenheit verpassen, uns selbst im Spiegel zu betrachten und zu fragen: Sind wir mit unserer Haltung zumindest teilweise schuld am Weggang derjenigen, die verletzt sind – derjenigen, die für einen anderen Lebensstil weggehen, von dem wir wissen, dass er ihnen letztendlich noch mehr Schmerz und Leid zufügen wird?

Zusage für den Alltag

Greift darum zu den Waffen Gottes, damit ihr standhalten könnt, wenn der böse Tag kommt, und dann, wenn ihr alles erledigt habt, noch steht! Steht also bereit: die Hüften umgürtet mit Wahrheit; den Brustpanzer der Gerechtigkeit angelegt ... Und betet dabei zu jeder Zeit mit jeder Art von Gebeten und Bitten, geführt durch den Heiligen Geist. Seid wachsam darin und hört nicht auf, für alle Gläubigen zu beten.(Eph 6,13-14.18; NeÜ)

Ein Held, der keinen Grund hatte, sich zu verstecken

Lassen wir einen inhaftierten, aber berühmten Helden zu Wort kommen.

Wenn der Apostel Paulus aus seinem Gefängnis in Rom zu uns sprechen könnte, würde er von seiner Zelle aus rufen: „Lasst nicht zu, dass das Evangelium kompromittiert wird!"

Mit Paulus' eigenen Worten: „Halte im Gedächtnis Jesus Christus, auferweckt aus den Toten, aus dem Samen Davids, nach meinem Evangelium, in dem ich Leid ertrage bis zu Fesseln wie ein Übeltäter! *Aber das Wort Gottes ist nicht gebunden*" (2Tim 2,8-9).

Der Apostel war angekettet, aber das Wort Gottes war es nicht!

Paulus warnte uns davor, dass Tage wie die unseren kommen würden, in denen die Menschen zu einer wunschgesteuerten Theologie geneigt sein werden: „Denn es wird eine Zeit kommen, da werden sie die gesunde Lehre unerträglich finden und sich Lehrer nach ihrem Geschmack aussuchen, die ihnen nur das sagen, was sie gern hören wollen. Vor der Wahrheit werden sie dann ihre Ohren verschließen " (2Tim 4,3-4; NeÜ). Er sah voraus, was ein Autor als „Spiritualität nach deinem Geschmack" bezeichnete.[18] Die Menschen werden nicht denken, dass sie ein Sündenproblem haben, sondern sie werden zu dem Schluss kommen, dass sie nur ihre inneren Wünsche erforschen und ihre Beziehungsbedürfnisse befriedigen müssen.

Was ist das Gegenmittel? An die Gemeinde in Philippi schrieb Paulus: „Wandelt nur würdig des Evangeliums des Christus, damit ich, sei es, dass ich komme und euch sehe oder abwesend bin, von euch höre, dass ihr fest steht in einem Geist und mit einer Seele *zusammen* für den Glauben des Evangeliums *kämpft* und euch in nichts von den Widersachern erschrecken lasst, was für sie ein Beweis des Verderbens ist, aber eures Heils, und das von Gott her!" (Phil 1,27-28).

Der Ausdruck für „zusammen kämpfen" ist derselbe, von dem auch unser Wort für *Athletik* kommt. Paulus stellt sich die Gemeinde als ein Team vor, und Teamarbeit führt zum Sieg. Auch der Autor des Judasbriefes stimmt dem zu und fordert uns auf, „für den ein für alle Mal den Heiligen überlieferten Glauben zu kämpfen" (Vers 3).

„Die Gemeinde", hat jemand einmal gesagt, „ist kein Spielplatz, sondern ein Schlachtfeld." Oder anders ausgedrückt: „Sie ist kein Kreuzfahrtschiff, sondern ein Kriegsschiff." Wenn wir das Evangelium verlieren, haben wir alles verloren.

Aktionsschritt

James Emery White schrieb: „Ich bin schon lange von den Worten angetan, die Penn Jillette von dem berühmten Magie-/Comedy-Duo *Penn and Teller*, einmal in einem Vlog sagte: ‚Ich [bin] Atheist ... Ich respektiere Leute nicht, die nicht missionieren ... Wenn du glaubst, dass es einen Himmel und eine Hölle gibt und dass Leute in die Hölle kommen könnten ... Wie sehr musst du jemanden hassen, um nicht zu missionieren?"[19]

Glauben Sie also, dass es einen Himmel und eine Hölle gibt? Wenn ja, bitten Sie Gott jetzt um jemanden (einen Nachbarn, einen Kollegen, einen Freund), dem Sie diese Frage stellen können: „Wo stehst du auf deinem geistlichen Weg?" Stellen Sie im Laufe des Gesprächs weitere Fragen. Finden Sie heraus, wo sie geistlich stehen, und teilen Sie ihnen dann Ihr Zeugnis mit. Unabhängig davon, welche Partei die Person wählt oder was sie über Sexualität und viele andere Themen glaubt, braucht sie zuallererst das Evangelium. Stellen Sie sich Gott zur Verfügung, um sie zu Jesus zu führen – zu Jesus, der allein die Voraussetzungen hat, uns von unseren Sünden zu erlösen.

Und wenn Sie ein Pastor oder Lehrer sind, predigen Sie das Wort; manipulieren Sie die Heilige Schrift nicht, um sie mit unserer Kultur in Einklang zu bringen. Ermutigen Sie diejenigen, die zweifeln, und führen Sie, wenn möglich, diejenigen liebevoll zurück, die das Evangelium im Namen der Liebe gefährden.

Empfohlene Ressourcen

Lina AbuJamra, *Fractured Faith: Finding Your Way Back to God in an Age of Deconstruction* (Chicago, IL: Moody Publishers, 2021).

Alisa Childers, *Another Gospel? A Lifelong Christian Seeks Truth in Response to Progressive Christianity* (Carol Stream, IL: Tyndale, 2020).

Natasha Crain, *Faithfully Different: Regaining Biblical Clarity in a Secular Culture* (Eugene, OR: Harvest House, 2022).

KAPITEL 8

Werden wir die Fiktion einer geschlechtsneutralen Gesellschaft ablehnen?

Darum hat Gott sie dahingegeben … sie, welche
die Wahrheit Gottes in die Lüge verwandelt und dem Geschöpf
Verehrung und Dienst dargebracht haben statt dem Schöpfer.
RÖMER 1,24-25

Auf einer Website gibt der Autor und Redner Henry Blackaby diesen klaren Aufruf: „Hören Sie nicht schon die Warnungen Gottes? Sehen Sie nicht, dass der Feind wie eine Flut hereinbricht? Gott will ein Feldzeichen gegen ihn errichten. Und Sie und ich sind dieses Feldzeichen."[1] Die Tage, in denen wir leben, machen diesen Aufruf dringender denn je!

Kürzlich las ich diese Schlagzeile im Zusammenhang mit dem Repräsentantenhaus in den Nachrichten: „Vorgeschlagene Geschäftsordnung soll geschlechtsspezifische Begriffe wie ‚Vater' und ‚Tochter' abschaffen."

Verweise auf Väter, Mütter, Söhne, Töchter, Brüder, Schwestern, Ehemänner, Ehefrauen und Schwiegereltern würden in „Elternteil, Kind, Geschwister, Ehepartner oder Schwiegereltern" geändert, heißt es in der Entschließung. Mitglieder der erweiterten Familie würden als „Elternteil des Kindes" anstelle von Tante oder Onkel, Stiefeltern und Schwägerin und Schwager bezeichnet werden.[2]

Versuchen Sie, all das bei Ihrem nächsten Familientreffen zu bedenken.

In der darauffolgenden Woche sprach Emanuel Cleaver, Demokrat des Repräsentantenhauses ein Eröffnungsgebet für den neuen Kongress. Der ordinierte Geistliche schloss das Gebet mit „A*men* and A*women*". Hier sind seine Worte:

> Möge der Herr das Licht seines Antlitzes über uns erheben und uns Frieden schenken. Frieden in unseren Familien, Frieden in diesem Land, und ich wage zu bitten, Herr, Frieden sogar in diesem Haus. Wir bitten darum im Namen des monotheistischen Gottes Brahma und „Gottes", der in unterschiedlichen Religionen unter unterschiedlichen Namen bekannt ist. *Amen and Awoman.*[3]

Die Absurdität, dass Cleaver sein Gebet mit einem *Awomen* beendete, ist den meisten Mitgliedern des Repräsentantenhauses offenbar entgangen. Das Wort *Amen* leitet sich von einem hebräischen Wort ab, das „Gewissheit" oder „wahrlich" bedeutet. *Amen* hat nichts mit Männern (engl: *men*) und Frauen (engl. *women*) zu tun. Ich habe auch schon einige witzeln gehört, dass Restaurants jetzt zwei gedruckte Speisekarten brauchen – eine für Männer (*men*u) und eine für Frauen (*women*u).

Und dann ist da noch die Sache mit den biologischen Männern, die in Frauensportarten antreten. Fast täglich lesen oder hören wir von Sportlern, die als Männer geboren wurden und nun mit Frauen konkurrieren und Rekorde brechen, nur weil sie mit den biologischen Vorteilen aufgewachsen sind, die Männer in Bezug auf Muskelwachstum und Volumen haben.

Neulich, kurz vor dem Muttertag, sprach die Kongressabgeordnete Cori Bush von Müttern als „Gebärenden", um die Gleichstellung der Geschlechter zu fördern. Sie sagte: „Ich sitze heute vor Ihnen als alleinerziehende Mutter, als Krankenschwester, als Aktivistin, als Kongressabgeordnete, und ich habe mich verpflichtet, alles zu tun, um schwarze Mütter zu schützen, um schwarze Babys zu schützen, um schwarze Gebärende zu schützen und um Leben zu retten."[4]

NARAL („National Abortion Rights Action League") schaltete sich ein, um die Formulierung zu verteidigen: „Nicht nur cisgeschlechtliche* Frauen können schwanger werden und ein Kind bekommen."[5] Auf Wiedersehen Muttertag und willkommen Tag der Gebärenden.

In der *Smithsonian Institution* in Washington, D.C., gibt es eine neue Ausstellung mit einem geschlechtslosen Sprachassistenten namens Q. Stellen Sie sich Apples *Siri* oder Amazons *Alexa* vor, nur geschlechtslos. Er wurde durch die Synthese der Stimmen von Menschen geschaffen, die sich als männlich, weiblich, transsexuell oder nicht-binär identifizieren. Die Macher von Q sagen, sie hätten „eine Stimme für eine Zukunft geschaffen, in der wir nicht mehr durch unser Geschlecht definiert werden, sondern dadurch, wie wir uns selbst definieren."[6] Als vor Jahren ein geschlechtsneutrales Pronomen in einem französischen Wörterbuch veröffentlicht wurde, bemerkte jemand: „Versuche, die Sprache der Liebe zu entgeschlechtlichen, lässt (Französisch) wie Algebra aussehen."[7] Gut gesagt.

„Here comes the … Broom?" So lautete eine Schlagzeile in der Ausgabe der *New York Times* vom 18. Februar 2022. In der Geschichte wird über die Hochzeit eines Paares berichtet. Die weibliche Partnerin wollte sich selbst als Braut bezeichnen, aber ihr nichtbinärer Partner, der nichtbinäre Pronomen benutzt, sagte: „Ich wollte an meinem Hochzeitstag so wenig wie möglich damit zu tun haben, falsch gegendert zu werden."[8] Also einigten sie sich auf das Wort *broom*, eine Kombination aus *bride* (dt.: Braut) und *groom* (dt.: Bräutigam), das im Englischen jedoch ironischerweise bereits die Bedeutung *Besen* trägt. Immer mehr Partner distanzieren sich von jeglichen traditionellen Rollen in der Ehe.

---

* Cisgender/cisgeschlechtlich (Gegenteil von Transgender) bezeichnet eine Person, deren empfundenes soziales Geschlecht mit ihrem biologischen Geschlecht übereinstimmt. (Anm. d. dt. Hg.)

Wenn es möglich wäre, würde Karl Marx aus seinem Grab applaudieren! Er würde diese totale Zerstörung von Gottes Ordnung für Geschlecht und Familie feiern. Sie spricht von einer Verachtung Gottes; sie ist ein Ausdruck des Trotzes gegenüber dem Schöpfer, den Marx hasste. Er würde sich dieser Kultur anschließen und rufen: „Gott definiert uns nicht, wir definieren uns selbst!" Das Selbst ist an die Stelle Gottes getreten, und das Geschöpf hat den Platz des Schöpfers eingenommen, so wie es in der Heiligen Schrift beschrieben wird (Röm 1,25).

In diesem Zeitalter der Selbstanbetung gibt es Menschen, die glauben, dass das Geschlecht fließend ist; es ist, was immer man denkt, dass es sein sollte. Ja, wir müssen bedenken, dass es einige gibt, die tatsächlich mit Geschlechtsdysphorie zu kämpfen haben, und später in diesem Kapitel werden wir darüber sprechen, wie wir versuchen können, ihnen zu helfen und sie in ihrer Auseinandersetzung damit zu lieben.

Sexuelle Verwirrung und politische Macht

In Kapitel 3 haben wir gelernt, dass Revolutionäre in einem Land, das mit sich selbst im Reinen ist, keine Macht anhäufen können; sie brauchen das Chaos. Die großen Säulen der Zivilisation müssen umgestürzt werden. Radikale wollen Amerikas Geschichte, seine Kultur und die Grundpfeiler, die diese Nation möglich gemacht haben, zerstören. Wie ließe sich das besser bewerkstelligen, als dadurch, dass man die Kernfamilie zerstört und Anstand und Vernunft auflöst? Und was könnte verlockender sein, als die Souveränität des Einzelnen an die Stelle der Souveränität Gottes zu setzen?

Die Menschen sind bereit, sich Lügen einzureden und den gesunden Menschenverstand auszuschalten, um sich nicht einer vermeintlichen Schande auszusetzen. Die Menschen lassen sich leicht einschüchtern, weil sie verunsichert bezüglich dessen sind, was sie sagen können, ohne angegriffen oder gecancelt zu werden. Ist es in

Ordnung, das Wort *Feuerwehrmann* zu verwenden? Keiner weiß es. Schweigen ist die sicherste Option.

Ein aus der Sowjetunion stammender Arzt in den USA erzählte Rod Dreher, dass die Personalabteilung an seiner Arbeitsstelle ständig die Social-Media-Konten des Personals auf Anzeichen von Illoyalität gegenüber dem Unternehmens-Credo zu Vielfalt und Integration überwacht. Dreher berichtet Folgendes über das Gespräch mit dem Arzt:

> Die Ideologie der sozialen Gerechtigkeit zwingt Ärzte wie ihn, ihre medizinische Ausbildung und ihr Urteilsvermögen zu ignorieren, wenn es um die Gesundheit von Transgendern geht. Er sagte, dass es in seiner Institution nicht zulässig ist, geschlechtsdysphorischen Patienten von Behandlungen abzuraten, die sie wünschen, selbst wenn er als Arzt der Meinung ist, dass dies nicht im Interesse der Gesundheit des betreffenden Patienten liegt.[9]

Wenn Sie also Ihren Job behalten wollen, müssen Sie sich an die progressiven Leitlinien halten. In der heutigen *woken* Kultur wird von jedem erwartet, dass er „doppeldenkt"*, d. h. zwei gegensätzliche, sich ausschließende Überzeugungen zu akzeptieren.

Die britische Zeitung *The Times* berichtet, dass in Schottland „Aktivisten, die die Ansicht vertreten, dass eine Transfrau keine Frau ist, gegen das Gesetz verstoßen, wenn ein Gericht entscheidet, dass sie mit ihrem Handeln Hass schüren wollten, wie der Justizminister bestätigt hat."[10] Reicht es für eine Gesetzesübertretung bereits aus, dass jemand die Wahrheit sagt? Spielt es keine Rolle, ob die Aussage, die angeblich Hass schürt, auch wirklich wahr ist?

Mit anderen Worten: Wenn Sie sich nur dagegen aussprechen, dass ein Mann, der sich als Frau bezeichnet, an einem Sportwettbewerb teilnimmt, könnten Sie beschuldigt werden, Hass zu schüren.

---

* Wortschöpfung aus Orwells *1984* (Anm. d. dt. Hg.)

Und wie in dem Artikel erklärt wird, kann schon die bloße Erklärung Ihrer Überzeugungen gegenüber einer kleinen Gruppe von Menschen als „Schüren von Hass" interpretiert werden. Wenn Sie Ihre Meinung sagen, werden sie bestraft, selbst wenn das, was Sie sagen, wahr ist.

Ich wiederhole: Gesunder Menschenverstand ist eine Irrlehre.

Betrachten Sie diese Schlagzeile: „Student vom Bildungsprogramm suspendiert, weil er gesagt hat: ‚Ein Mann ist ein Mann, eine Frau ist eine Frau.'" In dem Artikel heißt es:

> Eine New Yorker Universität hat einen Pädagogikstudenten von Pflichtveranstaltungen suspendiert, weil er Instagram-Videos mit konservativen Ideologien gepostet hat ... In einem seiner Instagram-Videos sagte Stevens: „Ein Mann ist ein Mann und eine Frau ist eine Frau."[11]

In dem Artikel wird ein Sprecher zitiert, der sagte, dass Studenten „sich verpflichten, die beruflichen Standards ihres gewählten Fachgebiets einzuhalten. Manchmal verlangen diese beruflichen Standards, dass die Studierenden in einer Weise handeln, die von ihren persönlichen Vorlieben abweichen kann."[12]

Es gibt Männer, die sagen: „Ich identifiziere mich als Frau, das ist mein Recht." Das ist natürlich so, als würde ein Mann, der nur 1,70 m groß ist, sagen: „Ich möchte 1,80 m groß sein, das ist mein Recht." Und erst gestern hörte ich von einem Mann, der beantragte, das Datum auf seiner Geburtsurkunde von 69 auf 49 Jahre zu ändern, weil er sich 20 Jahre jünger fühlt. Seiner Meinung nach musste das Datum seiner Geburt geändert werden. Und wer sind wir, ihm etwas anderes zu sagen?

Diejenigen, die diese Absurditäten nicht akzeptieren, werden ins Visier genommen, weil man ihnen vorwirft, dass sie die Autonomie des Selbst leugnen, d. h. das Recht jedes Einzelnen zu entscheiden, wer oder was er wirklich ist. Erinnern wir uns an George Orwells Roman *1984*, in dem Winston Smith glauben sollte, dass 2 + 2 = 5 ist, damit er sich daran gewöhnt, Lügen zu akzeptieren und auszusprechen.

Was ist das Ziel dieser Art von Verwirrung? Wie uns George Orwell erinnert hat, geht es darum, Bedeutungen von Wörtern zu trennen und eine Sprache zu schaffen, die mit Biologie, Wissenschaft, Geschichte und gesundem Menschenverstand auf Kriegsfuß steht. Letzten Endes soll damit jede Opposition und jedes freie Denken zum Schweigen gebracht werden.

Wer einmal auf den kulturellen Zug der „Geschlechterzerstörung" aufgesprungen ist, wird an Orte gelangen, die er eigentlich gar nicht ansteuern wollte. Lesen Sie die folgende Geschichte:

Die *Hollins University* in Roanoke, Virginia, wurde 1842 als reine Frauenuniversität gegründet. Im Jahr 2019 wurde eine Richtlinie geändert, um Studenten, die biologisch männlich sind, sich aber als weiblich identifizieren, den Besuch der Schule zu ermöglichen. Theoretisch hätte die Universität die Möglichkeit gehabt, ihren Status als reine Frauenschule beizubehalten. Es wurde jedoch festgestellt, dass diese Änderung nicht ausreichte, um mit der Entwicklung unserer sich ständig verändernden Kultur Schritt zu halten. Sie konnten nicht dabei stehen bleiben.

Eine Studentin kam zu dem Schluss: „Das Mädchensein definiert mich nicht." Sie bezeichnet sich nun als nicht-binär, d. h. weder als Frau noch als Mann. Andere Studentinnen bezeichnen sich ebenfalls als nichtbinär. Die Schule steht nun also vor einem Dilemma. Soll sie nichtbinäre Schülerinnen und Schüler aufnehmen? Wenn ja, wären sie nicht länger eine reine Frauenhochschule. Sie sehen sich unter Druck gesetzt, einfach die Türen für alle zu öffnen. Die Weiblichkeit wird zerstört.[13]

Wo bleibt die Frauenbewegung bei all dem? Bleibt sie untätig, während das Konzept der Weiblichkeit ausgelöscht wird? Wer spricht im Namen der *Frauen*?

Schon am Anfang schuf Gott nur zwei Geschlechter: „Und Gott schuf den Menschen als sein Bild, als Bild Gottes schuf er ihn; als Mann und Frau schuf er sie" (1Mo 1,27). Wenn Sie ein Mann sind, werden Sie immer männliche Chromosomen haben; wenn Sie eine Frau sind, werden Sie immer weibliche Chromosomen haben. Daran werden weder persönliche Gefühle über die Identität noch körperverändernde Operationen jemals etwas ändern. Körperliche Veränderungen sind kosmetischer Natur; die Chromosomen eines Menschen sind immer noch so wie bei der Geburt und sogar schon bei der Empfängnis.

Dies steht im Einklang mit Biologie und Wissenschaft. Die Biologen Colin Wright und Emma Hinton erklären, dass es wissenschaftlich gesehen nur zwei Geschlechter gibt, nämlich männlich und weiblich, und dass es kein „Geschlechtsspektrum" gibt. Sie ermutigen Mediziner, sich für die empirische Realität des biologischen Geschlechts einzusetzen.[14] Und was nicht so häufig berichtet wird, ist die Tatsache, dass viele derjenigen, die sich einer Geschlechtsumwandlung unterzogen haben, es später bereuen und wieder rückgängig machen wollen.[15]

Kürzlich sprach ich in einer Gemeinde, in der ein verzweifelter Großvater fragte: „Meine Tochter versucht, ihre achtjährige Tochter davon zu überzeugen, ein Junge zu werden. Was soll ich ihr sagen?" Es gibt mehrere Dinge, die er sagen kann. Er sollte bedenken, dass Biologie und Anatomie hartnäckige Realitäten sind. Hier ein paar Fragen, die er stellen kann: Ist es gut für einen Menschen, gegen seinen eigenen Körper zu leben? Könnte eine Frau Kinder mit einem „Mann" haben, der als biologische Frau geboren wurde? Die biologische Realität ist nun mal, dass nur ein Mann und eine Frau an der Fortpflanzung der menschlichen Rasse teilnehmen können.

Ayn Rand, die dem Christentum nicht wohlgesonnen war, aber ein realistisches Weltbild vertrat, sagte über den Menschen: „Er ist frei, sich der Realität zu entziehen, er ist frei, seinen Verstand zu verwirren und blindlings jeden Weg zu gehen, den er will, aber nicht frei, dem Abgrund auszuweichen, den er nicht sehen will."[16]

Die Menschen können tun und glauben, was sie wollen, aber sie können die Folgen ihrer Entscheidungen nicht kontrollieren.

Die Quintessenz: Sie können vielleicht die Entscheidung für ein Geschlecht kontrollieren, aber die Folgen liegen in den Händen Gottes.

Und es gibt noch viel mehr, was gesagt werden muss.

Die Segnungen der Ablehnung durch andere

Linke sind stolz darauf, dass sie niemanden ablehnen, egal, welches Geschlecht oder welche sexuelle Identität jemand hat. Das, so sagen sie, ist der Königsweg, tugendhaft und nicht verurteilend zu sein. Aber in Wirklichkeit lehnen sie sehr wohl Dinge ab – es gibt viele gewöhnliche Entscheidungen im täglichen Leben, die es erfordern, dass wir sie ablehnen. Wenn sie Kinder haben, üben sie wahrscheinlich eine Art von Ablehnung bei der Auswahl eines Babysitters aus. Bei der Wahl ihrer Freunde oder gegebenenfalls einer neuen Gemeinde treffen sie eine Entscheidung für oder gegen sie. Bei der Einstellung von Personal lehnen Universitäten ganz klar diejenigen ab, die die LGBTQ-Weltanschauung nicht bejahen wollen. Diejenigen, die am lautesten über die Übel der Ungleichbehandlung schreien, sind die ersten, die diejenigen ungleich behandeln und ablehnen, die anderer Meinung sind als sie.

Und wir, die wir Christus nachfolgen, haben gute Gründe, zwischen Gemeinden, die wir ohne Bedenken besuchen können, und Gemeinden, die falsche Lehren verbreiten, zu unterscheiden und Letztere abzulehnen. Es gibt viele Ermahnungen in der Heiligen Schrift, die uns auffordern, etwas abzulehnen. Eine davon finden wir in Römer 16,17-19:

> Ich bitte euch aber, Brüder, nehmt euch vor denen in Acht, die von der Lehre abweichen, wie ihr sie gelernt habt! Sie rufen nur Spaltungen hervor und bringen den Glauben der Geschwister in Gefahr. Geht ihnen aus dem Weg! Solche Menschen dienen nicht Christus, unserem Herrn,

sondern ihrem eigenen Wohlergehen. Mit eindrucksvollen Reden und schmeichlerischen Worten führen sie arglose Menschen in die Irre. Über euch aber kann ich mich nur freuen, denn jeder weiß, dass ihr dem Wort Gottes gehorsam seid. Doch ich möchte euch auch weise zum Guten und unbeeinflusst vom Bösen wissen.

Nicht alle Lehren sind gleichermaßen fundiert; nicht alle Formen der Sexualität sind gleichermaßen biblisch und gottgefällig. Nicht alle Theorien über Rassen stimmen mit der biblischen Lehre überein, und nicht alle Theorien über die Ursprünge unserer Welt sind gleichermaßen gültig. Und die Liste ließe sich fortsetzen.

Jetzt ist nicht der Zeitpunkt, an dem wir um den heißen Brei herumreden sollten, sondern eine Zeit, in der wir mit mitfühlender Klarheit über die aktuellen Fragen sprechen müssen. Während einer Demonstration für die Rechte von Homosexuellen wurde den Mitgliedern einer Regierungsbehörde gesagt, dass sie die Rechte von Homosexuellen verbal unterstützen müssen, weil „Schweigen als Widerstand gegen die Agenda der Homosexuellen interpretiert werden könnte."

Kann man dem Ganzen entgehen, indem man einfach den Mund hält? Nicht unbedingt. Die radikale Linke ist auf der Suche nach Verbündeten, die sich zu ihr bekennen und sie in ihrem Krieg gegen die Gedankenfreiheit unterstützen. War es nicht Dietrich Bonhoeffer, der uns daran erinnerte, dass Schweigen auch Reden ist? Unser Schweigen wird so interpretiert, dass wir mit den neuen Gesetzen einverstanden sind, die besagen, dass biologische Männer in Frauensportarten antreten können und Toiletten nach dem bevorzugten Geschlecht ausgewählt werden können. Oder dass wir die gleichgeschlechtliche Ehe gutheißen. Auch unser Schweigen spricht.

Rod Dreher sagt in seiner Erörterung der Ermahnung Alexander Solschenizyns an das russische Volk, „nicht in Lügen zu leben", dass Solschenizyn all diejenigen kritisierte, die „alle Unwahrheiten und

Propaganda, die der Staat seinen Bürgern aufzwang, ohne Protest akzeptierten".[17] Wovor Solschenizyn vor fast 50 Jahren gewarnt hat, davon sagt man uns heute, dass wir es akzeptieren und bestätigen sollen.

Weise Unterscheidung und Ablehnung ist gefragt. Die Strafen mögen schwerwiegend sein, aber wir dürfen nicht klein beigeben. Wir wagen es nicht, mit Lügen zu leben.

Der Kern der Sache

Und nun speziell zum Thema Transgenderismus.

Ich bin seit vielen Jahren Pastor und weiß, wie schwierig es ist, den Spagat zwischen sozialem Engagement in solchen Fragen und der Liebe zu all denen zu schaffen, die leiden. Aber ich glaube, dass Pastoren (und alle Gläubigen) ihre Anliegen so formulieren können, dass ehrliche Menschen die Probleme verstehen und erkennen, dass unser Standpunkt nicht lieblos ist, sondern eigentlich sogar sehr liebevoll ist.

Was könnte liebloser sein, als denjenigen, die sich als Transgender bezeichnen, uneingeschränkten Zugang zu den Toiletten zu gewähren und damit die Rechte von Jungen und Mädchen mit Füßen zu treten, die erwarten, dass sie in Toiletten und Duschen ihre Privatsphäre haben?

Wir müssen den Mund aufmachen, aber mit Bedacht. Wenn wir uns nicht zu diesen Themen äußern, bleibt nur die säkulare Moral des Staates übrig. Wie jemand gesagt hat: *Wir erwarten von unseren Politikern, dass sie das in Ordnung bringen, was wir als Christen nicht bereit sind, anzusprechen!*

Was ist der eigentliche Kernpunkt, der die Transgender-Debatte ins rechte Licht rückt?

Die Zeitschrift *National Geographic* bezeichnete ihre Sonderausgabe vom Januar 2017, die der Gender-Revolution gewidmet war, als „historisch". Die Publikation befürwortete die gegenwärtige kulturelle Auffassung, dass wir das Konzept der Geschlechter-fluidität* akzeptieren müssen, obwohl es sowohl dem Naturrecht als auch der biblischen Anthropologie widerspricht.

In der Zeitschrift *Public Discourse* des *Witherspoon Institute* stellen Andrew Walker und Denny Burk zu Recht die Frage:

> Warum ist es akzeptabel, den Körper eines Kindes chirurgisch so zu verändern, dass er seinem Selbstverständnis entspricht, aber fanatisch, zu versuchen, sein Selbstverständnis so zu verändern, dass es seinem Körper entspricht? Wenn es falsch ist, zu versuchen, die Geschlechtsidentität eines Kindes zu ändern (weil sie [laut Transgender-Aktivisten] feststeht und es schädlich ist, sich in sie einzumischen), warum ist es dann moralisch akzeptabel, etwas so Feststehendes wie die reproduktive Anatomie eines Minderjährigen zu verändern?[18]

Lassen Sie mich die Frage auf diese Weise stellen: Wenn ein Mann mit einem gesunden Arm beschließt, dass der Arm kein rechtmäßiger Teil seines Körpers ist, und er ihn chirurgisch entfernen lassen will, hat er dann ein körperliches oder ein psychisches Problem? Wenn ein Mann, der 52 Jahre alt ist, sich als sechsjähriges Mädchen identifiziert, hat er dann ein körperliches oder ein psychisches Problem? Hat eine Frau, die an Magersucht leidet und sich zu Tode hungert, ein körperliches oder ein psychisches Problem?

Wenn jemand behauptet, er sei ein Transgender und erwäge daher eine irreversible chirurgische Geschlechtsumwandlung, müssen wir ihm liebevoll helfen zu verstehen, dass er nicht mit einem körperlichen, sondern mit einem psychischen Problem zu kämpfen hat.

Es sei noch einmal gesagt: *Es ist besser, wenn man beschuldigt wird, grob zu sein, als wenn man mit leisen Tönen des Mitgefühls,*

---

* Bezeichnung für den dynamischen Wechsel von männlichen, weiblichen und geschlechtsneutralen Empfindungen.

der Liebe, der Fürsorge und der Rücksichtnahme lügt. Oder anders ausgedrückt: *Der beste Weg, jemanden zu lieben, ist, ihm gnädig die Wahrheit zu sagen.*

Christen, die mit Geschlechtsdysphorie zu kämpfen haben, müssen Hilfe suchen, um ihren Geist neu zu ordnen. Selbst wenn sie in diesem Leben nie die Erfahrung machen, dass ihre inneren Gefühle mit ihrem äußeren Körper übereinstimmen, müssen sie sich als Christen zu einem heiligen Leben verpflichten, was ihre Beziehungen betrifft. Wir müssen dieser Generation auch sagen, dass ein Leben als Single den besonderen Segen des Herrn haben kann. Sie müssen dazu angehalten werden, ihren Gefühlen nicht nachzugeben, indem sie sich einer geschlechtsangleichenden Operation unterziehen oder verunreinigende sexuelle Beziehungen eingehen.

Sie sollten auch in unseren Gemeinden willkommen geheißen werden und bei uns ein Zuhause finden.

Sollten wir Menschen mit den von ihnen bevorzugten Pronomen ansprechen?

Lassen Sie uns eine sehr praktische Frage betrachten: Was sagen wir, wenn ein Kind oder ein Kollege uns bittet, ihn mit seinem bevorzugten Geschlecht anzusprechen?

In seinem Buch *God and the Transgender Debate* (dt.: Gott und die Transgender-Debatte) erörtert Andrew T. Walker, wie Christen mit transsexuellen Familienmitgliedern, Kollegen oder Gemeindebesuchern würdevoll umgehen können, ohne gegen die Wahrheit oder unser Gewissen zu verstoßen.

In einem Artikel, der nach der Veröffentlichung seines Buches erschien, weist er darauf hin, dass Pronomen keine Kleinigkeit sind, da sie die Realität beschreiben sollen. Dennoch „sollten Christen grundsätzlich nicht unnötig kampflustig oder konfrontativ sein, wenn es darum geht, wie wir mit der Sprache des Transgenderismus umgehen. Wir sollten versuchen, entwaffnend zu sein und konfliktträchtige Situationen zu entschärfen."

Walker fährt fort: „Meine Grundsätze für den Umgang mit Pronomen und Namen sind die folgenden: Erstens bestimmt der Kontext das Maß und die Art der Interaktion. Zweitens bestimmt die Tiefe der Beziehung die Autorität, die man hat, um richtig zu sprechen. Drittens müssen sich autoritative und korrigierende Worte in erster Linie an der Autorität der Heiligen Schrift orientieren." Er sagt weiter, dass man, wenn möglich, die fraglichen Pronomen ganz vermeiden sollte.

Wie sieht es mit der Verwendung des bevorzugten Namens aus? Walker sagt, dass er eher den bevorzugten Namen verwendet, weil „Namen nicht von Natur aus geschlechtsspezifisch sind". Aber er wird öffentlich keine bevorzugten Pronomen verwenden, weil wir die Wahrheit sagen müssen. Er zitiert den politischen Kommentator David French: „Sie können mein Verhalten nicht benutzen, um Ihren Kulturkrieg zu gewinnen ... Ich werde nicht sagen, was ich nicht glaube."

Je näher wir den Menschen stehen (z. B. Familienmitgliedern), desto einfühlsamer sollten wir versuchen, ihnen die biblische Sicht der Sexualität nahezubringen. Unsere Verantwortung gegenüber Kollegen besteht darin, respektvoll mit ihnen zu sprechen, ihnen unsere Liebe zu versichern und gleichzeitig unsere Überzeugungen zu erläutern.

Was ist mit Angestellten, von denen erwartet wird, dass sie Erklärungen unterschreiben, in denen sie sich zur „Achtung der Diversität" verpflichten sollen und die von ihnen die Verwendung der von einer Person gewählten Pronomen einfordern? Um Walker noch einmal zu zitieren: „Wenn Sie sich in einer Situation befinden, in der Ihr Arbeitgeber von Ihnen verlangt, Ihr Gewissen zu verletzen, damit Sie Ihre Stelle behalten können, lassen Sie es mich so deutlich wie möglich ausdrücken: Sie müssen Ihrem Arbeitgeber gegenüber offen sein. Bitten Sie um eine Ausnahme. Wenn diese nicht gewährt wird, ist es vielleicht an der Zeit, sich einen neuen Arbeitsplatz zu suchen."[19]

Was aber, wenn ein solcher Zwang zum Standard für praktisch alle Arbeitgeber wird? Wir müssen die Gewissensfreiheit unter uns zulassen, aber wir müssen uns auch diese Frage stellen: Sind wir bereit, den Preis der Treue zu Gott zu zahlen und unserem Gewissen zu folgen? Oder, wie Solschenizyn uns fragen würde: Sind wir bereit, mit Lügen zu leben?

Auf die Hoffnung ausgerichtet

Der Autor Glenn Stanton gibt Christen, die mit gleichgeschlechtlicher Anziehung zu kämpfen haben, Ratschläge, die auch für Transgender gelten. Er schreibt:

> Es gibt unzählige treue und wunderbare Heilige in so vielen Gemeinden auf der ganzen Welt, die sich zum gleichen Geschlecht hingezogen fühlen und mit diesen Versuchungen kämpfen, sich aber zu einem sexuell enthaltsamen Leben entschlossen haben, weil es das ist, wozu Gott alle Menschen beruft, die nicht in seinen Plan für die Ehe eintreten.[20]

Die Ehe wird in der Bibel gesegnet, aber das Zölibat auch. Jesus selbst hat von Eunuchen gesprochen. Er verurteilte sie nicht, sondern sprach von drei Kategorien: (1) einige werden zeugungsunfähig geboren, (2) einige werden dazu gemacht (durch Kastration), und (3) einige wählen die Ehelosigkeit um des Himmelreichs willen (siehe Mt 19,10-12).

Wenn ein Junge in der heutigen Gesellschaft sich naturgemäß nicht zu Frauen hingezogen fühlt, heißt es, er sei schwul. Dem ist nicht so. Denn unabhängig von der Anziehung ruft Gott ihn (und uns alle) zur Reinheit auf. Denjenigen, die sich zu einem Leben der Heiligkeit verpflichten, gibt Gott dieses bemerkenswerte Versprechen:

Und der Sohn der Fremde, der sich dem HERRN an- geschlossen hat, soll nicht sagen: Der HERR wird mich si- cher von seinem Volk ausschließen. Und der Eunuch sage nicht: Siehe, ich bin ein dürrer Baum! Denn so spricht der HERR: Den Eunuchen, die meine Sabbate bewahren und das erwählen, woran ich Gefallen habe, und festhalten an meinem Bund, *denen gebe ich in meinem Haus und in mei- nen Mauern einen Platz und einen Namen, besser als Söhne und Töchter. Einen ewigen Namen werde ich ihnen geben, der nicht ausgelöscht werden soll.* (Jes 56,3-5)

Sie werden einen Namen erhalten, der besser ist als der von Söh- nen und Töchtern! Männer und Frauen, die sich aus verschiedenen Gründen für den Zölibat entscheiden, können sicher sein, dass sie einen rechtmäßigen und gesegneten Platz in Gottes Reich haben. Während sie noch auf der Erde sind, werden einige zufriedener sein als andere; es wird solche geben, die sich abmühen und mit unerfüll- ten Träumen leben müssen, aber Gott ist da, um zu helfen und zu segnen. Unerfüllte Träume sind kein Hindernis für Gottes besonde- ren Segen.

Natürlich bezeugen viele, dass Gott es manchmal für richtig hielt, die Sehnsüchte derjenigen zu verwandeln, die mit gleichgeschlecht- licher Anziehung oder Geschlechtsdysphorie zu kämpfen haben; einige haben erfüllende, heterosexuelle Ehen geschlossen. Aber wir sollten nicht vergessen, dass Jesus und Paulus alleinstehend waren. Paulus spricht in 1. Korinther 7,32-35 über die Vorteile des Single- daseins.

Die Gemeinde soll nicht verurteilen, sondern alle Gläubigen er- mutigen, sich für ein Leben der Heiligkeit einzusetzen. Das ist der Wille Gottes für uns alle.

Das Evangelium für eine zerbrochene Welt

Für diejenigen, die nie an ihrem Geschlecht gezweifelt oder gleichgeschlechtliche Anziehung erfahren haben, ist es allzu leicht, über diejenigen zu urteilen, die sagen, sie seien homosexuell oder transgender. Das Thema ist so lange theoretisch, bis Ihr Sohn oder Ihre Tochter sagt: „Ich fühle mich wie ein Junge, der in einem Mädchenkörper gefangen ist", oder „Ich wurde als Junge geboren, aber ich empfinde es so, dass ich in Wahrheit ein Mädchen bin." Wenn Sie glauben, dass dies nur in nichtchristlichen Elternhäusern geschieht, irren Sie sich. Angesichts des Hypes, den einige Politiker und Pädagogen veranstalten, outen sich Kinder und Erwachsene überall – sogar in unseren Gemeinden – und sagen, dass sie transgender sind oder eine andere geschlechtliche oder sexuelle Identität haben.

Als Christen – und vor allem als Eltern oder Großeltern – müssen wir versuchen, so gut wir können, unserer Kultur in dieser Frage gnädig und wahrheitsgemäß zu begegnen; ein verurteilender Geist führt nur dazu, dass die Menschen sich abwenden. Sexuelle Begierden und Handlungen, die nicht mit Gottes Wort übereinstimmen, gibt es schon seit Jahrhunderten – man denke nur an die grassierende Homosexualität in Griechenland und Rom. Und denken Sie an die vielen Christen, die im Privaten mit sexuellen Gefühlen gerungen haben, die sie nicht haben wollten.

Wir müssen unterscheiden zwischen dem, was es heißt, eine Person anzunehmen, und der Entscheidung, ihr Verhalten gutzuheißen. Jeder Mensch ist nach dem Ebenbild Gottes geschaffen und verdient es, mit Würde und Respekt behandelt zu werden, aber nicht jeder Mensch verdient Zustimmung für sein Verhalten und seinen Lebensstil. Wir können alle willkommen heißen, auch wenn wir nicht alles gutheißen können.

Wir sollten behutsam, respektvoll und höflich sein. Und bei der Wahrheit bleiben. Als Christen und als Gemeinden können wir die Verwirrung, ja sogar das Leid, das manche Menschen in Bezug auf diese Themen erfahren, nicht einfach abtun. Mitfühlende und verständnisvolle Herzen sind gefragt, um denjenigen zu helfen, die zu kämpfen haben. Wir müssen uns auch daran erinnern, dass unser Körper nicht uns gehört – er gehört Christus.

> Mitfühlende und verständnisvolle Herzen
> sind gefragt, um denjenigen zu helfen,
> die zu kämpfen haben.

James Emery White sagt in seiner Blogserie über Gender:

> Wenn Sie eine echte Geschlechtsdysphorie haben, haben Sie sich das nicht ausgesucht. Sie sind nicht schuld an Ihrem Zustand. Dysphorie ist keine moralische Frage. Geschlechtsdysphorie ist zwar eine echte psychologische Störung, die dazu führt, dass jemand wie ein anderes Geschlecht denkt und fühlt, aber sie bedeutet nicht, dass man ein anderes Geschlecht ist. Unsere Gebrochenheit ist nicht unmoralisch, aber es gibt moralische Entscheidungen, die sich daraus ergeben, wie wir auf unsere Gebrochenheit reagieren.[21]

In einem Artikel der Zeitschrift *WORLD* heißt es: „Um Transgender zu lieben, müssen wir uns durch die komplizierten Schichten von Sünde und Schmerz arbeiten – ein Prozess, der den Beziehungskontext erfordert, den Gemeinden bieten können." Der Artikel zitiert Heath Lambert von der *Association of Certified Biblical Counselors* und fügt hinzu: „Es wäre tödlich, zu sagen: Das ist falsch – und dann nicht helfen zu können."[22] Ob wir nun selbst mit diesem moralischen Kampf konfrontiert sind oder denen zur Seite stehen, die damit konfrontiert werden, Christus begleitet uns durch den Prozess des Wachstums in der Heiligkeit.

Nur wenn wir das Ausmaß der teuflischen Täuschung erkennen, können wir anderen helfen, ihre Probleme aus einer göttlichen Perspektive zu sehen. Denken Sie daran, dass diejenigen, die in der Finsternis wandeln, die Dinge nicht so sehen, wie sie sind, sondern so, wie sie sie haben wollen. „Der Weg der Gottlosen ist wie das Dunkel; sie erkennen nicht, worüber sie stürzen" (Spr 4,19).

Wir müssen unsere Gemeinden auch mit Menschen bekannt machen, die es bereuen, sich einer Transgender-Operation unterzogen zu haben, und die nun Alarm schlagen und dafür plädieren, dass andere nicht den gleichen Fehler machen. Viele dieser Menschen haben jedoch Angst, sich zu äußern, weil sie als hasserfüllt, fanatisch oder als Quertreiber abgestempelt werden. Eine, die sich zu Wort meldet, ist Cari Stella. Sie bereut ihre operative Geschlechtsumwandlung und sagt, dass Aktivisten nicht für immer ignorieren können, was eine zunehmende Zahl von Betroffenen bereut. „Wir existieren ... und unsere Zahl wächst."[23]

Sie kennen mit Sicherheit eine Familie, in der ein Kind mit Geschlechtsdysphorie zu kämpfen hat. Scheuen Sie sich nicht, dieses Thema anzusprechen. Bauen Sie eine Beziehung zu dieser Familie auf, um zuzuhören, mit den Betroffenen zu reden und sie zu verstehen. Und wenn Sie die Geschichte eines verwirrten Kindes hören (vielleicht sogar Ihres eigenen), helfen Sie ihm, seine unerfüllten Gefühle zu verarbeiten; sie müssen die Tatsache akzeptieren, dass sie vielleicht weiter kämpfen, aber immer noch von Ihnen und von Gott geliebt werden.

Erinnern Sie sie daran, dass Trauer der Schmerz ist, der alle anderen Schmerzen heilt. Sie müssen ehrlich mit ihrem Kummer umgehen und sich an Versprechen wie dieses von Jesus erinnern: „Kommt her zu mir, alle ihr Mühseligen und Beladenen! Und ich werde euch Ruhe geben. Nehmt auf euch mein Joch und lernt von mir! Denn ich bin sanftmütig und von Herzen demütig, und ‚ihr werdet Ruhe finden für eure Seelen'" (Mt 11,28-29).

Lasst uns nicht aufhören, einer verletzten Welt diesen liebevollen Erlöser vorzustellen.

Zusage für den Alltag

Meine Brüder, wenn jemand unter euch von der Wahrheit abirrt und jemand ihn zurückführt, so wisst, dass der, welcher einen Sünder von der Verirrung zurückführt, dessen Seele vom Tode retten und eine Menge von Sünden bedecken wird. (Jak 5,19)

Ein Held, der keinen Grund hatte, sich zu verstecken

In dem Artikel „Ich war eine Transgender-Frau" erzählt Walt Heyer, wie seine Großmutter ihn als Mädchen sehen wollte und ihm deshalb ein lila Chiffonkleid anzog. Das brachte ihn auf die Idee, dass er mit dem falschen Körper geboren wurde, und so kämpfte er mit dem, was man heute als Geschlechtsdysphorie bezeichnet. Später im Leben entdeckte er, dass seine geschlechtsangleichende Operation nicht die Lösung war.

Er schrieb:

> Unter dem Make-up und der weiblichen Kleidung verbarg sich der kleine Junge, der die Verletzungen aus traumatischen Kindheitserlebnissen in sich trug, und er gab sich zu erkennen. Eine Frau zu sein, erwies sich nur als Tarnung, nicht als Heilung. Ich wusste, dass ich keine echte Frau war, egal, was in meinen Ausweispapieren stand ... Es war offensichtlich eine Maskerade.

Jahre später entdeckte Heyer, dass er aufgrund seiner traumatischen Kindheit an einer dissoziativen Störung litt. „Der Gender-Spezialist hat meine schwierige Kindheit und sogar meinen Alkoholismus nie berücksichtigt und nur die Transgender-Identität gesehen. Er verschrieb mir kurzerhand Hormone und eine irreversible Operation ... Es war ein großer Fehler, zu einem Gender-Spezialisten zu gehen, als ich zum ersten Mal Probleme hatte", erklärt er. „Ich musste mit der Realität leben, dass Körperteile weg waren ... [und] nicht wiederhergestellt werden konnten."[24]

Natürlich wurde Heyer, wie zu erwarten war, für seine Äußerungen zu diesem Thema verunglimpft, ebenso wie andere, die aufzeigen, wie töricht der Krieg gegen die Geschlechter ist. Aber die Lügen unserer Kultur müssen aufgedeckt werden. Äußere Veränderungen sind künstlich; nur ein Wandel des Herzens kann dauerhaften Frieden bringen.

Jesus ist mit uns in den Schützengräben.

Aktionsschritt

Es ist schon genug darüber gesagt worden, was man denen entgegnen soll, die mit gleichgeschlechtlicher Anziehung zu kämpfen haben oder glauben, sie seien transsexuell. Lesen Sie die folgende Ermahnung des Apostels Paulus und fragen Sie sich: Wie kann ich diese Anweisung auf meinen Umgang mit Menschen anwenden, die mit Geschlechterfragen zu tun haben? Weichen Sie solchen Diskussionen nicht aus, sondern gehen Sie sie mit Demut, Verständnis und Sorgfalt an. Wahrheit und Liebe sind keine Feinde. Lassen Sie uns beides annehmen, wenn wir einer verwirrten Kultur entgegentreten, die vom Weg abgekommen ist.

> Ermahne sie, über niemand schlecht zu reden, nicht streitsüchtig zu sein und allen Menschen besonnen und freundlich zu begegnen. Denn auch wir waren früher unverständig, ungehorsam und gingen in die Irre. Wir waren Sklaven aller möglichen Leidenschaften und Begierden. Unser Leben war von Bosheit und Neid erfüllt, wir waren verhasst und hassten uns gegenseitig. Als dann aber Gott, unser Retter, seine Güte und Menschenliebe sichtbar machte, hat er uns aus reinem Erbarmen gerettet ... (Tit 3,2-5; NeÜ)

Wir sollten nie denken, dass wir besser sind als andere; wir sind alle gleichermaßen gefallen, und der einzige Weg, einem Lebensstil zu entkommen, der das Leben weiterhin ruiniert, ist Gottes großzügige und unverdiente Gnade. Verneigen Sie sich vor ihm und danken Sie ihm für seine Barmherzigkeit und Vergebung für Sünder.

Hinweis: Ein Teil des Materials in diesem Kapitel stammt aus einer tiefergehenden Ausarbeitung, die in Kapitel 6 erwähnt wird: „Transgenderism, Sexuality, and the Church" – aus dem Buch *The Church in Babylon* (Chicago, IL: Moody Publishers, 2018) des Autors. Verwendung mit Genehmigung.

KAPITEL 9

Werden unsere Kinder vom Feind indoktriniert werden?

Und wenn jemand ein solches Kind aufnehmen wird
in meinem Namen, nimmt er mich auf. Wenn aber jemand
eines dieser Kleinen, die an mich glauben, zu Fall bringt,
für den wäre es besser, dass ein Mühlstein an seinen Hals
gehängt und er in die Tiefe des Meeres versenkt würde.
JESUS CHRISTUS, MATTHÄUS 18,5-6

Nach einem wunderbaren Abendessen mit Freunden in Colorado, von deren Terrasse man einen wunderschönen Blick auf eine Bergkette hat, sagte die Frau zu uns: „Ich sitze morgens gerne hier in meinem Schaukelstuhl und genieße die Berge, während ich hin und her schaukele." Dann fügte sie hinzu: „Und wenn ich fertig bin, schaue ich auf mein Handy und es zeigt mir, dass ich drei Meilen gelaufen bin!"

Viele von uns wünschen sich, wir könnten in einem Schaukelstuhl sitzen und dabei auf dem Weg zu einer besseren Zukunft für unsere Kinder und Enkelkinder vorankommen. Aber so funktioniert das Leben in der heutigen Welt nicht. Wir müssen unsere Bequemlichkeit aufgeben und uns ins Getümmel stürzen, um unsere Kinder vor denen zu schützen, die sie ausbeuten wollen.

Die radikale Linke will unsere Kinder. Und sie wollen sie jung. Ihre Strategie ist ganz einfach: Die Kinder mit allen Mitteln von ihren Eltern trennen und soziale Medien, Rassismus und Sexualität nutzen, um sie zu verwirren und auf einen linken Weg zu führen. In den Augen der Linken ist die Kindererziehung eine zu wichtige Aufgabe, als dass man sie den Eltern überlassen könnte.

Im September 2021 unterzeichnete der Gouverneur von Kalifornien ein Gesetz, das es Kindern ermöglicht, bestimmte medizinische Eingriffe wie Geschlechtsumwandlungen und Abtreibungen ohne Wissen oder Zustimmung der Eltern vornehmen zu lassen. Der Gesetzentwurf AB-1184 verbietet es den Krankenversicherungen, eine Genehmigung von den Eltern eines Kindes zu verlangen, bevor diese einen Eingriff vornehmen lassen können. Der Gesetzentwurf verbietet auch die Weitergabe von Mitteilungen, Informationen oder Quittungen an die Eltern, es sei denn, das Kind erteilt seine Zustimmung.[1] Man kann den Eltern nicht zutrauen, diese Entscheidungen für ihre Kinder zu treffen.

Auch Kaufhäuser sind nicht frei von rechtlichem Zwang. Im Jahr 2021 verabschiedete die kalifornische Legislative ein Gesetz, das für alle Einzelhandelsketten mit mindestens 500 Mitarbeitern gilt. Der Gesetzentwurf zielt darauf ab, die Geschäfte zu verpflichten, eine geschlechtsneutrale Abteilung einzurichten, in der Artikel ausgestellt werden, „unabhängig davon, ob sie traditionell für Mädchen oder für Jungen vermarktet wurden."[2] Dieses Gesetz wurde nun unterzeichnet.

Hier hat also der Staat – die Regierung – den Firmen mit mindestens 500 Beschäftigten vorgeschrieben, dass sie eine geschlechtsneutrale Abteilung haben müssen.

Zu wem gehören Kinder?

„Seien Sie versichert, dass das Klopfen an Ihrer Tür unangekündigt, ohne Durchsuchungsbefehl und zu einem ungünstigen Zeitpunkt erfolgen wird. Der Mitarbeiter des Sozialdienstes wird höflich, aber kühl und sachlich sein", schreibt Phil Ginn, ein pensionierter Oberrichter für den 24. Gerichtsbezirk von North Carolina. „Nach der anfänglichen Begrüßung werden Ihre Kinder in einen separaten Bereich geschickt, wo sie in Ihrer Abwesenheit einzeln befragt werden. Es wird Ihnen nicht gesagt, wer die Anschuldigung erhoben hat, sondern nur, dass eine anonyme Anzeige erstattet wurde und der Mitarbeiter gezwungen ist, ,sich über das Wohlergehen Ihrer Kinder zu vergewissern'."

Nach dieser unheilvollen Ankündigung fährt Ginn fort: „Der Sozialarbeiter wird die Macht haben, Ihre Kinder in einem staatlich anerkannten Kinderheim unterzubringen, um sie vor den schädlichen Einflüssen zu ,schützen', denen sie in Ihrem Zuhause ausgesetzt sind."

Was würde zu einem solchen Besuch führen? Sexueller oder körperlicher Missbrauch? Ginn fährt fort: „Nein. In Amerika könnte bald die Zeit kommen, in der dieses Szenario einfach deshalb eintritt, weil Sie Ihren Kindern christliche Werte beibringen und nicht das, was die säkulare Kultur und die Regierung ihnen beibringen wollen."

Weit hergeholt? Ginn verneint, denn „die Grundlagen für dieses Szenario sind bereits vorhanden", und „unsere herrschenden Eliten wollen nicht, dass biblische Wahrheiten an die nächste Generation weitergegeben werden, weil dies in Konflikt damit steht, wie sie an der gottlosen Kultur des hedonistischen Exzesses festhalten."[3]

Je gottloser unsere Regierung wird, desto mehr werden unsere Erzieher darauf bestehen, dass die Kinder ihnen gehören und nicht den Eltern. Historisch gesehen erkannten Marx, Lenin und Hitler allesamt den Wert der Indoktrination der nächsten Generation, damit ihre jeweiligen Ideologien über Generationen hinweg weitergegeben werden konnten.

Hören wir uns Hitler an, der meiner Meinung nach das eindrücklichste Beispiel aller Diktatoren ist:

Die Jugend von heute ist immer das Volk von morgen. Deshalb haben wir es uns zur Aufgabe gemacht, unserer Jugend den Geist dieser Volksgemeinschaft schon sehr früh einzuimpfen, in einem Alter, in dem der Mensch noch unbefleckt und daher unverdorben ist ... Dieses Reich steht und es baut sich auf für die Zukunft, auf seine

Jugend. Und dieses neue Reich wird seine Jugend niemandem geben, sondern es wird selbst die Jugend nehmen und der Jugend ihre eigene Bildung und ihre eigene Erziehung geben.[4]

Wenn Deutschland das Land sein sollte, das Hitler sich vorstellte, mussten die Kinder zu diesem Reich gehören. Zu den Eltern sagte Hitler: „Ihr Kind gehört schon zu uns ... was sind Sie? Sie werden das Zeitliche segnen. Ihre Nachkommen aber stehen jetzt in dem neuen Lager. In kurzer Zeit werden sie nichts anderes kennen als diese neue Gemeinschaft."[5]

Hitler glaubte zu Recht, dass derjenige, der die Jugend kontrolliert, auch die Zukunft kontrolliert. Die Eltern, so betonte er, müssten die Grenzen ihrer Verantwortung verstehen. Wenn sie kooperierten, würde alles gut werden. Wenn nicht, war das Gesetz auf Hitlers Seite. Hitler sagte sogar, dass die Eltern für die *körperliche* Erziehung des Kindes verantwortlich seien, aber das Reich würde die *Seele* des Kindes erziehen.

Private oder konfessionelle Schulen wurden in Deutschland aufgrund erhöhter Steuern und übermäßiger Vorschriften später geschlossen. Hitler wusste, dass alle Einrichtungen, die ihm missfielen, durch eine Vielzahl von Gesetzen und Genehmigungspflichten in Verbindung mit einer Vielzahl von Vorschriften geschlossen werden konnten. Der Hausunterricht war bereits verboten worden. Am Ende standen keine alternativen Bildungsmöglichkeiten mehr zur Verfügung.

Im Grunde stahl das Reich das Herz eines Kindes und überließ den Körper den Eltern zur Versorgung. Der Staat legte den Lehrplan fest, der ideologische Konformität vorschrieb. Auch heute predigen viele Pädagogen Vielfalt und fordern gleichzeitig strikte ideologische Konformität, und die elterliche Autorität über ein Kind wird als Unterdrückung angesehen.

Wir als Eltern und Großeltern müssen daran denken, dass diejenigen, die unsere Kinder und Enkelkinder unterrichten, einen großen Einfluss auf sie haben. Lassen wir uns von den Worten Jesu zur Vernunft bringen: „Kann etwa ein Blinder einen Blinden leiten? Werden nicht beide in eine Grube fallen? Ein Jünger ist nicht über dem Lehrer, *jeder aber, der vollendet ist, wird sein wie sein Lehrer"* (Lk 6,39-40; Hevorhebung hinzugefügt).

Eltern, seid gewarnt: Wie der Lehrer, so der Schüler.

Der Verfall von Moral und Anstand in unseren öffentlichen Schulen

Verwirrung ist die Dienerin der ideologischen Indoktrination. Und der Grund, warum die radikalen Linken Kinder durcheinanderbringen wollen, ist, sie darauf vorzubereiten, mit sozial konstruierten Dogmen in Bezug auf Geschlecht, Rasse und Gleichheit indoktriniert zu werden. Ihr Gewissen muss abgestumpft werden, damit ihre natürlichen Instinkte für richtig und falsch außer Kraft gesetzt werden können. Die Schuldgefühle, die sie empfinden, wenn sie schon in den ersten Schuljahren mit Sexualität konfrontiert werden, müssen durch Vorträge darüber überwunden werden, was die Befreiung von der Vergangenheit wirklich bedeutet.

Wenn das Unnatürliche als natürlich angesehen werden soll, wenn das Falsche als richtig angesehen werden soll, wenn das Schändliche ehrenhaft werden soll, müssen die Kinder in einen Zustand der Verwirrung geführt werden, in dem alles, was sie für richtig und gut hielten, auf den Kopf gestellt wird. Man muss ihnen sagen, dass sie sich ihre eigene Meinung über diese Dinge bilden sollen, aber der Lehrplan ist so gestaltet, dass er die erwartete ideologische Konformität hervorruft. Diejenigen, die sich widersetzen, werden identifiziert und diffamiert. „Bilde dir deine eigene Meinung" bedeutet in Wirklichkeit: „Löse dich von dem, was dir zu Hause oder in der Gemeinde beigebracht wurde, und stimme uns zu!"

Viele von uns erinnern sich noch an die Zeit, als Schülern beigebracht wurde, was es heißt, ein guter Bürger zu sein; sie wurden über die Gründungsdokumente und Institutionen Amerikas unterrichtet; jetzt werden sie ermutigt, sich für die *woke* Agenda einzusetzen. Das Mantra ist klar: Amerika ist böse, seine Gründung war unrechtmäßig, und die Schuld muss zugewiesen werden. Aufgrund der Hautfarbe muss die eine Gruppe beschämt, die andere entlastet werden. Verwirrung, Konflikte und die Abstumpfung des Gewissens sind notwendig, um die Selbstwahrnehmung und die Werte des Kindes so zu formen, dass sie dem linksradikalen Denken entsprechen.

Vieles von dem, was heute als Bildung gilt, lehrt die Kinder nicht, wie man *denkt*, sondern wie man *fühlt*. In den Schulen, in denen die Kritische Rassentheorie gelehrt wird, wird von den Kindern erwartet, dass sie sich entweder als Opfer unterdrückt oder sich als Unterdrücker schuldig fühlen. Man sucht also nicht objektiv nach der Wahrheit, sondern diese wird dadurch definiert, ob sie mit dem derzeitigen kulturellen Narrativ übereinstimmt oder nicht.

Sexualität unterrichten

Ein Großvater erzählte mir mit Tränen in den Augen, dass eines seiner Enkelkinder in unserem Schulsystem in Chicago einen Lehrer hatte, der alle Schüler aufforderte, sich zu ihrer Einstellung zur Homosexualität zu äußern. Diejenigen, die gleichgeschlechtliche Anziehung und Ehe befürworteten, sollten sich auf die eine Seite des Raumes stellen, und diejenigen, die dagegen waren, sollten sich auf die andere Seite stellen. Ich war so verblüfft, dass ich den Großvater nicht einmal fragte, auf welcher Seite sein Enkel stand, aber er antwortete von selbst, dass sein Enkel und nur ein weiterer Schüler auf der Seite des Raumes standen, die gleichgeschlechtliche Verbindungen ablehnte.

Im Bundesstaat Illinois, in dem ich lebe, wurde ein neuer Lehrplan für Grundschulen verabschiedet – „Cultural Responsive Teaching and Leading Standards" (dt.: Standards für kulturbewusstes Unterrichten und Anleiten). Unter anderem soll dieser neue Lehrplan „Möglichkeiten für das Engagement der Schüler unterstützen und schaffen", was bedeutet, dass die Kinder aufgefordert werden, für politische und moralische Anliegen wie Klimawandel, LGBTQ-Rechte und eine Vielzahl anderer Themen zu demonstrieren und einzutreten. Außerdem sollen Lehrer „den Lehrplan so gestalten, dass er ein breites Spektrum von Identitäten einschließt und repräsentiert."[6]

Denken Sie einen Moment darüber nach – „ein breites Spektrum von Identitäten" umfasst eine unbegrenzte Anzahl von Geschlechtern. Sie können Ihre bevorzugten Pronomen wählen; Identitäten können unabhängig von der biologischen Wissenschaft gewählt werden. Die *Autonomie* eines Kindes muss Vorrang vor der *Anatomie* des Kindes haben.

Sind das die Entscheidungen, die Sie Ihren Kindern zumuten wollen? Sollten Kinder, denen die traditionelle biblische Moral beigebracht wird, für ihre Überzeugungen öffentlich schlechtgemacht werden?

Da heute so viel Material zur sexuellen Indoktrination von Kindern in Schulen produziert wird, beschränke ich mich auf ein Buch mit dem Titel *It's Perfectly Normal: Changing Bodies, Growing Up, Sex, and Sexual Health* (dt.: Es ist ganz normal: Veränderungen im Körper, Erwachsenwerden, Sex und Sexuelle Gesundheit) von Robie H. Harris und Michael Emberley. Das Buch ist für Kinder ab zehn Jahren gedacht. Ich habe darum gebeten, mir dieses Lehrbuch zuzuschicken, damit ich selbst herausfinden kann, was darin gelehrt wird. Doch ich war nicht auf das vorbereit, was ich las und sah.

Möchten Sie wissen, was Kindern darin beigebracht und gezeigt wird? In diesem Buch wird jede erdenkliche Art von Sexualität ausführlich behandelt. Kapitel 5 trägt den Titel „Wer du bist: Hetero, Lesbisch, Schwul, Bisexuell, Transgender, Queer, +". In anderen Kapiteln geht es um Masturbation, Kondome, Analverkehr, Oralverkehr und andere Formen von Sex und Sexualität. All dies ist *vollständig illustriert!*

Pornografie jeglicher Art für Kinder!

Die Schulen fungieren als „Elternersatzzentren", in denen die Kinder „richtig" ausgebildet und indoktriniert werden können. Um

Alex Newman zu zitieren: „Das Ziel ist es, die Eltern letztendlich durch Bürokraten und ‚Experten' zu ersetzen, um die Indoktrination der amerikanischen Jugend zu erleichtern. Dieser Wandel wird immer mehr beschleunigt."[7]

Abigail Shrier, Autorin des Buches *Irreversible Damage* (dt.: Unumkehrbarer Schaden), hat Beispiele dafür aufgedeckt, wie manche Lehrerinnen und Lehrer darüber nachdenken, Kindern LGBTQ-Moral beibringen zu können, ohne dass ihre Eltern davon erfahren. „In öffentlichen und privaten Schulen im ganzen Land ist der Gender-Unterricht weitaus radikaler, als die Eltern vermuten, und er lässt die Schüler verwirrt zurück. Anstatt Toleranz und Akzeptanz anderer zu lehren, fördern die Lehrer laut Shrier die Entfremdung von der Familie und „etwas, das einer Gefährdung der Kinder sehr nahe kommt."[8]

Lassen Sie mich umschreiben, was der Transgender-Lehrplan lehrt: Jeder hat das Recht, sein eigenes Geschlecht zu wählen, indem er auf sein eigenes Herz und sein eigenes Denken hört. Jeder darf wählen, ob er ein Junge oder ein Mädchen oder beides oder keines von beiden oder etwas anderes ist, und niemand darf diese Entscheidung für ihn treffen. Ja, wie in einem früheren Kapitel betont wurde, hat der Selbstbetrug gesiegt.

Dass der Transgenderismus in unseren Schulen zunimmt, kommt nicht von ungefähr. Kinder, die in Themen der Sexualität eingetaucht sind, fühlen sich von ihren neu entflammten Begierden angezogen und sind gleichzeitig von Schuldgefühlen und Abscheu erfüllt, weil sie intuitiv wissen, dass dies nicht das ist, was sie hören und sehen sollten. Ihr Gewissen schaltet sich ein und wird von Schuldgefühlen und Selbstverachtung begleitet. Ganz gleich, wie oft ihnen gesagt wird, „das ist normal", ihr innerer Sinn für richtig und falsch muss die Verwirrung und die daraus resultierende Depression verarbeiten. Daher ist es verständlich, dass sie sich denken: *Meine innere Verwirrung, meine Schuldgefühle und meine Depression kommen wahrscheinlich daher, dass ich das falsche Geschlecht habe.* Und so sagt eine Tochter ihren Eltern, dass sie eigentlich ein Junge ist, und ein Sohn sagt seinen Eltern, dass er ein Mädchen ist und seinen Namen ändern möchte, um zu zeigen, wer er „wirklich" ist.

Langfristig gesehen führt dies zu weiteren katastrophalen Entscheidungen. Da der Geschlechtswechsel die Verwirrung nicht lindert, verfallen diese Kinder schließlich in verschiedene Formen sexueller Aktivitäten, nehmen Drogen und treiben ab. All dies führt zu noch mehr Depressionen. Kein Wunder, dass die Zahl der Selbstmorde unter Teenagern steigt.

Inzwischen profitieren Organisationen wie *Planned Parenthood* von der sexuellen Verwirrung, die sie gefördert haben. Ein ehemaliger Mitarbeiter äußerte sich wie folgt: „Kinder, die sich als Transsexuelle identifizieren, sind Goldesel, und sie werden ... am Haken gehalten in Bezug auf Arztgespräche, Blutuntersuchungen, Folgetermine usw. während Abtreibungen (hoffentlich) eine einmalige Angelegenheit sind."[9]

Thomas Sowell sagte: „Unsere Zivilisation könnte die erste werden, die zerstört wird, nicht durch die Macht unserer Feinde, sondern durch die Unwissenheit unserer Lehrer und den gefährlichen Unsinn, den sie unseren Kindern beibringen."[10]

Klare Worte.

Die Rassenkontroverse

Wir haben uns mit der sexuellen Verwirrung von Kindern befasst; jetzt wollen wir uns mit der rassischen Verwirrung befassen. In einem früheren Kapitel sind wir darauf eingegangen, was die Kritische Rassentheorie (CRT) lehrt. Solche Theorien sollen darauf abzielen, Menschen zu spalten und sie bloßzustellen und zu beschuldigen.

Weiße Kinder werden heute aufgefordert, ihre „Kollektivschuld" zu bekennen und zuzugeben, dass sie für den Rassismus verantwortlich sind. Man sagt ihnen, sie sollten sich wegen ihres „weißen Privilegs" schuldig fühlen. Und schwarzen Schülern wird beigebracht, dass sie Opfer sind und wahrscheinlich besondere Hilfe brauchen, weil sie nicht mit den Schülern mithalten können, die ungerechterweise privilegiert sind. Anstatt den Kindern unabhängig von ihrer Hautfarbe Hoffnung zu geben, sind viele Klassenzimmer heute Jauchegruben der Hoffnungslosigkeit, der Schuldgefühle und der Schuldzuweisungen.

Glücklicherweise wehren sich einige Eltern sowohl gegen die Sexualisierung ihrer Kinder als auch gegen deren Rassifizierung. Eltern werden sich zunehmend der Tatsache bewusst, dass das Wohlbefinden ihrer Kinder von Lehrern zerstört wird, die absichtlich Gewissenskonflikte im Leben ihrer beeinflussbaren Kinder säen.

Dabei werden die Eltern, die es wagen, gegen die Indoktrination ihrer Kinder Einspruch zu erheben, als Rassisten oder weiße Vorherrscher abgestempelt. Der politische Analyst Juan Williams beschreibt den Widerstand gegen CRT als „eine Kampagne, um Diskussionen im Klassenzimmer über Black-Lives-Matter-Proteste oder Sklaverei zu unterbinden, weil sie einige Kinder aufregen könnten, insbesondere weiße Kinder, die sich schuldig fühlen könnten."[11] Ich habe schon genug über CRT geschrieben, um zu zeigen, dass Eltern, die sich wehren, nicht gegen einen ausgewogenen Geschichtsunterricht sind; vielmehr sehen sie ein Problem darin, Kinder aufgrund ihrer Hautfarbe in Kategorien einzuteilen und einige zu beschuldigen, während andere entlastet werden.

Der christliche Autor und Redner Michael Brown sagt: „Die Lösung für den Rassismus gegen Schwarze ist nicht der Rassismus gegen Weiße (oder der gegen Asiaten usw.). Vielmehr müssen gegenseitiges Verständnis, Respekt und Liebe kultiviert werden, mit dem aufrichtigen Wunsch, andere gedeihen zu sehen und das Beste zu genießen, was Amerika zu bieten hat."[12]

Sind christliche Schulen ausgenommen?

Man könnte meinen, dass eine Privatschule, die seit jeher im Dienste der christlichen Gemeinschaft steht, davon ausgenommen ist, das *woke* Vokabular zu benutzen, um das einzuschränken, was Schüler sagen oder denken dürfen.

Das stimmt nicht.

Im März 2021 veröffentlichte die *New York Post* einen Artikel über die *Grace Church School* in NoHo, New York, die Unterricht vom Kindergarten bis zur zwölften Klasse anbietet. Die Schule hat einen 12-seitigen Leitfaden für Schüler und Mitarbeiter herausgegeben, in dem die Mission der Schule, nämlich Inklusion, erläutert wird. Darin wird unter anderem empfohlen, Bezeichnungen wie *Papa* und *Mama* nicht mehr zu verwenden.

Wir lesen:

> Familien haben unterschiedliche Zusammensetzungen und Strukturen. In der *Grace Church School* verwenden wir eine inklusive Sprache, die diese Vielfalt widerspiegelt. Es ist wichtig, keine Vermutungen darüber anzustellen, bei wem die Kinder leben, wer sich um sie kümmert, ob sie jede Nacht am selben Ort schlafen, ob sie ihre Eltern sehen usw.[13]

Mit anderen Worten: *Mama* und *Papa* sollten nicht verwendet werden, weil diese Begriffe die Bevorzugung eines traditionellen Familienbildes widerspiegeln; es muss eine neutrale Sprache verwendet werden, damit alle Arten von Beziehungen bestätigt werden können. Auf diese Weise wird die Kernfamilie delegitimiert, um das zu legitimieren, was die radikale Linke fördern will. Solche Regeln führen auch dazu, dass sich Kinder und Jugendliche in Schweigen hüllen, denn sie wollen nicht dabei erwischt werden, dass sie „inakzeptable" Wörter oder Ausdrücke verwenden.

Die Doktrin der Inklusivität erweist sich als sehr eng. Sie schließt alle traditionellen und auf der Bibel basierenden Begriffe aus, damit auch bloß keine christlichen Ansichten in das Bildungssystem eindringen können. Inklusivität bedeutet, dass nur die Stimmen der Linken gehört werden, während alle anderen Stimmen zum Schweigen gebracht werden.

Wehklage für unsere Kinder

Dr. Luis Rojos Marcos, ein Psychiater, schrieb Folgendes:

> Es gibt eine stille Tragödie, die sich heute in unseren Häusern abspielt, und es geht um unsere schönsten Schmuckstücke: unsere Kinder. Unsere Kinder befinden sich in einem verheerenden emotionalen Zustand! In den letzten 15 Jahren haben uns Forscher immer alarmierendere Statistiken über eine stetige und akute Zunahme von psychischen Erkrankungen bei Kindern vorgelegt, die inzwischen epidemische Ausmaße angenommen haben:
> Statistiken lügen nicht:
> - 1 von 5 Kindern hat Probleme mit der psychischen Gesundheit
> - Bei ADHS wurde ein Anstieg um 43 % festgestellt.
> - Es wurde ein Anstieg der Depressionen bei Jugendlichen um 37 % verzeichnet.
> - Bei Kindern zwischen 10 und 14 Jahren wurde ein Anstieg der Selbstmordrate um 200 % beobachtet.

Dr. Marcos führt weiter aus, dass die Kinder von heute „der Grundlagen einer gesunden Kindheit beraubt werden", wozu Eltern, die für sie da sind, gesunde Grenzen, Verantwortung und Möglichkeiten für soziale Interaktion und zum Aufenthalt im Freien gehören. Stattdessen sehen wir aufgrund der heutigen kulturellen Normen Eltern, die mit der digitalen Welt beschäftigt sind und ihren Kindern erlauben, die Regeln im Haus zu bestimmen. Kinder werden außerdem mit ständiger digitaler Stimulation und sofortiger Befriedigung großgezogen.[14]

Was sollen wir tun? Hier ist meine kurze Antwort: Eltern müssen wieder Eltern sein und ihren Kindern ein Gefühl von Sicherheit, Wertschätzung, emotionaler Bindung und Disziplin vermitteln. Sie müssen außerdem echte und ansteckende geistliche Hingabe vorleben. Ich weiß nicht, wer es zuerst gesagt hat, aber Regeln ohne Beziehung sind gleichbedeutend mit Rebellion; Regeln mit Liebe und Konsequenz bringen gesunde Kinder hervor, die sich emotional sicher fühlen.

Wir müssen unseren Kinder Gnade und Vergebung beibringen. Es gibt mehr Gnade im Herzen Gottes als Sünde in der Vergangenheit unserer Kinder. Wir müssen ihnen das Evangelium von einem einladenden Gott vermitteln, der sie wiederherstellen und erlösen kann und ihnen Hoffnung für die Zukunft gibt. Einer der wichtigsten Verse, den sie auswendig kennen sollten, ist dieser: „Wenn wir unsere Sünden bekennen, ist er treu und gerecht, dass er uns die Sünden vergibt und uns reinigt von jeder Ungerechtigkeit" (1Jo 1,9). Gott ist nicht nur in der Lage, ihnen zu vergeben, sondern er kann auch ihr Gewissen reinigen und ihnen jegliche Schuld und Scham abnehmen, die sie aufgrund dessen, was sie gesehen oder erlebt haben, mit sich herumtragen.

Es gibt mehr Gnade im Herzen Gottes als Sünde
in der Vergangenheit unserer Kinder.

Im Normalfall wünschen sich christliche Eltern *gute* Kinder – Kinder, die keine Drogen nehmen, keinen Sex vor der Ehe haben und nicht mit dem Gesetz in Konflikt geraten. Aber nur wenige Eltern setzen sich wirklich dafür ein, *gottesfürchtige* Kinder aufzuziehen, die Christus lieben und ein Herz haben, das für Gott offen ist. Es reicht nicht aus, schnell mal ein Gebet zu sprechen, am Sonntag eine Stunde in der Gemeinde zu verbringen und die Kinder Verse aus der Bibel auswendig lernen zu lassen. Wir müssen nicht nur den Verstand unserer Kinder gewinnen, sondern auch ihre Herzen.

Den Eltern sage ich: Sie können Ihr Kind nicht bekehren. Ja, es gibt einige Dinge, die Sie tun können, um Ihre Kinder zu ermutigen, Christen zu werden, aber es gibt auch Dinge, die nur Gott tun kann.

Die Bekehrung liegt nicht in Ihrer Hand. Sie können Ihr Kind erziehen und ihm die gute Nachricht des Evangeliums verkünden, aber letztendlich ist Gott derjenige, der das Herz Ihres Kindes gewinnen muss. Wir sollen gewissenhaft sein, aber Gott wird sein Werk tun.

Zu wem gehören die Kinder?

In Hesekiel 16,20-21 bekräftigt Gott zweimal, dass sogar Kinder von bösen Eltern zu ihm gehören. Er sagte zu Eltern, die ihre Kinder heidnischen Göttern opferten: „Und du nahmst deine Söhne und deine Töchter, *die du mir geboren*, und opfertest sie ihnen [den heidnischen Göttern] zum Fraß. War es zu wenig mit deiner Hurerei, dass du *meine Söhne* schlachtetest und sie hingabst, indem du sie für sie durch das Feuer gehen ließest?"

Alle Kinder gehören Gott. Das ungeborene Kind, das im Mutterleib getötet wird, gehört ihm; das Kind, das in Armut und Missbrauch geboren wird, gehört ihm; das Kind, das in einer öffentlichen Schule irregeführt wird, gehört ihm.

Kinder sind nicht unser *Eigentum*, sondern sie sind uns *anvertraut*. Gott sagt im Grunde: „Dies ist mein Kind. Erziehe es für mich. Und ich werde dich dafür zur Rechenschaft ziehen."

Melissa Moschella ist Professorin an der *Catholic University of America*. In einem Artikel mit dem Titel „To Whom Do Children Belong?" (dt.: Wem gehören Kinder?) antwortet sie auf das Argument der Linken: „Als von Natur aus soziale Wesen gehören alle Menschen zu vielen Gemeinschaften, aber nicht im gleichen Maße, nicht mit der gleichen Intensität und nicht durch die gleiche Art von Beziehung."

Im weiteren Verlauf des Artikels schreibt sie: „Kinder gehören in erster Linie zu ihren Familien, an deren Spitze die Eltern stehen, die aufgrund ihrer einzigartig innigen Beziehung zu ihren Kindern die unmittelbarste Verpflichtung und Autorität haben, für sie zu sorgen, bis sie reif genug sind, ihr Leben selbst zu bestimmen."[15]

Ja, Kinder sind ein Teil einer größeren Gemeinschaft, aber ihre wichtigste Gemeinschaft ist die Familie. Wir müssen das gottgegebene Recht der Eltern achten, ihre Kinder in dem zu erziehen, was sie glauben, und ihnen beizubringen, wie sie sich verhalten sollen. Die Tatsache, dass die Eltern für ihre Kinder sorgen sollen, bedeutet, dass die Eltern das Recht haben, Entscheidungen für ihre Kinder zu treffen. Der Staat sollte nur dann eingreifen, wenn die Eltern ihren Pflichten nicht nachkommen, d. h. wenn sie ihre Kinder missbrauchen, vernachlässigen oder die öffentliche Ordnung gefährden.

In einem anderen Artikel sagt Moschella: „Die Beziehung zwischen Kindern und ihren biologischen Eltern ist intim, dauerhaft und identitätsstiftend. Sie definiert den biologischen Aspekt der Identität des Kindes, denn wenn das Kind andere biologische Eltern hätte, wäre es nicht dieselbe Person, ja, *es* würde überhaupt nicht existieren"[16] (Hervorhebung im Original).

Ja, es gibt Fälle, in denen sich Eltern – aus welchen Gründen auch immer – nicht um ein Kind kümmern können, und in denen das Kind in eine andere Familie adoptiert werden kann. Aber selbst dann kann es sein, dass das Kind aufwächst und die Liebe seiner leiblichen Eltern vermisst, egal wie viel Liebe es von seinen Adoptiveltern erhält. Die Notwendigkeit der Eltern-Kind-Beziehung ist im Leben eines jeden Menschen fest verankert.

Auch wenn Sie normalerweise nicht zu Tränen neigen – das, was Sie gleich lesen werden, sollte uns alle zum Weinen bringen.

Was ist mit Kindern, die durch Reproduktionstechnologien mit Spendersamen gezeugt wurden? Eine der größten Studien über Kinder, die mithilfe von Samenspenden gezeugt wurden, mit dem Titel „My Daddy's Name is Donor" (dt.: Mein Papa heißt Spender) ergab Folgendes:

> Erwachsene, die von einem Spender gezeugt wurden, sind in Bezug auf ihre Identität verwirrter und stärker von ihren Familien isoliert als diejenigen, die von biologischen Eltern oder Adoptiveltern aufgezogen wurden. Sie sehen das fehlende Wissen über ihre biologischen Väter als Hindernis für ein vollständiges Verständnis ihrer eigenen Identität ... Und bei objektiven Ergebnissen

wie Kriminalität und Drogenmissbrauch schneiden sie schlechter ab als ihre Altersgenossen, die von biologischen Eltern oder Adoptiveltern aufgezogen wurden. Diejenigen, die bei biologischen Eltern aufwuchsen, schnitten von allen am besten ab, was die Schlussfolgerungen vieler Studien widerspiegelt, wonach der Goldstandard für das Wohlergehen von Kindern darin besteht, von verheirateten biologischen Eltern aufgezogen zu werden.[17]

Halten wir einen Moment inne und versetzen uns in die Lage der Kinder, die sagen müssen: „Mein Papa heißt Spender." Was meinen Sie, wie sich das auf ihr Selbstwertgefühl auswirkt? Sie müssen mit dem Gedanken leben, nie zu erfahren, wer sie gezeugt hat – alles, was sie wissen, ist, dass ein Mann sein Sperma gespendet hat, vielleicht für Geld, ohne sich um das Kind zu kümmern, das er gezeugt hat. Und auch hier müssen wir als Christen den Wert aller Kinder bekräftigen. Alle Kinder werden von Gott geliebt, der in der Lage ist, ihnen eine hoffnungsvolle Identität zu geben. Nur das Evangelium, das von fürsorglichen Christen gelebt und verkündet wird, kann einem Kind die Bestätigung geben, die es so dringend braucht.

Die Quintessenz: Auch wenn Eltern Teile ihrer Verantwortung an Lehrer, Ärzte oder Verwandte delegieren können, sind sie letztlich dafür verantwortlich, sich um ihre Kinder zu kümmern, die Gott ihnen gegeben hat. Und die Eltern sollen ihren Glauben an die nächste Generation weitergeben. Lasst uns beten, dass viele Paare Kinder adoptieren, die dringend eine Mutter und einen Vater brauchen, die sie lieben und für sie sorgen.

Nur das Evangelium, das von fürsorglichen
Christen gelebt und verkündet wird, kann einem
Kind die Bestätigung geben, die es
so dringend braucht.

Mein Appell an die Eltern

Der derzeitige Stand der Bildung in den meisten öffentlichen Schulen ist so antichristlich, dass Eltern, wann immer es möglich ist, alternative Bildungswege finden sollten: entweder Homeschooling*, christliche Schulen oder eine Kombination aus beidem.

Und wenn es keine Alternative gibt und Ihre Kinder eine öffentliche Schule besuchen müssen? Lernen Sie die Lehrer kennen, finden Sie heraus, was gelehrt wird, machen Sie sich gründlich mit den verwendeten Lehrbüchern vertraut und werden Sie, wenn möglich, Mitglied des Elternbeirats. Unterrichten Sie Ihre Kinder zu Hause (s. Fußnote) und helfen Sie ihnen, das, was ihnen in der Schule beigebracht wird, zu beurteilen. Mose war „unterwiesen in aller Weisheit der Ägypter" (Apg 7,22), aber durch seine Begegnungen mit Gott wurde seine Theologie korrigiert. Möge Gott Ihnen helfen, das Gleiche mit Ihrem Kind zu tun.

Alles Wissen basiert auf einer Weltanschauung, entweder aus der Perspektive des Menschen oder aus der Perspektive Gottes. Wissen ist niemals neutral. In der Bibel ist Wissen mit Weisheit verbunden. Nur die Heilige Schrift kann uns dazu befähigen, weise und richtige Entscheidungen zu treffen. „Die Furcht des HERRN ist der Anfang der Erkenntnis" (Spr 1,7). Und wir werden vor der falschen Art von Wissen gewarnt: „Bewahre das anvertraute Gut, indem du die unheiligen leeren Reden und Einwände der fälschlich so genannten Erkenntnis meidest, zu der sich einige bekennen und von dem Glauben abgeirrt sind!" (1Tim 6,20-21).

Bitten Sie Gott um Weisheit, wie wir uns in unserer sich ständig verändernden antichristlichen Kultur zurechtfinden können.

---

* In Deutschland ist selbständiges Unterrichten zu Hause keine legale Option, ausgenommen während einer kurzen Phase im Verlauf der Corona-Pandemie (Anm. d. dt. Hg.)

Zusage für den Alltag

Ich will meinen Mund öffnen zu einem Spruch, will hervorbringen Rätsel aus der Vorzeit. Was wir gehört und erfahren und unsere Väter uns erzählt haben, wollen wir nicht verhehlen vor ihren Söhnen und der künftigen Generation erzählen die Ruhmestaten des HERRN und seine Macht und seine Wunder, die er getan hat. (Ps 78,2-4)

Ein Held, der keinen Grund hatte, sich zu verstecken

Bevor ich Ihnen die Mutter vorstelle, die ich als Heldin ausgewählt habe, möchte ich Sie mit dem herausfordern, was ich „Eine Geschichte von zwei Müttern" nenne. Beide Mütter haben berühmte Kinder großgezogen, aber das Leben und das Vermächtnis dieser Kinder sind so unterschiedlich, wie sie nur sein können. Das eine Kind war ein Segen für die Welt, das andere wurde zu einem Symbol des unaussprechlichen Bösen. Keine der beiden Mütter konnte die Zukunft ihres Kindes vorhersehen.

Der Name der einen Mutter war Klara. Sie wurde in Österreich geboren und hatte sechs Kinder, aber nur zwei überlebten das Säuglingsalter – ein Mädchen und ein Junge. Als der Sohn von Klara etwa 13 Jahre alt war, wurde bei ihr Krebs diagnostiziert. Als fleißige, fromme Katholikin, nahm sie dieses Schicksal klaglos hin. In den letzten Monaten ihres Lebens kümmerte sich ihr Sohn liebevoll um sie. Er liebte sie sehr, hasste aber seinen gewalttätigen Vater.

Als sie starb, warf sich dieser Sohn, der inzwischen 16 Jahre alt war, über ihr Grab und dachte, er würde nie aufhören zu weinen. Klaras Tod verhinderte, dass sie miterlebte, was in der Zukunft ihres Sohnes lag; sie wusste nicht, dass sie einen Jungen zur Welt gebracht hatte, der schließlich unsagbar Böses in die Welt bringen würde. Klaras Nachname war Hitler. Ihr Sohn hieß Adolf.

Der Name der anderen Mutter war Morrow, ein in den Südstaaten der USA verbreiteter Name. Sie war eine gläubige Christin, wuchs in

North Carolina auf, heiratete und brachte vier Kinder zur Welt – zwei Jungen und zwei Mädchen. Ihren ältesten Sohn nannte sie William, nach seinem Vater. Als William aufwuchs, melkte er die Kühe ihres Milchviehbetriebs und half bei anderen Arbeiten. Aber darüber hinaus schien er im Leben kein klares Ziel zu haben. Als er das College besuchte, fing er an, seinen Glauben ernst zu nehmen, und heiratete die Tochter eines Missionarsehepaars – ihr Name war Ruth.

Falls Sie es noch nicht erraten haben: Morrows Nachname war Graham; ihr Sohn wurde der Welt als Billy Graham bekannt. Den Rest der Geschichte kennen Sie.

Ich gebe Klara gewiss nicht die Schuld an den Gräueltaten ihres Sohnes. Dr. Bloch, der die Krebskranke behandelte, sagte später sogar, sie sei freundlich und liebevoll gewesen und „sie würde sich im Grab umdrehen, wenn sie wüsste, was aus ihm geworden ist"[18].

Was ich sagen will, ist Folgendes: Wir als Eltern können nicht genau vorhersagen, was aus unseren Kindern wird. Manchmal vergeuden begabte Kinder ihre Begabung und ihre Chancen durch unfruchtbare, eigennützige Entscheidungen. Und in anderen Fällen gebraucht Gott die unwahrscheinlichsten Kandidaten auf mächtige Art und Weise. Alles, was wir tun können, ist, ernsthaft zu beten und unseren Kindern zu helfen, die richtige Richtung einzuschlagen. All das zeigt uns, dass Elternschaft eine große Verantwortung ist, für die wir täglich Gottes Gnade brauchen.

Es gibt sicherlich Millionen von Müttern, die man als Heldinnen bezeichnen kann, aber diejenige, die ich hier vorstellen möchte, ist Sonya, die im Alter von 13 Jahren eine von Missbrauch gekennzeichnete Ehe einging und sich später von ihrem Mann trennte. Sie hat nie lesen gelernt, aber sie setzte sich leidenschaftlich dafür ein, dass ihre Kinder es lernten.

Sie hatte zwei Söhne, Curtis und Benjamin. Ben war acht und sein Bruder Curtis zehn Jahre alt, als sich ihre Eltern scheiden ließen. Sonya arbeitete in zwei bis drei Jobs gleichzeitig, um ihre Söhne zu unterstützen. Sie verließ ihre kleine Wohnung um fünf Uhr morgens, um zur Arbeit zu gehen, und kam erst um Mitternacht nach Hause.

Als die Brüder mit schlechten Noten von der Schule nach Hause kamen, führte ihre Mutter eine strenge Veränderung im Haushalt ein. Sie schränkte die Fernsehzeit ihrer Söhne ein und ließ sie erst dann zum Spielen nach draußen gehen, wenn sie ihre Schularbeiten erledigt hatten. Und sie ermutigte sie, zwei Bücher pro Woche zu lesen, darüber Berichte zu schreiben und diese bei ihr einzureichen. „Niemand wurde geboren, um ein Versager zu sein", sagte sie 1988 der Zeitschrift *Detroit Free Press*.[19]

Sonya Carson konnte nicht ahnen, dass ihr Sohn Ben ein berühmter Kinderchirurg werden würde, der heute in der ganzen Welt für seine außergewöhnliche Weisheit und Kompetenz bekannt ist. Er führte die erste bekannte chirurgische Trennung von am Hinterkopf zusammengewachsenen Zwillingen durch, und auch seine anderen bahnbrechenden Operationen haben das wissenschaftliche und medizinische Verständnis über das Gehirn erheblich erweitert. Er war ein geschätzter Professor für Neurochirurgie, Onkologie, plastische Chirurgie und Pädiatrie an der *Johns Hopkins School of Medicine,* und in jüngster Zeit war er Mitglied des Kabinetts des Präsidenten. Seine unglaubliche Geschichte wird in dem Film *Gifted Hands* erzählt.

Dr. Ben Carson hat stets seine Mutter gewürdigt, die darauf bestand, dass er und sein Bruder nicht mit demselben Strom schwimmen wie ihre Freunde, die dem kulturellen Druck erlegen waren. Seinen Erfolg und den seines Bruders schreibt er der leidenschaftlichen Hingabe seiner Mutter für die beiden zu.

Wir brauchen mehr Sonyas, die sich nicht unter den Trümmern unserer zusammenbrechenden Kultur verstecken, sondern auf harter Arbeit und strenger Disziplin bestehen, weil sie wissen, dass auch unter den schwierigsten Umständen Helden heranwachsen können.

Aktionsschritt

Ich bin mir sicher, dass Satan es auf unsere Kinder abgesehen hat, und dass er Schulsysteme, soziale Medien, nachlässige Eltern und andere Mittel einsetzt, um sein Ziel zu erreichen. Wir müssen bereit sein, uns um unserer Kinder und der Kinder anderer willen in feindliches Gebiet zu begeben und zu sagen – nicht wörtlich, aber im übertragenen Sinne – „Satan, du kriegst meine Kinder nicht!" Christliche Eltern sollten sich auch gegenseitig in ihrer Erziehung ermutigen, und wir sollten besonders darauf achten, wie wir einem alleinerziehenden Elternteil oder einer leidenden Familie, die Unterstützung, Ermutigung und Gebet braucht, zur Seite stehen können.

Und lassen Sie uns darauf bestehen, dass wir unsere Kinder nicht unseren ideologischen Feinden zur Erziehung überlassen, koste es, was es wolle. Wir sollten dankbar sein für die Eltern, die aufstehen und darauf bestehen, dass sie an der Erziehung ihrer Kinder beteiligt werden, denn sie haben beschlossen, ihre Lämmer nicht den Wölfen zu überlassen.

KAPITEL 10

Werden wir uns dem großen globalen Umbruch* unterwerfen?

Wenn jemand in Gefangenschaft geht, so geht er in Gefangenschaft; wenn jemand mit dem Schwert getötet wird, so muss er mit dem Schwert getötet werden. Hier ist das Ausharren und der Glaube der Heiligen.
OFFENBARUNG 13,10

Die Endzeit ist wieder da!

Das war die sarkastische Bemerkung eines Freundes von mir, der die Bücher über biblische Prophezeiungen leid war, in denen erklärt wird, dass das Ende nahe sei, obwohl sich die Welt weiter dreht, ohne dass Jesus zurückgekehrt ist. Ich stimme zu, dass menschliche Vorhersagen über die Wiederkunft Christi falsch waren und der Prophetie in den Augen mancher einen zweifelhaften Ruf eingebracht haben.

Wir sollten die Worte Jesu ernst nehmen, wenn er sagt, dass niemand den Tag oder die Stunde seiner Wiederkunft kennt (Mt 24,36), und wir müssen immer auf sein Kommen vorbereitet sein. Die Schrift sagt uns, dass „der Tag des Herrn so kommt wie ein Dieb in der Nacht. Wenn sie sagen: Friede und Sicherheit!, dann kommt

---

* Auch als „Great Reset" bekannt. Dieses Schlagwort bezeichnet die Initiative des Weltwirtschaftsforums, die Weltwirtschaft und -gesellschaft im Anschluss an die COVID-19-Pandemie neuzugestalten. (Anm. d. dt. Hg.)

ein plötzliches Verderben über sie, wie die Geburtswehen über die Schwangere; und sie werden nicht entfliehen ... Also lasst uns nun nicht schlafen wie die Übrigen, sondern wachen und nüchtern sein!" (1 Thes 5,2-3.6). Wir sollen so leben, dass wir die Wiederkunft Christi im Sinn haben.

Da vorhergesagte Ereignisse manchmal ihre Schatten vorauswerfen, bevor sie eintreffen, könnte es lehrreich sein zu fragen: Was sehen wir heute, das uns einen Einblick in die Zukunft gibt? Jede Generation hat über diese Frage nachgedacht, und wir tun dies heute mit neuem Interesse, weil sich die Schatten der Ereignisse, die während der Trübsal stattfinden werden, vor unseren Augen aufzutürmen scheinen. Wir müssen uns nicht darüber einig sein, ob das Kommen Christi vor oder nach der Trübsal stattfindet, um zu erkennen, dass die Bühne für eine Weltregierung, eine Weltwährung und weltweite Manipulation mit universeller Kontrolle, Unterwerfung und sogar Anbetung bereitet wird.

Hier wird auf erschreckende Weise beschrieben, wo die Geschichte schließlich hinführen wird: „Und es wurde ihm [dem Tier] Macht gegeben über jeden Stamm und jedes Volk und jede Sprache und jede Nation. Und alle, die auf der Erde wohnen, werden ihn anbeten, jeder, dessen Name nicht geschrieben ist im Buch des Lebens des geschlachteten Lammes von Grundlegung der Welt an" (Offb 13,7-8).

Und wenn Sie sich weigern, das Tier anzubeten? Eine Möglichkeit ist, dass Sie mit dem Schwert getötet werden, und wenn Sie nicht getötet werden, werden Sie durch Hunger aus Ihrem Haus getrieben: „Und es [das zweite Tier] bringt alle dahin, die Kleinen und die Großen, und die Reichen und die Armen, und die Freien und die Sklaven, dass man ihnen ein Malzeichen an ihre rechte Hand oder an ihre Stirn gibt; und dass niemand kaufen oder verkaufen kann, als nur der, welcher das Malzeichen hat, den Namen des Tieres oder die Zahl seines Namens" (Offb 13,16-17).

Dies beschreibt eine vereinheitlichte Welt, in der Politik, Wirtschaft und Religion auf globaler Ebene kontrolliert werden. Sie haben die Wahl: sich anzupassen oder gefoltert, geköpft oder dem Hunger überlassen zu werden.

Bete es an, sonst …!

Ich behaupte nicht, dass dieses Kapitel, das ich schreibe, das Drehbuch ist, dem Gott folgen wird, um diese Ereignisse herbeizuführen; die endzeitlichen Ereignisse könnten anders verlaufen als hier beschrieben. Aber dieses Kapitel ist ein bescheidener Versuch, wahrzunehmen, was heute geschieht, in dem Wissen, dass wir vielleicht einen Blick hinter den Vorhang werfen dürfen. Gott wird tun, was er will; aber die Teile des Puzzles scheinen sich vor unseren Augen bereits zusammenzufügen.

Man spricht von der Neuen Weltordnung, dem *Green New Deal*, dem Großen Umbruch nach der COVID-19-Pandemie oder auch von der Vierten Industriellen Revolution – man spricht von einer Welt, die von oben nach unten kontrolliert wird, mit einer einzigen Regierung, einem einheitlichen Bankensystem und einem globalen Herrscher.

Der Notstand: Der COVID-19-Umbruch

Irgendwo habe ich gelesen, dass ein einziges Ereignis eine Lawine auslösen kann; es könnte ein weiterer Schneefall sein, oder Tiere, die hoch oben an einem Hang entlang laufen, oder einfach ein Skifahrer zu viel. Was auch immer der Auslöser ist, wenn eine Lawine erst einmal ins Rollen gerät, gewinnt sie mehr und mehr an Geschwindigkeit und Dynamik und zerstört alles auf ihrem Weg: Straßen, ganze Dörfer und Menschen. In der einen Minute erfreuen sich die Skifahrer noch an dem, was sie für einen stabilen Berg hielten, und in der nächsten bezeugen sie mit Entsetzen die totale Verwüstung. Oder schlimmer noch, sie werden unter einer dicken Schneeschicht begraben.

Der Schnee liegt ruhig da, aber er braucht nur einen Auslöser; er braucht dieses eine Beben, um eine unaufhaltsame Lawine der Zerstörung auszulösen. Keiner weiß, wann das geschehen wird.

COVID-19 hat eine solche Lawine ausgelöst. Sie hat schnell an Fahrt gewonnen und sich über die ganze Welt ausgebreitet, sodass Menschen überall betroffen sind. Zum Zeitpunkt der Abfassung dieses Berichts ist eine weitere Variante auf dem Rückzug, und manche sagen, dass noch eine weitere Variante im Anmarsch sein könnte. Wie dem auch sei, es sind Ereignisse in Gang gesetzt worden, von denen wir erwarten können, dass sie sich fortsetzen. Die Lawine scheint ins Rollen gekommen zu sein.

Der Drang zur Globalisierung

Die weltweite COVID-19-Pandemie wurde als Vorwand für eine Globalisierung und einen wirtschaftlichen Neustart genutzt. Als eine Coronavirus-Variante nach der anderen bekannt wurde, wurden uns verschiedene Gründe für eine Neuordnung des wirtschaftlichen, geopolitischen, ökologischen und rassischen Gleichgewichts der Welt genannt. In gewisser Weise hat COVID-19 bewiesen, dass wir alle eine Familie in einer verbundenen globalen Gemeinschaft sind.

Im Jahr 2021 wurden der Weltgesundheitsorganisation (WHO) mehrere Berichte vorgelegt, in denen die weltweite Reaktion auf COVID-19 bewertet und Empfehlungen ausgesprochen wurden. Zusätzlich zu den staatlichen Beschränkungen und Mandaten befürworteten die Berichte „die Schaffung eines internationalen Pandemievertrags, der Konsequenzen für den Fall vorsieht, dass Länder ihren Verpflichtungen nicht nachkommen."[1]

Klaus Schwab, der Gründer des Weltwirtschaftsforums, hat das Buch *COVID-19: Der große Umbruch* geschrieben, in dem es in der Einleitung heißt: „Seit COVID-19 die Weltbühne betreten hat, hat es das bestehende Drehbuch, wie man Länder regiert, mit anderen zusammenlebt und an der Weltwirtschaft teilnimmt, drastisch umgestoßen."[2]

Wann wird sich die Lage wieder normalisieren? „Die kurze Antwort lautet: ‚nie'", schreibt er. „Wir werden auch weiterhin von der

Schnelligkeit und der unerwarteten Natur dieser Veränderungen überrascht werden – da sie miteinander verschmelzen ... Kaskadeneffekte und unvorhergesehene Ergebnisse. Wir sind uns sicher, dass „keine Branche und kein Unternehmen von den Auswirkungen dieser Veränderungen verschont bleiben wird."[3]

Schauen wir uns einmal genauer an, wohin uns das führen wird.

Das Drehbuch verlangt von den Staaten, dass sie nicht mehr die Politik machen, die für sie selbst am besten ist, sondern für die ganze Welt. Das bedeutet, dass es im Interesse der Gerechtigkeit riesige Vermögenstransfers geben wird, insbesondere von den USA in ärmere Länder.

Die Agenda lässt sich nicht verbergen. Auf der Website des Weltwirtschaftsforums schreibt Schwab: „Um ein besseres Ergebnis zu erzielen, muss die Welt gemeinsam und schnell handeln, um alle Aspekte unserer Gesellschaften und Volkswirtschaften zu erneuern, von der Bildung bis zu Sozialverträgen und Arbeitsbedingungen. Jetzt ist die Zeit für den großen Umbruch. Jedes Land, von den Vereinigten Staaten bis China, muss sich daran beteiligen, und jeder Wirtschaftszweig, von Öl und Gas bis zur Technologie, muss umgestaltet werden. Kurz gesagt, wir brauchen einen ‚Großen Umbruch' des Kapitalismus."[4] Die Argumentation des Schwab'schen Weltwirtschaftsforums basiert auf der Vorstellung, dass nach sozialistischen Grundsätzen die Kontrolle über Waren und Dienstleistungen von einzelnen Ländern auf die globale Gemeinschaft übertragen werden muss. Wie wir in Kapitel 3 festgestellt haben, wurde das Weltwirtschaftsforum nach seinen Prognosen für die Welt im Jahr 2030 gefragt. Eine der Antworten, die bereits von vielen akzeptiert wurde, lautete: „Du wirst nichts besitzen. Und du wirst glücklich sein."[5]

Um Gerechtigkeit in die Welt zu bringen, sollten die reichen Länder ihren Reichtum abgeben, damit andere Länder unterstützt und aus der Armut herausgeführt werden können. Denken Sie daran, dass Karl Marx gelehrt hat, dass reiche Nationen und Einzelpersonen ihren Reichtum auf ungerechte Weise erwerben; Reichtum wird immer auf dem Rücken der Ausgebeuteten, der Armen, geschaffen.

Daher wurde der Reichtum von Nationen wie den USA unrechtmäßig erworben. Und die Gerechtigkeit verlangt, dass dieser Reichtum wieder ausgeglichen wird. Es wird uns gesagt, dass die „amerikanische Vorherrschaft" eine Bedrohung für die Welt darstellt, so wie die weiße Vorherrschaft eine Bedrohung innerhalb der USA darstellt.

Diesem Denken zufolge muss die nationale Souveränität einer globalen Souveränität weichen. Amerika muss seine Position in der Welt aufgeben, um eine stärkere UNO zu schaffen, die über die wirtschaftliche, ökologische und politische Macht verfügt, den Lebensstandard rund um den Globus neu zu regeln. Dies ist nicht nur eine Bedrohung für die amerikanische Lebensweise, sondern wird sich leider auch auf die Missionsarbeit in aller Welt auswirken, die mit amerikanischen Dollars unterstützt wird.

Eine grenzenlose Welt

Der Globalismus verlangt, dass die Welt eine große Familie von Nationen wird; Grenzen sind Hindernisse, die dieser Vision im Wege stehen. Trotz der vom Kongress verabschiedeten Gesetze bekommen wir in Amerika derzeit einen Eindruck davon, wie es aussieht, wenn die Grenze zwischen den USA und Mexiko offen ist. Unsere derzeitige Regierung schafft Anreize für Menschen, die US-Gesetze zu brechen; illegale Einwanderer erhalten besondere Ausnahmeregelungen (sie können beispielsweise ohne COVID-19-Tests einreisen und müssen auch nicht geimpft werden[6]) und können mit kostenlosen Waren und Dienstleistungen rechnen. Sie werden in amerikanischen Krankenhäusern und Schulen betreut. Die derzeitige Politik scheint diesem Ablauf zu folgen: *in Gewahrsam nehmen*, *freilassen* und *belohnen*. (Man schätzt, dass allein in den ersten sechs Monaten des Jahres 2021 etwa 250 000 illegale Grenzgänger einer Festnahme entgangen sind.[7]) Vielleicht ist dies ein einmaliger Moment in unserer Geschichte: Es ist tatsächlich so, dass wir Menschen dafür bezahlen, unsere Gesetze zu brechen.

Früher diente die Einwanderung dazu, die USA zu schützen und zu bewahren, die diejenigen willkommen hießen, die sich für die Einhaltung der Gesetze, der Verfassung, der westlichen Werte usw. einsetzten. Jetzt scheinen die Bedürfnisse der illegalen Einwanderer gegenüber den Bedürfnissen der legal Ansässigen den Vorrang zu haben. Die derzeitige Politik sieht im Wesentlichen so aus: Kinder, die an der Grenze ankommen, sollen in den USA aufgenommen werden, was bedeutet, dass die Familie später ins Land folgen kann. Tragischerweise werden einige dieser unbegleiteten Kinder in die sexuelle Sklaverei verkauft, um ihre Schlepper zu bezahlen. Und wenn diese Kinder die USA erreichen, wird von den Agenten, die für den Schutz der Grenze zuständig sind, erwartet, dass sie als Sozialarbeiter fungieren und sich um sie kümmern.

Unter dem Deckmantel der Barmherzigkeit steht es auch Drogenschmugglern, Kriminellen und Bandenmitgliedern frei, diejenigen zu begleiten, die einfach nur ein besseres Leben in Amerika suchen. Schlepper, die sich für ihre Bemühungen gut bezahlen lassen, bringen ganze Busladungen von illegalen Einwanderern an die Grenze.[8] Unsere Grenzpolitik ist also nicht mehr pro Amerika, sondern eher pro Welt. Die Menschen fliegen aus der ganzen Welt nach Mittelamerika und reisen nach Mexiko, weil sie wissen, dass sie von dort aus in die USA einreisen können.[9] Sobald sie hier sind, können sie leben, wo immer sie wollen, denn sie wissen, dass die Regierung sich um sie kümmern wird. Es wurde bestätigt, dass Menschen aus mehr als 100 verschiedenen Ländern über die Grenze gekommen sind.

Der nächste Schritt in Richtung einer Gesellschaft ohne Grenzen ist die Abschaffung des Konzepts der Staatsbürgerschaft, sodass die USA zu einer Nation werden, die es allen Nicht-Staatsbürgern erlaubt, zu wählen. Ein Gastbeitrag für die *New York Times* trug die Überschrift „There Is No Good Reason" (dt.: Es gibt keinen guten Grund) und propagierte, dass man nicht verpflichtet sein sollte, die amerikanische Staatsbürgerschaft anzunehmen, um an US-Wahlen teilnehmen zu können. Die Journalistin und Schweizer Immigrantin Atossa Araxia Abrahamian argumentierte, dass

Nicht-Staatsbürger, die legal in den Vereinigten Staaten leben, zum amerikanischen Leben „genauso viel beitragen" wie gebürtige Staatsbürger; daher sollten sie „in politischen Angelegenheiten ein Mitspracherecht haben."[10]

New York City erlaubt Nicht-Staatsbürgern bereits die Teilnahme an den Kommunalwahlen. Nachdem der New Yorker Stadtrat im Dezember 2021 mit überwältigender Mehrheit einem Gesetz zugestimmt hatte, das Nicht-Staatsangehörigen das Wahlrecht einräumt, wurde New York City zur größten Stadt des Landes, die dieses Recht zulässt, und das nun von mehr als 800 000 legalen Nicht-Staatsangehörigen in Anspruch genommen wird.[11]

Sind die Regierungsvertreter, die den illegalen Grenzübertritt fördern, besorgt über das Leid der unbegleiteten Kinder an der Grenze? Über die Drogen? Die Banden? Die Frauen, die vergewaltigt werden? Nein, überhaupt nicht. Machthungrige Herrscher kümmern sich nie um menschliches Leid, wenn sie damit ihre Wählerschaft erweitern können.

Denken Sie an das übergeordnete Argument: Grenzen sind rassistisch, sie haben einen Beigeschmack von Vorherrschaft, und sie verweigern den Bedürftigen Gerechtigkeit. Ich wiederhole: Amerika schuldet der Welt etwas.

Was sagt die Bibel über Grenzen und Staatsbürgerschaft?

Gott legte Grenzen fest und lehrte sein Volk, die Grenzen der Nachbarvölker zu respektieren (5Mo 2,1-5.8-9). Israels Grenzen wurden in allen vier Himmelsrichtungen festgelegt (siehe 4Mo 34,1-12). Und als Edom die Grenzen Israels überschritt, brachte Gott Gericht über Edom (siehe Obadja).

Gott lehrte sein Volk, zwischen Fremden, die eine Bedrohung für seine Kultur darstellen, und solchen, die dies nicht tun, zu unterscheiden. David Dykstra schreibt in seinem Buch *Yearning to*

Breathe Free? (dt.: Das Verlangen, frei zu atmen): „Aus Gottes Gesetz lernen wir, dass Israel einen Unterschied machte zwischen Ausländern, die sich anpassen wollten, und solchen, die es nicht wollten ... Gottes Gesetz lehrt uns, den Fremden zu lieben. Gottes Gesetz lehrt uns, das Konzept von definierten Grenzen und Nationalstaaten zu respektieren."[12]

Der Gott, der die Globalisierung im antiken Babel unterbunden hat, indem er die Sprachen der Menschen verwirrte, hat bewiesen, dass die Menschen, wenn sie sich trennen, nicht länger eine Gemeinschaft ohne Grenzen sein würden. Es bildeten sich Länder mit eigenen Sprachen, Kulturen, Werten und Grenzen. Paulus schildert es so: „Aus einem einzigen Menschen hat er alle Völker hervorgehen lassen. Er wollte, dass sie die Erde bewohnen, er bestimmte die Zeit ihres Bestehens und die Grenzen ihres Gebietes" (Apg 17,26; NeÜ). Ja, natürlich kann es Handel zwischen Ländern geben, und Menschen können sich über die Grenzen hinweg besuchen und sogar neue Staatsbürgerschaften annehmen. Aber ohne gemeinsame Werte und eine gemeinsame Grenze kann eine Nation nicht auf Dauer friedlich existieren.

Was ist mit der Staatsbürgerschaft? Dieses Konzept und dessen Umsetzung gehen auf das Altertum zurück. Jesus erzählte ein Gleichnis, in dem ein Adliger seinen Besitz verließ, um ihn von einigen seiner Diener verwalten zu lassen. Wir lesen, „seine *Bürger* aber hassten ihn" (Lk 19,14). Paulus, dem bei einem Aufstand in Jerusalem zunächst die Redefreiheit verweigert wurde, antwortete: „Ich bin ein jüdischer Mann aus Tarsus, *Bürger* einer nicht unberühmten Stadt in Zizilien" (Apg 21,39). Sein römisches Bürgerrecht gab ihm das Recht zu sprechen, und später nutzte er dieses Bürgerrecht, um nach Rom zu gelangen. Die Staatsbürgerschaft verleiht denjenigen, die sich rechtmäßig in einem bestimmten Land aufhalten, bestimmte Rechte und Privilegien.

Bereits 1886, noch bevor Theodore Roosevelt Präsident wurde, sprach er während einer Rede in Dickinson, North Dakota, über das Thema Einwanderung. Denken Sie über seine weisen Worte nach:

Alle amerikanischen Bürger, ob sie hier oder anderswo geboren sind, ob sie dem einen oder anderen Glaubensbekenntnis angehören, haben denselben Stand; wir heißen jeden ehrlichen Einwanderer willkommen, ganz gleich, aus welchem Land er kommt, vorausgesetzt, dass er seine frühere Nationalität ablegt und weder Kelte noch Sachse, weder Franzose noch Deutscher bleibt, sondern Amerikaner wird und in gutem Glauben die Pflichten der amerikanischen Staatsbürgerschaft erfüllen will.[13]

Als ich Kanada verließ und die amerikanische Staatsbürgerschaft annahm, musste ich einen Einbürgerungstest bestehen, in dem ich Fragen über die amerikanische Geschichte und die Funktionsweise der Regierung beantworten musste. Mit meiner Staatsbürgerschaft erhielt ich das Wahlrecht. Nicht-Staatsbürgern die Rechte und Privilegien der Staatsbürgerschaft zu gewähren, vielleicht sogar denjenigen, die durch Verstöße gegen unsere Gesetze ins Land gekommen sind, ist nicht der richtige Weg. Es untergräbt das, was die Staatsbürgerschaft ausmacht.

Viele Menschen sind in dieser Hinsicht verwirrt. Das Symbol der Gemeinde ist das *Kreuz*, und alle sind in der Gemeinde willkommen, ob sie legal oder illegal hier sind – alle sind eingeladen, an Christus zu glauben. Die Botschaft der Gemeinde ist die des Mitgefühls und der Aufnahmebereitschaft. „Wer immer will, kann kommen!"

Im Gegensatz dazu ist das Symbol des Staates das *Schwert*, und die Regierung hat die Aufgabe, für Ordnung zu sorgen, die Nation zu schützen und den Frieden zu bewahren. Seine Botschaft ist die des Gehorsams gegenüber dem Gesetz und der Bestrafung von Übeltätern. Die Freiheit der Bürger kann nur gewährleistet werden, wenn der Staat für Gerechtigkeit sorgt. Wenn eine Regierung in einem bestimmten Fall Barmherzigkeit und Gerechtigkeit walten lassen kann, dann ist das gut. Aber die Politik einer Regierung kann niemals allein auf Mitgefühl beruhen. Regierungen müssen bereit sein, in den Krieg zu ziehen, um ihre Bürger zu verteidigen; der Staat sollte Verbrechern gegenüber Gerechtigkeit walten lassen und Übeltäter, die das Gesetz brechen, bestrafen.

Wir sollten die Rollen von Kirche und Staat nicht verwechseln.

Sie können sicher sein, dass die Regierenden, die darauf bestehen, dass wir unsere Grenzen für die Welt öffnen, nie von den Folgen ihrer Entscheidungen betroffen sind. Sie leben sicher hinter Mauern, oft mit privatem Sicherheitspersonal, wollen aber, dass die Grenzen der Nation ungeschützt sind; sie sind unabhängig und wohlhabend, wollen aber, dass die Bevölkerung von der Regierung abhängig ist. Sie schicken ihre Kinder auf Privatschulen, wollen aber, dass das gemeine Volk seine Kinder auf politisierte öffentliche Schulen schickt. Leider sorgen Politiker, die eine schlechte Politik durchsetzen, dafür, dass sie selbst nie von den drastischen Folgen ihrer Entscheidungen betroffen sind.

„Dann sollen sie doch Kuchen essen!", wird Marie Antoinette zitiert, als sie erfuhr, dass das französische Volk hungerte und kein Brot hatte. Es war ihr egal; solange sie selbst genug zu essen hatte, konnte sie es sich leisten, den Bedürfnissen der Menschen gegenüber gleichgültig zu sein. Offene Grenzen für andere? Ja, aber nicht in meinem Hinterhof!

Wir sollten die Rollen von Kirche und Staat
nicht verwechseln.

Das Ende des Geldes, wie wir es kennen

Wir sind zwar dankbar, dass die durch COVID-19 und die Betriebsstilllegungen verursachten Entlassungen nicht länger andauern, aber die Schulden unseres Landes steigen in alarmierendem Tempo. Schwab sagt, dass wir die Moderne Geldtheorie (MMT) anwenden müssen, um diese Krise zu bewältigen. „Der Antrieb muss daher aus einer Erhöhung der Haushaltsdefizite kommen (was bedeutet, dass die öffentlichen Ausgaben steigen, während die Steuereinnahmen sinken)."[14]

Lesen Sie das, wenn nötig, noch einmal. Er sagt, dass aufgrund der Inflation mehr Geld ausgegeben wird, die Steuereinnahmen aber sinken werden. Die einzige Möglichkeit für eine Regierung, diese wachsende Lücke zu schließen, besteht darin, mehr Geld zu schaffen, um die Defizite zu decken, wie es dem Gedanken der MMT entspricht. Wir halten uns an das Drehbuch. In den USA wurden COVID-19-Hilfsgesetze verabschiedet, in denen die Schaffung von Billionen von Dollar aus dem Nichts gefordert wurde. Man könnte auch sagen, sie wurden per Dekret geschaffen, was bedeutet, dass die *Federal Reserve* Dezimalpunkte auf Computern verschiebt und so über Nacht Billionen von Dollar schafft und die Inflation beschleunigt. Und die US-Regierung leiht sich immer mehr Geld, um die Staatsführung am Laufen zu halten.

Es ist zu früh, um das Ergebnis unserer MMT-Politik vorherzusagen, aber die Stabilität, die wir in der Vergangenheit hatten, ist für die Zukunft nicht gewährleistet. Schwab sagt, dass Amerika das „exorbitante Privileg" hatte, über die Weltwährungsreserve zu verfügen – etwas, wovon die USA profitiert haben. Aber das könnte sich ändern. Er schreibt, dass Analysten und politische Entscheidungsträger „ein mögliches und schrittweises Ende der Dominanz des Dollars in Betracht gezogen haben." Sie glauben, dass „ein unhaltbares Schuldenniveau das Vertrauen in den US-Dollar untergraben wird" und „dieser unhaltbare Weg wird sich in der Zeit nach der Pandemie und dem Rettungspaket noch verschlimmern ... Das steigende Defizit wird einen Punkt erreichen, über den hinaus Nicht-US-Investoren nicht mehr bereit sind, es zu finanzieren." Darüber hinaus gibt es „digitale Währungen, die die Vorherrschaft des US-Dollars eines Tages entthronen könnten."[15]

Nichts könnte den Globalisten mehr in die Karten spielen als ein weltweiter wirtschaftlicher Zusammenbruch, der der Weltbank die Möglichkeit geben würde, sich den Reichtum der Nationen anzueignen und die Wirtschaft der Welt zu kontrollieren. In Übereinstimmung mit sozialistischen Prinzipien würde Ihr Geld nicht mehr Ihnen gehören, sondern von einer „Weltbank" verteilt werden.

Mit einer vollständig digitalisierten Währung könnte der Reichtum dann „gerechter" verteilt, überwacht und als Waffe gegen diejenigen eingesetzt werden, die sich nicht an die Regeln halten. Unser gesamter Reichtum würde letztlich der Weltbürokratie gehören, die die Wirtschaft so anpassen könnte, dass sie „gerecht" bleibt. Jeder könnte „seinen gerechten Anteil" erhalten, und da die Technologie so viele Arbeitsplätze verdrängt haben wird, könnte jeder Mensch ein garantiertes Grundeinkommen erhalten. Der dringend benötigte Wohlstand würde auf digitalem Wege geschaffen werden.

Die besondere Stellung Amerikas in der Welt würde verschwinden, und mit dem Zusammenbruch einhergehend würde die Weltbank uns zu Hilfe kommen und uns retten. Und dann hätten wir – mit China schon jetzt als Vorbild – endlich eine angeblich einheitliche, nachhaltige und gerechte Welt. Die Ungleichheiten der Vergangenheit würden nur noch in unserer Erinnerung bestehen.

Wo stehen wir jetzt in diesem Prozess?

In Bezug auf China schreibt Schwab: „Das Land ist dem Rest der Welt bei der Entwicklung einer digitalen Währung in Kombination mit leistungsfähigen elektronischen Zahlungsplattformen um Jahre voraus ..." Die chinesische Regierung „versucht, sich von US-Zwischenhändlern unabhängig zu machen und gleichzeitig eine stärkere Digitalisierung anzustreben."[16]

Wenn wir wissen wollen, wie eine Regierung wirtschaftliche Kontrolle einsetzen kann, um diejenigen zu bestrafen, die mit ihrer Politik nicht einverstanden sind, brauchen wir uns nur anzusehen, was während der massiven Truckerproteste des *Freedom Convoy* in Kanada im Februar 2022 geschah. Der kanadische Premierminister setzte die Debatte über seine Entscheidung, Notstandsbefugnisse auszuüben, aus, und die Banken wurden angewiesen, die Konten der Anführer der Bewegung, deren Namen ihnen von der kanadischen Bundespolizei mitgeteilt wurden, einzufrieren. Ein Online-Konto mit Spenden in Höhe von 10 Millionen Dollar, die für die Trucker gesammelt wurden, wurde eingefroren. Nach heftiger Kritik kündigte die Funding-Webseite an, dass sie den Spendern ihr Geld zurückerstatten würde. Und als die Namen derjenigen, die für die Trucker gespendet hatten, bekannt wurden, wurden einige von ihnen in Verruf gebracht. Wer die Wirtschaft kontrolliert, kontrolliert die Welt.

All das liegt in unserer Zukunft. Möglicherweise in unserer *unmittelbaren* Zukunft.

Verstärkte Kontaktverfolgung und -überwachung

Die Sorge um den Klimawandel könnte ein Katalysator sein, der all dies bewirkt. Schwab meint, dass sogar die COVID-19-Krise durch unser Versagen im Umgang mit dem Klimawandel ausgelöst wurde. Wenn wir in tropische Wälder eindringen, setzen wir unbekannte Viren frei. „Inzwischen haben immer mehr Wissenschaftler nachgewiesen, dass die vom Menschen verursachte Zerstörung der biologischen Vielfalt die Quelle für neue Viren wie COVID-19 ist".[17] Daraus ist eine neue Disziplin entstanden, die sich mit dem Wohlergehen des Menschen, anderer Lebewesen und ganzer Ökosysteme befasst: „Planetare Gesundheit". Man sagt uns, dass wir die Art und Weise, wie wir Energie erzeugen, überdenken müssen. Selbst wenn wir COVID-19 hinter uns haben, wird es laut Schwab weiterhin notwendig sein, sich mit dem Klimawandel zu befassen, da auch in Zukunft mit extremen Wetterereignissen zu rechnen ist.[18]

Infolgedessen wird uns die COVID-19-Krise dazu zwingen, „eine nachhaltige Umweltpolitik zu betreiben". Verantwortungsbewusste Führungspersönlichkeiten werden die Pandemie „sinnvoll nutzen, indem sie *die Krise nicht ungenutzt verstreichen lassen*"[19] (Hervorhebung hinzugefügt). All diese Veränderungen könnten durch Zwang, Überwachung und Zwangsmaßnahmen erreicht werden – mit harten Strafen für diejenigen, die sich nicht fügen. Und diejenigen, die

die Weltbank kontrollieren, könnten die Krise nutzen, um diese globalen Maßnahmen zu ergreifen.

Natürlich können diese Veränderungen nicht herbeigeführt werden, ohne dass die individuelle Freiheit einer vollständig digitalen Währung weicht, die mit digitalen Identifikationszertifikaten verbunden ist. Die potenzielle Gefahr dieser Zertifikate besteht darin, dass ideologische Konformität durch die Einschränkung Ihres digitalen Bankkontos erzwungen werden könnte.

Dr. Joseph Mercola warnt: „Stellen Sie sich vor, wie einfach es wäre, dies zu automatisieren, sodass Sie, wenn Sie Ihre vorgeschriebene Impfung versäumen oder etwas Unerwünschtes im Internet posten, nicht mehr auf Ihr Bankkonto zugreifen können oder Ihr biometrischer Ausweis Ihnen keinen Zutritt zu Ihrem Bürogebäude gewährt."[20]

Ich halte es für wahrscheinlich, dass Big Tech* dazu beitragen wird, eine neue Weltordnung zu schaffen.

Laut Schwab ist die effektivste Art der individuellen Datenerhebung „die Rückverfolgung aller Kontakte, mit denen der Nutzer eines Mobiltelefons in Kontakt stand, sowie die Verfolgung der Bewegungen des Nutzers in Echtzeit, was wiederum die Möglichkeit bietet, eine Sperre besser durchzusetzen und andere Mobilfunknutzer in der Nähe des Betroffenen zu warnen, dass sie mit einer infizierten Person in Kontakt gekommen sind."[21]

Ihre Körpertemperatur könnte mit Wärmebildkameras über eine App überwacht werden, die auch anzeigt, ob sie die Social-Distancing-Anforderungen einhalten.

Die Agenda ist kein Geheimnis. Schwab räumt ein, dass es viele Diskussionen über Fragen des Datenschutzes geben wird, aber die meisten Menschen werden die Gefahr von COVID-19 so sehr fürchten, dass „sie dann bereit sind, viel Privatsphäre aufzugeben

---

* Bezeichnung für die fünf größten IT-Unternehmen der Welt: Alphabet (Google), Amazon, Apple, Meta Platforms (ehem. Facebook) und Microsoft. (Anm. d. dt. Hg.)

und zuzustimmen, dass unter solchen Umständen die öffentliche Macht zu Recht über den Rechten des Einzelnen stehen kann." Er zitiert Yuval Noah Harari: „Die Algorithmen werden wissen, dass du krank bist, noch bevor du selbst es weißt, und sie werden auch wissen, wo du gewesen bist und wen du getroffen hast ... Wenn du zum Beispiel weißt, dass ich auf einen Fox-News-Link geklickt habe und nicht auf einen CNN-Link, kann dir das etwas über meine politischen Ansichten und vielleicht sogar über meine Persönlichkeit sagen."[22]

Was verspricht diese neue „Utopie"? Ihre Befürworter behaupten, sie sei der Weg zu Frieden und Wohlstand für alle Menschen und den Planeten. Sie wird der Armut und mangelnder Bildung ein Ende setzen, Ungleichheiten verringern und die Ozeane und Wälder retten. Im Gegenzug für diese „Vorteile" werden wir unsere Freiheit, unseren Einfallsreichtum und unsere persönlichen Entscheidungen über unsere Finanzen und Werte aufgeben. Unsere Ketten werden uns ein Gefühl der Sicherheit geben.

China hat es vorgemacht.

Chinas Gesichtserkennungstechnologie mag mit der des Westens auf dem gleichen Stand sein, aber ihre kommerzielle Nutzung der Technologie übersteigt das, was man aus anderen Teilen der Welt kennt. Chinesische Bürger werden überall fotografiert, wo sie unterwegs sind. Überall. Sie nutzen die Gesichtserkennungstechnologie, um ihre Handys zu entsperren und Büros, Hotels, Schulen und sogar Flugzeuge, Züge und Taxis zu betreten. Die von der *China Merchant Bank* betriebenen Geldautomaten scannen die Gesichter der Menschen, bevor sie das Geld ausgeben.

Eine andere vom Entwickler Ping An angebotene Gesichtserkennungs-App ist so ausgefeilt, dass sie „den natürlichen Alterungsprozess ausgleicht und sogar Zwillinge unterscheiden kann."[23] Im Jahr 2018 gab es 176 Millionen Überwachungskameras in China. Weitere Millionen werden noch installiert.

Im Jahr 2017 begannen die chinesischen Behörden mit der Installation von Überwachungskameras innerhalb und in der Umgebung

von Gotteshäusern. Dies wurde mit angeblichen „Sicherheitsbe-
denken" begründet. Aber das war natürlich nur ein Vorwand. Re-
gierungsbeamte drangen in die Kirchen ein und installierten die
Kameras gewaltsam. „Einige Pastoren und Gläubige, die mit der
Maßnahme nicht einverstanden waren, wurden weggezerrt."[24] Im
Laufe des letzten Jahres hat China die Beschränkungen für die Re-
ligion verschärft, und die Regierung kontrolliert jetzt alle religiösen
Online-Dienste und Medien im ganzen Land.[25]

Wie Sie vielleicht wissen, hat China damit begonnen, jeder Person im Land eine Sozialbewertung zuzuweisen. Die Menschen werden belohnt, wenn sie die Erwartungen der Regierung und der Gemeinschaft erfüllen, und bestraft, wenn sie es nicht tun. Was senkt
Ihre Punktzahl? Wenn man etwas Anstößiges über die herrschenden
Behörden sagt oder Dinge tut, die als sozial schädlich gelten. Auch
der bloße Umgang mit jemandem, der einen negativen Einfluss aus-
übt, kann die Punktzahl herabsenken.

Was passiert, wenn man eine niedrigere Punktzahl hat? Man
kann sich kein Geld leihen, man kann nicht bei jemandem zur Miete
wohnen, man kann nicht reisen, man darf vielleicht nicht in Züge
einsteigen, und man darf auf keinen Fall das Land verlassen. Es ist
zu erwarten, dass chinesische Studenten, die an US-amerikanischen
Colleges und Universitäten studieren wollen, eine hohe soziale Kre-
ditwürdigkeit nachweisen müssen.

Der Autor David Rosenthal weist darauf hin, dass das Sozi-
alkreditsystem es ermöglicht, Menschen auf eine schwarze oder
weiße Liste zu setzen. Es basiert auf der Bewertung der jeweiligen
Beliebtheit bei der Regierung und der herrschenden Elite. Wenn
Sie an ein von der Regierung genehmigtes Programm spenden,
verbessert sich Ihr Punktestand. Er schreibt: „Wenn Sie Ihren
Müll nicht richtig trennen, wird Ihr Sozialkredit-Stand herabge-
setzt ... Wenn eine Gesichtserkennungssoftware sieht, dass Sie sich
mit einem Freund treffen, der einen niedrigeren Punktestand hat,
werden Sie als nicht vertrauenswürdig eingestuft, und Sie werden
weiter bestraft."[26] Mit anderen Worten: Seien Sie ein Repräsentant

der Regierung oder Sie werden bestraft! Sie könnten aus dem Geschäftsleben oder aus der Gesellschaft ausgeschlossen werden und ihres Lebensunterhalts beraubt werden, vielleicht sogar zur „Umerziehung" gezwungen werden.

Rosenthal fährt fort: „Aus geopolitischer Sicht scheint es klar zu sein, dass wir Zeugen eines globalen Staatsstreichs sind, der darauf abzielt, die Kontrolle über unsere gottgegebene Freiheit zu erlangen. Aus biblischer Sicht handelt es sich um nichts Geringeres als ein luziferisches Komplott zur Versklavung der Menschheit unter dem Deckmantel des humanistischen Sozialismus."[27]

China hat eine neue Form des Kapitalismus entwickelt, die auch dann gedeihen kann, wenn die Bevölkerung manipuliert und kontrolliert wird. Man muss nicht alle Unternehmen und Industrien in Staatsbesitz haben, solange man alle Transaktionen staatlich kontrolliert. Wenn man die Menschen kontrollieren kann, muss man ihre Geschäfte und Häuser nicht beschlagnahmen – zumindest noch nicht.

Das haben wir bereits von Hitlerdeutschland gelernt. Es ist nicht notwendig, dass eine Regierung Land, Unternehmen und Häuser besitzt, um die Menschen in eine bestimmte ideologische Richtung zu lenken. Heute haben wir eine Überwachungstechnologie, von der Hitler nur träumen konnte. Fügt man dem noch Zwang hinzu, hat man den Gehorsam der Massen, nach dem sich alle Diktatoren sehnen.

Diejenigen, die diesen weltweiten Umbruch planen, sprechen von „Stakeholder*-Kapitalismus", der letztendlich eine Intrige von Regierungsbehörden, großen Technologieunternehmen und Regierungsführern ist, die nach weltweiter Macht streben. Sie können Ihren Kapitalismus behalten, solange er Teil des größeren Kontrollnetzes wird.

---

* Als Stakeholder bezeichnet man eine Person oder Gruppe, die ein berechtigtes Interesse am Verlauf oder Ergebnis eines Prozesses oder Projektes (z. B. Aktien) hat. (Anm. d. dt. Hg.)

Einige Befürworter dieses Umbruchs werden ihr Ziel erreicht haben, wenn alles Geld digitalisiert ist und jeder Einzelne den gleichen Betrag auf seinem Konto hat. Endlich wird Gerechtigkeit erreicht sein. Kein Wunder, dass die *New York Times* China als Beispiel anführt, dem man folgen sollte: „Eine Einparteien-Autokratie hat sicherlich ihre Nachteile. Doch wenn sie von einer vernunftgeleiteten Gruppe von Menschen geführt wird, wie heute in China, kann sie auch große Vorteile haben."[28]

Zweifelsohne wird der Antichrist schließlich die Herrschaft mit einer „vernunftgeleiteten Gruppe von Menschen" teilen, wie es heute in China der Fall ist.

Leben ohne Freiheit

In meinem Heimatstaat Illinois wurde vom Repräsentantenhaus ein Gesetz verabschiedet, mit der der „Health Care Right of Conscience Act" (dt.: Gesetz über das Recht auf Gewissensfreiheit im Gesundheitswesen) geändert werden sollte, das jedem Bürger das Recht einräumte, jegliche unerwünschten Behandlungen im Gesundheitswesen abzulehnen. Mit dem Inkrafttreten des Gesetzentwurfs SB1169 wurde dieser Schutz aufgehoben. Der Hauptbefürworter argumentierte, dass der Gesetzentwurf, der Gewissensfreiheit ermöglicht, dem Schutz des Gesundheitspersonals diente, nicht aber dem Schutz von Personen, die sich der COVID-19-Impfpflicht entziehen wollen.[29]

Ich selbst zähle mich zu den Impfbefürwortern, aber ich respektiere auch diejenigen, die sich nicht impfen lassen wollen. 1906 wurde die Polioimpfung gesetzlich vorgeschrieben, aber im Großen und Ganzen haben die amerikanische Regierung und ihre Institutionen in solchen Angelegenheiten auf die „informierte Zustimmung" gesetzt. *Informiert* bedeutet, dass jeder Mensch seine eigenen Nachforschungen anstellt; *Zustimmung* bedeutet, dass jeder Mensch seine eigene Entscheidung treffen darf. Keine Behörde oder Institution sollte die Befugnis haben, eine Person zu zwingen, Substanzen in ihren Körper injizieren zu lassen. Wenn jemand gezwungen wird, sich eine Substanz spritzen zu lassen, die er nicht will, gehört ihm sein Körper nicht mehr. Vielmehr gehört er dem Staat.

Im Neuen Testament befasste sich die frühe Gemeinde mit einer Kontroverse darüber, welche Lebensmittel gegessen werden sollten und welche nicht. Der Apostel Paulus beendete die Diskussion mit den Worten: „Alles aber, was nicht aus Glauben ist, ist Sünde" (Röm 14,23). Die Quintessenz ist diese: Wir sollten den Menschen Gewissensfreiheit darüber zugestehen, was in ihren Körper gelangt.

Wie ist es, in einem Land zu leben, das auf einer allgemeinen Impfpflicht besteht? Ich möchte aus einem Artikel über Litauen zitieren, wo ein strikter, allgemein verpflichtender „Covid Pass" eingeführt wurde. Ich habe den Text aus Gründen der Klarheit leicht verändert:

> Ohne Covid Pass sind meine Frau und ich von der Gesellschaft ausgeschlossen. Wir haben kein Einkommen. Wir dürfen nicht mehr einkaufen. Können kaum existieren ... Wir können nicht an unseren Arbeitsplatz zurückkehren. Selbst wenn unsere Arbeitgeber uns zurücklassen würden – unsere Kollegen verachten uns; in den sozialen Medien wünschen sie uns den Tod. Wir können dort nicht arbeiten.[30]

In dem Artikel heißt es weiter, dass sie nur auf bestimmten Märkten, auf Parkplätzen im Freien und überall dort, wo Produkte auf der Straße verkauft werden, Lebensmittel kaufen können. Man sagt ihnen: „Nur Bargeld, kein Pass nötig."

Aber was passiert, wenn es kein Bargeld mehr gibt, weil alle Transaktionen digitalisiert und aufgezeichnet werden? Was passiert, wenn Märkte unter freiem Himmel verboten werden und die Herrscher der Welt andere, noch einschneidendere Vorschriften erlassen? Wird man Ihnen verbieten, eine evangelikale Gemeinde zu besuchen und Ihrem Nachbarn von Christus zu erzählen? Was ist mit der Erziehung Ihrer Kinder nach Ihren persönlichen Überzeugungen?

Und irgendwann wird die vorhergesagte, unheilvolle Zukunft beginnen.

Superman: Die große Hoffnung der Welt

1931 sagte Aldous Huxley in *Schöne neue Welt* voraus, was durch künstliche Intelligenz, psychologische Manipulation und Ökologismus* eintreten würde. Er sprach von einer dystopischen Welt (dem Gegenteil von Utopie), in der es Ungerechtigkeiten geben würde, die Wissenschaftler dazu ermutigen würden, die Menschheit umzugestalten und eine Kreatur zu schaffen, die man „transhuman" nennen wird.

Dieser Tag ist *fast* gekommen.

Nicht umsonst sagte Wladimir Putin: „Künstliche Intelligenz ist die Zukunft, nicht nur für Russland, sondern für die gesamte Menschheit ... Wer auf diesem Gebiet die Führung übernimmt, wird die Welt beherrschen."[31]

Ich wiederhole: *Wer im Bereich der künstlichen Intelligenz die Führung übernimmt, wird die Welt beherrschen!* Sie werden überrascht sein, wie weit wir auf diesem Weg schon gekommen sind. Superman wird gerade erschaffen, während ich dieses Buch schreibe.

Wahrscheinlich haben Sie *Alexa*, die von Amazon entwickelte virtuelle Assistentin, schon kennengelernt. Bitten Sie „sie", Ihnen Informationen zu geben oder eine Bestellung aufzugeben, und sie wird es tun. Fragen Sie sie, und sie spielt die Musik, die Sie mögen, oder bestellt Pizza für Ihre Party. Sie müssen nicht einmal „bitte" oder „danke" sagen!

---

* Bezeichnung für eine ideologisch bedingtes übersteigertes Engagement im politischen Meinungskampf, hier den Umweltschutz betreffend. (Anm. d. dt. HG.)

Ein sechsjähriges Mädchen aus Dallas bestellte ohne die Erlaubnis ihrer Eltern bei Alexa ein KidKraft-Puppenhaus und eine große Dose mit Zuckerplätzchen. Die Bestellung kam bei ihren Eltern an, und anstatt alles zurückzuschicken, schenkten sie das Puppenhaus einem örtlichen Krankenhaus. Es war eine Geschichte mitten aus dem Leben, daher schaffte sie es in die Nachrichten.

Als die Geschichte in einer Nachrichtensendung in San Diego ausgestrahlt wurde, beendete der Moderator den Beitrag mit den Worten: „Ich finde das kleine Mädchen klasse, das sagt: ,Alexa hat mir ein Puppenhaus bestellt.'" Sofort versuchten Amazon Echo und Alexa in der ganzen Stadt, Puppenhäuser zu bestellen, nachdem sie den „Befehl" des Moderators an Alexa gehört hatten.[32]

Es gibt andere Roboter und Maschinen, die ähnliche Leistungen vollbringen. Denken Sie zum Beispiel an *Pepper,* einen menschenähnlichen Roboter (in diesem Fall ein siebenjähriges Kind) aus Japan, der über „mehr emotionale Intelligenz als ein durchschnittliches Kleinkind" verfügt. Er nutzt die Gesichtserkennung, um Traurigkeit oder Feindseligkeit zu erkennen, die Stimmerkennung, um Besorgnis zu hören ... und er ist tatsächlich ziemlich gut in all dem."[33] Einige, die Pepper besitzen, betrachten ihn als ein geschätztes Familienmitglied, gehen mit ihm einkaufen und beschäftigen sich mit ihm. Es wird erwartet, dass er in Pflegeheimen eingesetzt wird, um älteren Patienten zu helfen, den Weg zurück in ihre Zimmer zu finden, und ihnen einfache Dienste zu erweisen.

Solche hochentwickelten Roboter werden in den USA immer bekannter. In Zukunft werden wir vielleicht mehr Menschen mit Begleitrobotern sehen. Tragischerweise kann diese Art von Technologie auch für sündige sexuelle Zwecke eingesetzt werden – sie ermöglicht es Ehebrechern, Vergewaltigern und sogar Pädophilen, ihre Begierden ohne rechtliche Konsequenzen auszuleben.[34]

Und nun zu weiteren verblüffenden Erfindungen.

Stellen Sie sich vor, Ihr Gehirn wäre mit dem Internet verbunden, sodass Sie auf einer Bank im Park (oder sonst wo) sitzen und in Gedanken nach beliebigen Informationen surfen könnten. Weit hergeholt? Sie werden überrascht sein, wie weit die künstliche Intelligenz (KI) bereits fortgeschritten ist, um eine transhumane Rasse zu schaffen, d. h. „Menschen, deren angeborenen Fähigkeiten durch übermenschliche Intelligenz und Maschinen erweitert wurden.“[35] In den kommenden Jahren, so prognostiziert Ray Kurtzweil, Gründer der *Singularity University* in Nordkalifornien, werden wir „unseren Neokortex, den Teil des Gehirns, in dem wir denken, mit der Cloud verbinden.“[36]

In *The End of Life as We Know It* (dt.: Das Ende des Lebens, wie wir es kennen) schreibt Michael Guillen: „Indem sie Wege finden, das menschliche Gehirn direkt mit einem Computer zu verbinden, werden sie es uns ermöglichen, mit unseren Gedanken im Internet zu surfen, anstatt mit unseren Augen, Fingern oder unserer Stimme –, um uns mit dem Cyberspace und miteinander *eins* zu machen“[37] (Hervorhebung im Original).

Dann gibt es da noch diese unheilvolle Prognose: „Im Laufe des nächsten Jahrzehnts wird unsere Spezies ... beginnen, unsere spirituellen Erfahrungen durch unsere Verbindungen untereinander zu finden“, so der Autor Dan Brown, „und ein ‚globales Bewusstsein schaffen, das wir wahrnehmen und das zu unserem Göttlichen wird“. Er fügt hinzu: „Unser Bedürfnis nach einem äußeren Gott, der da oben sitzt und über uns urteilt, wird abnehmen und schließlich verschwinden.“[38]

Der Comiczeichner Scott Adams bemerkt: „Ein höheres Wesen muss also in unserer Zukunft liegen, nicht in unserem Ursprung. Was wäre, wenn ‚Gott‘ das Bewusstsein ist, das entsteht, wenn genug von uns mit dem Internet verbunden sind?“[39] *Wir werden nicht mehr von einem Gott sprechen, der uns geschaffen hat, sondern von einem Gott, den wir geschaffen haben.*

Was wäre, wenn es eine App gäbe, die mit Ihrem Gehirn verbunden ist und Ihnen ermöglicht, sofort Spanisch zu lernen? Oder Zugang zu den Gedanken einer anderen Person oder zu einem kollektiven Bewusstsein zu haben? In Anbetracht der Unzulänglichkeiten der menschlichen Rasse – der Eifersucht, der Krankheiten und

der Gewalt – warum sollten wir unseren Verstand nicht durch etwas Besseres, Menschenwürdigeres ersetzen lassen, das von der Ge-
brechlichkeit und den Schwächen der Menschheit unabhängiger ist?
Laut den Prognosen wird dies geschehen.

Guillen schreibt: „Während in früheren Revolutionen die Dampf-
kraft die Pferdestärken ersetzte, die Elektrizität die mechanischen
Zahnräder und das Gaslicht, und Computer die Schreibmaschinen,
ist die KI-Revolution speziell darauf ausgerichtet, *uns* zu ersetzen"[40]
(Hervorhebung im Original). Das Ziel ist es, uns durch eine KI zu
ersetzen. KI kann sich schneller erneuern als wir und verfügt über
eine höhere Intelligenz.

In Auckland, Neuseeland, gibt es ein Unternehmen namens Soul
Machines. Der Gründer, Mark Sagar, und seine Kollegen versuchen,
einen virtuellen Menschen mit Bewusstsein zu schaffen. „Wir wollen
ein System bauen, das nicht nur für sich selbst lernt, sondern das
auch motiviert ist, zu lernen und mit der Welt zu interagieren."[41] Das
Ziel ist es, künstliche Menschen zu schaffen, die mit uns interagieren, Fragen beantworten und sogar zum Lernen motiviert werden
können.

James J. Hughes, geschäftsführender Direktor des *Institute for
Ethics and Emerging Technologies* (dt.: Institut für Ethik und neue
Technologien), einer pro-transhumanistischen Denkfabrik, be-
schreibt das Ziel des Transhumanismus als die Möglichkeit, „jedem
Menschen Zugang zu sicheren und effektiven Technologien zur Ver-
besserung der menschlichen Leistungsfähigkeit zu verschaffen, die
Gesundheit, Fähigkeiten, Langlebigkeit, kognitive Fähigkeiten und
reproduktive Kontrolle erweitern."[42]

Und das ist noch nicht alles: Das ultimative Ziel könnte darin
bestehen, Ihre Gedanken durch die Gedanken einer anderen Person
zu ersetzen. Sie könnten morgens aufwachen und denken, Sie sei-
en jemand ganz anderes, mit dessen Erinnerungen, Interessen und
Identität.

Zum Glück sind wir noch nicht so weit, aber der Fortschritt auf
diesem Gebiet wird davon abhängen, wie lange dieser Planet in

seinem jetzigen Zustand vor der Wiederkunft des Herrn noch existieren wird.

Selbst der verstorbene Astrophysiker und Atheist Stephen Hawking wusste, dass KI nicht vor ernsthaftem Missbrauch und Gefahren gefeit sein würde. Er sagte: „Die Entwicklung einer vollständigen künstlichen Intelligenz könnte das Ende der menschlichen Rasse bedeuten ... Sie würde sich selbständig machen und sich in immer schnellerem Tempo umgestalten. Der Mensch, der durch die langsame biologische Evolution begrenzt ist, könnte da nicht mithalten und würde verdrängt werden."[43]

Es ist schwer zu sagen, wie sich all dies auf die Endzeit auswirken wird. Ich weiß zum Beispiel nicht, ob der Antichrist menschlich oder übermenschlich sein wird. Ich weiß nur, dass er für eine kurze Zeit alle Nationen politisch, wirtschaftlich und religiös mit eiserner Faust kontrollieren wird. Er wird gehasst, gefürchtet und geliebt werden. Und wie Orwells „Großer Bruder" wird er am Ende verehrt werden.

Zum Glück wird die Weltherrschaft des Antichristen durch die Herrschaft Christi, des allmächtigen Gottes, abgelöst. „Das Reich der Welt ist unseres Herrn und seines Christus geworden, und er wird herrschen von Ewigkeit zu Ewigkeit" (Offb 11,15).

Die endgültige Offenbarung des bösen Herzens der Menschen

Fassen wir dies alles zusammen: Nachdem Gott die Menschheit erschaffen hatte und die Menschen begannen, sich auf der Erde zu vermehren, lesen wir, dass Gott sah: „Alles Sinnen der Gedanken seines Herzens [war] nur böse den ganzen Tag" (1Mo 6,5). Die Erde war erfüllt von Gewalt und Verderben (Vers 11).

Daraus lässt sich eine Lehre ziehen: Wenn man die Menschheit nicht bremst, wird sie versuchen, jede böse Fantasie zu verwirklichen, die ihr in den Sinn kommt. Ganz gleich, wie edel die Sache ist, ganz gleich, wie sehr Technik und Medizin unser Leben verbessert haben, gute Dinge werden irgendwann für böse Zwecke missbraucht werden. In der sündigen Menschheit wird das Streben nach Macht, Besitz und Vergnügen immer eine moralische Abwärtsspirale auslösen.

In der sündigen Menschheit wird das Streben nach Macht, Besitz und Vergnügen immer eine moralische Abwärtsspirale auslösen.

Das Ergebnis? Zur Zeit Noahs schickte Gott das Gericht einer weltweiten Flut und ließ die gesamte böse Bevölkerung, mit Ausnahme von Noah und seiner Familie, ertrinken. Mit diesem Gedanken im Hinterkopf, lassen Sie uns zu Jesu Warnung in Matthäus 24,37-39 vorspulen:

> Aber wie die Tage Noahs waren, so wird auch die Ankunft des Sohnes des Menschen sein. Denn wie sie in jenen Tagen vor der Flut waren: – sie aßen und tranken, sie heirateten und verheirateten bis zu dem Tag, da Noah in die Arche ging und sie es nicht erkannten, bis die Flut kam und alle wegraffte –, so wird auch die Ankunft des Sohnes des Menschen sein.

Der Gott der Sintflut im ersten Buch Mose, der Gott, der die Menschen beim Turmbau zu Babel richtete, der Gott des Gerichts am Großen Weißen Thron hat ein Ziel, das nur er allein bestimmen wird. Zum Glück hat er zunächst Jesus gesandt, um uns zu retten und „von dem kommenden Zorn" (1 Thes 1,10) zu bewahren. In Johannes 3,18 heißt es: „Wer an ihn glaubt, wird nicht gerichtet; wer aber nicht glaubt, ist schon gerichtet, weil er nicht geglaubt hat an den Namen des einzigen Sohnes Gottes."

Ja, in der Trübsal wird es Gläubige geben. Sie werden sich der letzten Prüfung stellen: Werden sie sich beugen und den Antichristen anbeten oder werden ihre Bankkonten eingefroren? Werden sie sich auf die „Gerechtigkeit" einlassen, die der Globalismus der Welt bringen wird?

Wenn nicht, droht ihnen der Tod durch das Schwert oder durch Verhungern.

Zusage für den Alltag

In der letzten Schlacht, wenn Christus auf die Erde zurückkehrt, wird der Antichrist seinen Meister finden. Die wahren Heiligen werden den Mut haben, einem zornigen Teufel zu widerstehen, dessen Marionette ihre Anbetung sucht. Und diese Heiligen werden dies tun, „weil das Lamm sein Blut für sie vergossen hat und weil sie ohne Rücksicht auf ihr Leben sich zur Botschaft des Lammes bekannten, bereit, auch dafür zu sterben" (Offb 12,11; NeÜ). Nach ihrem Martyrium werden sie sich erheben und singen: „Groß und wunderbar sind deine Werke, Herr, Gott, Allmächtiger! Gerecht und wahrhaftig sind deine Wege, König der Nationen ... alle Nationen werden kommen und vor dir anbeten, weil deine gerechten Taten offenbar geworden sind" (Offb 15,3-4).

Ende gut, alles gut. Und für die Heiligen in Christus wird alles bis in alle Ewigkeit gut ausgehen.

Drei Helden, die keinen Grund hatten, sich zu verstecken

Lassen Sie uns einen Moment über eine der größten Glaubensgeschichten der ganzen Bibel nachdenken. Alles lief auf diese Frage hinaus: Sich beugen oder sich nicht beugen? Gott fürchten oder das Feuer fürchten?

König Nebukadnezar von Babylon war nicht der Antichrist, obwohl er ähnliche Ambitionen hatte. Er brachte das gesamte Volk seines riesigen Reiches in die Ebene von Dura, um ein großes Bild anzusehen, das er geschaffen hatte (das ihn selbst darstellte). Er krönte sich zum neuen „göttlichen Gesetzgeber" und führte ein neues Gesetz ein: „Euch wird befohlen, ihr Völker, Nationen und Sprachen: Sobald ihr den Klang des Horns, der Rohrpfeife, der Zither, der Harfe, der Laute, des Dudelsacks und alle Arten von Musik hört, sollt ihr niederfallen und euch vor dem goldenen Bild niederwerfen, das der König Nebukadnezar aufgestellt hat" (Dan 3,4-5). Und die Strafe für die Verweigerung der Anbetung? Lebendig in einen Feuerofen geworfen werden.

Das Orchester ertönte, die Musik begann, und alle verbeugten sich auf Kommando. Alle bis auf drei. Jemand berichtete König Nebukadnezar, dass diese drei jungen, starrköpfigen Juden – Schadrach, Meschach und Abednego – sich geweigert hatten, vor dem Bild niederzufallen. Der König war erzürnt über ihre Gehorsamsverweigerung und rief sie zu sich. Er sagte im Grunde genommen: „Vielleicht habt ihr nicht mitbekommen, dass alle das Bild anbeten sollen, wenn die Musik beginnt. Vielleicht habt ihr es nicht verstanden, deshalb werde ich euch eine zweite Chance geben. Wir werden es noch einmal versuchen, und ich erwarte, dass ihr euch daran haltet" (siehe Verse 13-15).

Ihre Antwort kam sofort:

> Wenn unser Gott, dem wir dienen, uns retten will, dann wird er uns aus dem glühenden Ofen und aus deiner Gewalt retten. *Und wenn nicht*, so sollst du, König, dennoch wissen, dass wir deinen Göttern nicht dienen und dein goldenes Bild nicht anbeten werden. (Verse 16-18)

Und wenn nicht!

Das waren die drei Worte, die der alliierte Befehlshaber 1940 während der Schlacht um Dünkirchen nach England telegrafierte. Damals herrschte in England noch ein christlicher Konsens, und das Volk kannte die Bedeutung und den Zusammenhang. Der Befehlshaber wollte damit sagen, dass sich seine Truppen nicht ergeben würden, selbst wenn sie nicht vor den herannahenden deutschen Armeen in Sicherheit gebracht werden könnten.

Als Schadrach, Meschach und Abednego diese drei Worte an den König richteten, hatten sie nicht die Gewissheit, dass sie den feurigen Ofen überleben würden. Sie wussten nicht, dass ein vierter Mann unter ihnen wandeln und die Rettung bringen würde. *Wir glauben, dass unser Gott uns erlösen wird, aber auch wenn er es nicht tut, werden wir uns nicht vor deinem Bild verbeugen. Wir werden uns verneigen, aber nur vor dem Gott des Himmels!*

Der Tag wird kommen – und in gewisser Hinsicht ist dieser Tag schon da –, an dem wir unser Leben aufs Spiel setzen müssen, um Gott zu gehorchen und nicht der Regierung. Wir werden die Wahl haben zwischen unserem Gewissen und unserer Bequemlichkeit.

Ob Sie nun glauben, dass Jesus vor der Trübsalszeit kommen wird (wie ich) oder danach (wie andere), die Tatsache ist klar: Während der Trübsalszeit wird es Gläubige auf der Erde geben. Der Antichrist wird die Anbetung der ganzen Welt einfordern, und diejenigen, die sich widersetzen, werden mit dem Schwert oder durch Verhungern getötet.

Werden wir uns beugen oder standhaft bleiben? Werden wir Gott mehr fürchten als die Flammen?

Aktionsschritt

Versetzen Sie sich in das Leid eines Menschen, der gezwungen ist, sich in seinem Beruf oder als Student, Mutter oder Vater dem Druck unserer *woken* Kultur zu beugen. Da wir uns nicht verstecken können, spüren wir alle den Druck, Kompromisse eingehen und unsere Überzeugungen auf dem Altar der Beschwichtigung opfern zu müssen. Rufen Sie jemanden an, beten Sie, ermutigen Sie und helfen Sie denen, die versucht sind, nachzugeben.

Beten Sie gegen die Mächte des Bösen, die Gläubige dazu verleiten, Gott der Ehre und des Gehorsams zu berauben, die er verdient.

Im nächsten Kapitel werden wir uns ansehen, was die Bibel über das Leiden für Christus und sein Evangelium lehrt.

KAPITEL 11

Werden wir den Segen des Leidens um des Evangeliums willen annehmen?

Glückselig seid ihr, wenn sie euch schmähen und verfolgen
und alles Böse lügnerisch gegen euch reden um meinetwillen.
Freut euch und jubelt, denn euer Lohn ist groß in den Himmeln;
denn ebenso haben sie die Propheten verfolgt, die vor euch waren.
JESUS CHRISTUS, MATTHÄUS 5,11-12

Wenn Worte versagen, kann nur Leiden das Evangelium vermitteln.

„Es gibt Zeiten, in denen Reden und Schriften nicht mehr ausreichen, um die notwendige Wahrheit verständlich zu machen", schrieb der deutsche Pfarrer Michael Baumgarten. „In solchen Zeiten müssen Taten und Leiden der Heiligen ein neues Alphabet schaffen, um das Geheimnis der Wahrheit neu zu enthüllen."[1]

Leiden vermitteln das Evangelium in einer neuen Sprache; sie machen die Silben, die uns so leicht über die Lippen kommen, glaubwürdig. Dietrich Bonhoeffer erinnerte die Deutschen seiner Zeit daran, dass sie sich nicht wundern sollten, wenn wieder einmal das Märtyrerblut von denjenigen gefordert würde, die dem Glauben treu bleiben wollten. So weit sind wir in Amerika noch nicht, aber wir müssen die biblische Lehre vom Leiden für Christus neu lernen.

Als Amerikaner dachten wir immer, dass wir damit rechnen konnten, geschützt, toleriert und anderweitig respektiert zu werden, wenn wir das Evangelium nur in Worten verkündeten, selbst wenn unsere Ansichten abgelehnt wurden. Eine freie Diskussion und

Interaktion wurde vorausgesetzt. Die Verfassung, die unsere Freiheiten garantierte, musste respektiert werden.

Dem ist nicht mehr so.

Der Säkularismus ist niemals neutral; sobald er an Einfluss gewinnt, wird er versuchen, die Stimmen derer zum Schweigen zu bringen, die sich gegen ihn aussprechen. Wir sollten besser die Lektionen wiederentdecken, die die Kirche in den 2000 Jahren ihrer Geschichte gelernt hat: dass eine leidende Kirche fast immer eine starke Kirche ist. Und eine Kirche, die Kompromisse eingeht, ist wie Salz, das seinen Geschmack verloren hat. Wenn wir keinen Konflikt mit der Welt haben, sind wir dem Evangelium nicht treu. Wie schon gesagt, leiden wir nicht für das, was wir bekennen; wir leiden nur für das, was wir glauben.

Viele Christen in Amerika glauben, wenn die Gemeinde so wäre, wie sie sein sollte, wären wir keiner Diskriminierung oder Verfolgung ausgesetzt. Wir würden ohne Gegenwind segeln. Dies entspricht jedoch weder dem, was die Bibel sagt, noch der Geschichte. Die Gemeinde ist immer von der Welt bekämpft worden. Für uns als Amerikaner ist die wachsende antichristliche Voreingenommenheit neu; für den größten Teil der Welt waren die harte Hand der Regierung und religiöse Verfolgung schon immer die Norm. Fragen Sie einfach die Christen in China, Nordkorea, im gesamten Nahen Osten oder in jedem anderen Land, das dem Evangelium verschlossen gegenübersteht. Die meisten, wenn nicht alle Menschen in diesen Ländern wären sehr dankbar, wenn sie die Möglichkeiten, Freiheiten und Privilegien hätten, die wir genießen. Und die Christen in diesen Ländern wissen nur zu gut um den hohen Preis, der für die Treue zu Jesus als Herrn zu zahlen ist.

Ja, die säkulare Kultur rückt immer näher an uns heran, aber dies ist nicht die Zeit, in der wir weglaufen und uns verstecken sollten. Die frühe Gemeinde lehrt uns, wie man angesichts von Verfolgung und einer feindseligen Kultur ein treues Zeugnis des Evangeliums ablegen kann. Erstaunlicherweise wuchs das Christentum in den ersten Jahrhunderten schnell, obwohl die Bekehrten wussten, dass sie für ihren Glauben verfolgt werden. Die Aussicht auf Verfolgung schreckte einige ab, aber andere ließen sich davon nicht abschrecken.

> Nichts kann die Umsetzung von Gottes Willen vereiteln; er wird sich weiterhin ein Volk um seines Namens willen retten und absondern. Sein Reich wird gebaut werden. Dessen können wir uns sicher sein.

Die Verfolgung war kein Hindernis für die Evangelisation, sondern das *Mittel* der Evangelisation. Die Christen der frühen Gemeinde boten den Heiden ein Evangelium und eine Gemeinschaft, für die es sich zu sterben lohnte. Obwohl viele Gläubige gefesselt waren, wurde das Wort Gottes durch ihr Zeugnis entfesselt. Wie Paulus es ausdrückte, war er zwar in Fesseln, aber „das Wort Gottes [war] nicht gebunden" (2Tim 2,9). Wir können es auch anders ausdrücken und sagen, dass wir zum Schweigen gebracht werden können, aber das Evangelium nicht. Nichts kann die Umsetzung von Gottes Willen vereiteln; er wird sich weiterhin ein Volk um seines Namens willen retten und absondern. Sein Reich wird gebaut werden. Dessen können wir uns sicher sein.

Wann immer wir in eine Ecke gedrängt werden, müssen wir unseren Widerstand als eine Gelegenheit betrachten, Christus zu vertreten. Als Paulus in Rom wegen der Verkündigung des Evangeliums eingekerkert wurde, sah er seine Situation als ein neues Privileg, die Wahrheit des Evangeliums zu demonstrieren. *Kurz gesagt, er sah das Leiden als strategische Positionierung für sein christliches Zeugnis.*

Natürlich leben wir nicht in Nazideutschland oder Sowjetrussland. Aber ich erinnere mich an treue Pastoren, die sich in Konzentrationslagern wiederfanden und verstanden, dass uns feurige Prüfungen nicht überraschen sollten. Als ich das Lager in Buchenwald besuchte, war ich sowohl überrascht als auch erfreut zu sehen, dass viele der

Zellen die Namen von Pastoren trugen, die dort umgekommen waren. Die Kirche in Deutschland wird so oft dafür kritisiert, dass sie sich Hitlers Agenda unterworfen hat, und es war erfreulich zu sehen, dass es Pastoren – Hunderte von ihnen – gab, die sich weigerten, den Nazi-Gruß zu zeigen und sich Hitlers Herrschaft zu beugen.

Und was ist mit uns? Rod Dreher sagt, dass der selbstsüchtige Geist unserer Kultur die Kirche in Amerika erobert hat und „relativ wenige zeitgenössische Christen bereit sind, für den Glauben zu leiden, weil die therapeutische Gesellschaft, die sie geformt hat, den Zweck des Leidens von vornherein leugnet und der Gedanke, um der Wahrheit willen Schmerz zu ertragen, lächerlich erscheint."[2]

Diese letzten Worte machen mich sprachlos: *Der Gedanke, um der Wahrheit willen Schmerz zu ertragen, erscheint lächerlich.* Anstatt uns über die kulturellen Angriffe auf uns zu ärgern, müssen wir uns fragen: Was sollten wir erwarten, wenn unsere Kultur unter dem immensen Gewicht eines ungezügelten Säkularismus und einer neu verpackten marxistischen Ideologie zusammenbricht? Warum sollten wir überrascht sein, dass unsere christlichen Überzeugungen oft lächerlich gemacht werden? Und wie sollten wir negative Reaktionen im Licht der Lehren des Neuen Testaments betrachten?

Im Jahr 1984 besuchte meine Familie zusammen mit einer größeren Gruppe von Christen China. Einige Tage lang trafen wir uns mit Bischof Ding, der damals der Leiter der patriotischen Drei-Selbst-Bewegung* der staatlich anerkannten Kirchen war. Wir versicherten ihm, dass wir evangelische, bibelgläubige Christen seien. Er machte eine Bemerkung, die ich nie vergessen werde: „Ich weiß, was Sie glauben", sagte er. „Wenn Sie durch ganz China reisen, werden Sie Christen finden, die dasselbe glauben wie Sie, denn die Verfolgung hat den theologischen Liberalismus in China ausgelöscht."

Ja, natürlich!

---

* Eine Kampagne zur Einigung aller protestantischen Konfessionen in einer chinesischen Dachorganisation und Loslösung von ausländischen Missionsgesellschaften in finanzieller, organisatorischer und theologischer Hinsicht in den Jahren 1954 und 1955. (Wikipedia) (Anm. d. dt. Hg.)

Welcher liberale Christ wäre bereit, sein Leben für einen Jesus aufzugeben, der im Grunde darauf reduziert wurde, dass er nur ein Mensch war? Welchen Preis wären die Absolventen eines liberalen Seminars bereit, für ein Evangelium zu zahlen, das im Wesentlichen den gleichen Wert hat wie die Lehren von beispielsweise Buddha oder Krishna? Wer würde für die Lehren einer Bibel sterben wollen, der man die Wunder genommen hat? Nur Christen, die zutiefst von der Einzigartigkeit Jesu Christi überzeugt sind, sind bereit, für ihn zu leiden.

Nach der Ermordung von 29 koptischen Christen durch islamische Terroristen in Ägypten im Jahr 2017 wies der Kolumnist Matt Walsh in einem Artikel mit dem Titel „Dear Christians in America: never forget how easy you have it" (dt.: Liebe Christen in Amerika: Vergesst nie, wie leicht ihr es habt) darauf hin, dass diese Märtyrer ihr Leben hätten retten können, wenn sie auf die Frage, ob sie gläubig seien, einfach mit Nein geantwortet hätten. Er fuhr fort: „Diese Christen waren bereit, alles für Christus aufzugeben. Wie viele von uns sind bereit, *irgendetwas* aufzugeben, geschweige denn alles?" (Hervorhebung im Original).

Dann folgte dieses scharfe Urteil:

> Und doch glauben wir, dass wir die Überzeugung und den Glauben haben, unser Leben für ihn aufzugeben? Das ist lächerlich. Seien wir ehrlich: Die meisten von uns würden zu den Füßen unserer muslimischen Entführer kriechen und weinen und jedes Korangebet aufsagen, das sie von uns verlangen. Ich vermute, die meisten von uns würden das auch tun, wenn jemand eine Waffe an unseren Fernseher halten würde, geschweige denn an unseren Kopf ... Bin ich zu hart mit uns? Oh, ich bin nicht annähernd hart genug.[3]

Ja, der hohe Preis der Treue zwingt uns, unser Verständnis davon, was Leiden für Christus bedeutet, zu überdenken. Lassen Sie uns gemeinsam darüber nachdenken.

Wir müssen unsere Angst davor, gehasst und gejagt zu werden, überwinden.

Zu einer biblischen Theologie des Leidens

Ich fühle mich völlig unqualifiziert, dieses Kapitel zu schreiben, und zwar aus dem einfachen Grund, dass ich noch nicht für das Evangelium leiden musste. Mein ganzes Leben lang habe ich vor allem für ein christliches Publikum gepredigt und geschrieben, welches das, was ich geschrieben habe, größtenteils akzeptiert und nur gelegentlich zurückgewiesen hat.

Warum schreibe ich dann über ein Thema, das ich nicht selbst erlebt habe? Angesichts dessen, was in unserer Kultur geschieht, musste ich feststellen, dass meine Sicht des Leidens mehr durch meine amerikanischen Erfahrungen als durch die Heilige Schrift geprägt ist. Die folgenden Seiten sind als Antwort auf eine einfache Frage geschrieben: Was sagt die Bibel über das Leiden um der Treue willen? Und wie sollten wir biblisch gesehen für die Sache des Evangeliums angemessen leiden?

Denken Sie mit mir über einige grundlegende Aussagen nach, die uns helfen, Verfolgung in Gnade und Wahrheit anzunehmen – und bereit zu sein, auf die Privilegien auf der Erde zu verzichten, um dafür die Belohnungen des Himmels zu erhalten.

Wir sind berufen zu leiden

Der Ruf, zu Christus zu kommen, schließt die Erwartung ein, dass wir für ihn leiden werden.

Saulus bekehrte sich auf dramatische Weise, als Jesus sich ihm offenbarte, während er auf dem Weg nach Damaskus war, um Christen zu verfolgen und zu töten. Wir alle kennen diesen Aspekt von Saulus'

Bekehrung. Was jedoch übersehen wird, ist, dass mit seiner Berufung zur Erlösung auch eine Berufung zum Leiden einherging – und wir haben dieselbe Berufung.

Nach Saulus' Bekehrung wurde ein Jünger namens Hananias von Gott gesandt, um Saulus in die christliche Gemeinschaft aufzunehmen. Natürlich war Hananias ängstlich, denn er hatte von Saulus' Ruf gehört, dass er Gläubige tötete. Aber Gott beruhigte ihn und sagte: „Geh hin! Denn dieser ist mir ein auserwähltes Werkzeug, meinen Namen zu tragen ... Denn ich werde ihm zeigen, wie vieles er für meinen Namen leiden muss" (Apg 9,15-16). Das Leiden war Teil von Saulus' Berufung zum Dienst.

Saulus ist uns auch als der Apostel Paulus bekannt. Als er an die Gemeinschaft der Gläubigen schrieb, sagte er: „Denn euch ist es im Blick auf Christus geschenkt worden, nicht allein an ihn zu glauben, sondern auch für ihn zu leiden, da ihr denselben Kampf habt, wie ihr ihn an mir gesehen habt und jetzt von mir hört" (Phil 1,29-30). Wir lieben den ersten Teil dieser Passage – dass es uns gewährt wird, „an ihn zu glauben". Aber wir ignorieren das nächste Geschenk: das Privileg, „für ihn zu leiden". Errettung und Leiden sind beides Geschenke, die Gott seiner Gemeinde macht.

Brauchen wir noch mehr Beweise dafür, dass Leiden ein Teil unserer Berufung ist? „Denn hierzu seid ihr berufen worden; denn auch Christus hat für euch gelitten und euch ein Beispiel hinterlassen, damit ihr seinen Fußspuren nachfolgt" (1Petr 2,21). War es nicht Dietrich Bonhoeffer, der sinngemäß sagte, dass die Nachfolge Christi eine schöne Idee ist, bis wir erkennen, dass sie ihn nach Golgatha geführt hat?

Warum ziehen wir es vor zu denken, dass wir als Christen vom Leiden befreit sein sollten? Es gibt andere Bibelstellen, die lehren, dass Leiden um Christus willen zu erwarten ist. Ein Vers, über den ich oft nachgedacht habe, lautet: „Alle aber auch, die gottesfürchtig leben wollen in Christus Jesus, werden verfolgt werden" (2Tim 3,12). Könnte ein Grund für unser relativ seltenes Leiden in der westlichen Gemeinde darin liegen, dass wir so sehr wie die

Welt gelebt haben, dass wir keinen wirklichen Widerstand von ihr erfahren?

Für Christus zu leiden ist unsere Berufung, unser Privileg.

Manchmal beginnt das Leiden für Christus in unserer eigenen Familie

Mein Nachfolger als leitender Pastor der Moody Church in Chicago, Philip Miller, sagte: „Wo immer Jesus hinging, hatte er eine polarisierende Wirkung. Die Menschen wurden angezogen und abgestoßen. Neutralität ist bei Jesus unmöglich."[4] Wir alle haben die Erfahrung gemacht, dass wir einen Text mehrmals lesen und dann ganz plötzlich tiefere Einsichten gewinnen und neue Praxisbezüge sehen. Die folgenden Worte wurden von Jesus zu seinen Nachfolgern gesprochen; sozusagen zu seiner „Familie":

> Meint nicht, dass ich gekommen sei, Frieden auf die Erde zu bringen; ich bin nicht gekommen, Frieden zu bringen, sondern das Schwert. Denn ich bin gekommen, den Menschen zu entzweien mit seinem Vater und die Tochter mit ihrer Mutter und die Schwiegertochter mit ihrer Schwiegermutter; und des Menschen Feinde werden seine eigenen Hausgenossen sein. Wer Vater oder Mutter mehr liebt als mich, ist meiner nicht würdig; und wer Sohn oder Tochter mehr liebt als mich, ist meiner nicht würdig; und wer nicht sein Kreuz aufnimmt und mir nachfolgt, ist meiner nicht würdig. (Mt 10,34-38)

Söhne kämpfen gegen ihre Väter, Töchter gegen ihre Mütter, Schwiegereltern gegen Schwiegereltern. Und wir könnten noch Schwestern gegen Brüder und Onkel gegen Neffen hinzufügen ... die Liste ließe sich fortsetzen. Was Jesus damit sagen will, ist Folgendes: Manchmal werden Familien aufgrund der Treue zum Evangelium entzweit.

Fragen Sie einfach jüdische Gläubige, wie sie von ihren Familienmitgliedern wegen ihres Glaubens an Christus behandelt werden.

Fragen Sie Gläubige in muslimischen Ländern, wie ihre Familien auf ihre Bekehrung zum Christentum reagieren. Viele werden sagen, dass sie um ihr Leben fürchten müssen, wenn sie in der Bibel lesen oder mit Christen verkehren. Einige extreme Muslime lehren, dass die Treue zu Allah es erfordert, sogar Verwandte zu töten, wenn jemand aus der eigenen Familie den Islam verlässt und sich zu Christus bekennt.

Und was ist mit denjenigen, die sich zu Christus bekehrt haben, die abgelehnt, verleumdet und anderweitig beschämt werden, weil sie mit den kulturellen oder religiösen Traditionen ihrer Familie gebrochen haben? Ich habe Gläubige getroffen, die aus dem Testament ihrer Eltern gestrichen wurden; einigen wurde gesagt, sie sollten das Zuhause verlassen und nie wieder zurückkehren – und das alles wegen ihres Glaubens an Christus. Denken Sie an Erntedankfeste und Weihnachtsfeiern, die von Spannungen und Konflikten geprägt waren. In einigen Fällen wurden Gläubige wegen ihres Bekenntnisses zu Christus und der politischen und kulturellen Auswirkungen ihres Glaubens von Familienfeiern ausgeladen. Ehemänner und Ehefrauen sind entzweit worden, ebenso wie Kinder und ihre Eltern.

Jesus hat das alles vorhergesagt. Wir müssen unsere Angst überwinden, gehasst zu werden.

Alles, wozu er uns aufgefordert hat, ist, dass es in solchen Konflikten um ihn geht und nicht um unsere abweisende Haltung oder um zweitrangige Themen, die mit dem Evangelium selbst nichts zu tun haben. Lasst uns Gemeinschaft mit Menschen haben, die über COVID-19-Impfstoffe, Politiker oder die Presse unterschiedlicher Meinung sind. Wenn es zu einer Spaltung kommt, dann soll es immer um Ihn gehen und nicht um uns.

Leiden bedeutet für uns einen besonderen Segen

Wenn wir für das Evangelium leiden, geht es um mehr, als man auf den ersten Blick sieht. Als Saulus sich auf dem Weg nach Damaskus bekehrte, fragte Jesus ihn: „Saul, Saul, was verfolgst du *mich?*" (Apg 9,4; Hervorhebung hinzugefügt). Wenn seine Nachfolger verfolgt werden, nimmt Jesus das persönlich. Wir müssen uns daran erinnern, über das hinauszuschauen, was Verfolgung in der sichtbaren Welt bewirkt, und zu sehen, was sie in der unsichtbaren Welt bewirkt.

Vielleicht sind Ihnen diese Worte bekannt: „Geliebte, lasst euch durch das Feuer der Verfolgung unter euch, das euch zur Prüfung geschieht, nicht befremden, als begegne euch etwas Fremdes; sondern freut euch, insoweit ihr der Leiden des Christus teilhaftig seid, damit ihr euch auch in der Offenbarung seiner Herrlichkeit jubelnd freut!" (1Petr 4,12-13). Wir müssen nicht in diesem Leben erfolgreich sein, um im kommenden Leben zu gewinnen.

Beachten Sie, wie oft wir in der Heiligen Schrift aufgefordert werden, die Ereignisse aus dem Blickwinkel der Ewigkeit und nicht unserer Zeit zu betrachten. Petrus sagt, dass wir uns jetzt freuen sollen, damit wir uns auch freuen und fröhlich sein können, wenn seine Herrlichkeit offenbart wird. „Daher sollen auch die, welche nach dem Willen Gottes leiden, einem treuen Schöpfer ihre Seelen anbefehlen im Gutestun" (Vers 19). Bevor es soweit ist stärkt unser Leiden unseren Glauben und unseren Charakter. „Der Gott aller Gnade aber, der euch berufen hat zu seiner ewigen Herrlichkeit in Christus, er selbst wird euch, die ihr eine kurze Zeit gelitten habt, vollkommen machen, stärken, kräftigen, gründen. Ihm sei die Macht in Ewigkeit! Amen" (1Petr 5,10-11).

Wir müssen nicht in diesem Leben erfolgreich sein, um im kommenden Leben zu gewinnen.

Gott hat den Stachel im Fleisch des Paulus nicht entfernt, sondern ihn in eine Quelle der Kraft und der erneuerten Gnade verwandelt. Daraufhin sagte Paulus: „Sehr gerne will ich mich nun vielmehr meiner Schwachheiten rühmen, damit die Kraft Christi bei mir wohnt" (2Kor 12,9). Gott sagte also: „Ich nehme dir deine Prüfung nicht ab, aber ich gebe dir meine Kraft, damit du sie ertragen kannst."

Und mit dem Leid kam auch die Gnade, ja, sogar die Freude.

Das Leiden gibt uns die Gelegenheit, den unvergleichlich hohen Wert Christi zu zeigen

Was würden Sie tun, wenn Sie morgens aufwachen und diese Mitteilung vor Ihrer Haustür liegt?

An: Die Familie der Ungläubigen; IM NAMEN ALLAHS UND SEINES ENDGÜLTIGEN PROPHETEN, MU-HAMMAD (FRIEDE SEI MIT IHM):

Die wahre Religion, der Islam, WIRD in eurer Gegend auferstehen; ihr könnt Allahs Willen nicht aufhalten. Wir haben eure Familie beobachtet; wir haben gesehen, wie ihr in die Gemeinde geht und wie ihr zu eurem falschen Gott betet. Wir wissen, dass ihr Ungläubige seid, und wir werden mit euch so verfahren, wie es unser heiliger Koran verkündet ... In Sure 9, Vers 29, heißt es, dass diejenigen bekämpft werden sollen, denen die Schrift gegeben wurde und die nicht an Allah oder den Jüngsten Tag glauben oder nicht der Religion der Wahrheit folgen. Wenn du und deine ganze Familie eure falsche Religion nicht verlsst und dem Islam folgt, werdet ihr getötet werden. Eure Söhne werden geschlachtet, und eure Töchter werden muslimische Ehefrauen sein, die Söhne gebären, die für Allah in dieser Region kämpfen werden. Eure EINZIGE andere Möglichkeit ist, HEUTE zu fliehen. Lasst euer Zuhause und alles andere zurück.[5]

Solche Drohungen sind nicht neu, es gibt sie schon seit Jahrhunderten. Eine der bemerkenswertesten – und fast unglaublichen – Schriftstellen über das Leiden ist dieser unvorstellbare Bericht:

Gedenkt aber der früheren Tage, in denen ihr, nachdem ihr erleuchtet worden wart, viel Leidenskampf erduldet habt, als ihr teils durch Schmähungen und Bedrängnisse zur Schau gestellt und teils Gefährten derer wurdet, denen es so erging! Denn ihr habt sowohl mit den Gefangenen gelitten als auch den Raub eurer Güter mit Freuden aufgenommen, da ihr wisst, dass ihr für euch selbst einen besseren und bleibenden Besitz habt. Werft nun eure Zuversicht nicht weg, die eine große Belohnung hat. (Hebr 10,32-35)

Wären wir in der Lage, die Plünderung unseres Besitzes freudig hinzunehmen, weil wir wissen, dass wir im Himmel einen besseren Besitz haben? Wären wir bereit, unsere Besitztümer auf der Erde gegen Besitztümer im Himmel einzutauschen, und würden wir glauben, dass dies ein gesegneter Tausch ist?

Jesus sah seinen eigenen Tod als eine Gelegenheit, Gott zu verherrlichen. Als er von der bevorstehenden Kreuzigung sprach, betete er: „Die Stunde ist gekommen, dass der Sohn des Menschen verherrlicht wird … Doch darum bin ich in diese Stunde gekommen. Vater, verherrliche deinen Namen!" (Joh 12,23.27.28). Er sah sein Leiden als ein Mittel, um Gott zu verherrlichen. Leiden und Herrlichkeit sind miteinander verbunden. Jesus stand vor einem Kompromiss zwischen Zeit und Ewigkeit, und die Ewigkeit hat gewonnen.

Das gilt für jeden von uns. Unser Tod, egal wie oder wann er kommen mag, ist eine Gelegenheit, den unvergleichlich hohen Wert Christi zu zeigen. Paulus schrieb im Blick auf sein eigenes bevorstehendes Ende: „Denn das Leben ist für mich Christus und das Sterben Gewinn" (Phil 1,21). Christus sollte uns mehr bedeuten als Familie, Karriere oder Gesundheit. Dass wir den Tod in Kauf nehmen, ist ein Beweis dafür, dass Christus uns mehr bedeutet als das Leben selbst.

Selbst wenn wir in die Hände des Teufels geworfen werden, sind wir immer noch in den Händen Gottes

Vor Jahren unternahmen meine Frau und ich eine Reise zu den sieben Städten aus den Kapiteln 2-3 der Offenbarung. Als wir die Stadt Smyrna (die heute Izmir heißt) betraten, wurde ich an das erinnert, was Jesus in seinem Brief an die Gemeinde dort schreiben ließ. Er teilte ihnen mit, wie sie das Leiden, das bereits über sie gekommen war, betrachten sollten. Er gab ihnen sowohl Worte der Warnung als auch Worte des Trostes. Dabei erinnerte er sie daran, dass er souverän ist und ihre Umstände in der Hand hat.

Wo sehen wir die Souveränität Gottes in ihrem Leiden?

> Ich weiß von deiner Bedrängnis und Armut – obwohl du eigentlich reich bist! Ich weiß auch, wie bösartig du von Leuten verleumdet wirst, die behaupten, Juden zu sein, das aber nicht sind, sondern eine Synagoge des Satans. Hab keine Angst vor dem Leiden, das dir bevorsteht! Der Teufel wird einige von euch ins Gefängnis bringen, um euch zu versuchen. Zehn Tage lang werdet ihr bedrängt sein. (Offb 2,9-10)

Jesus begann: „Ich weiß." Das allein sollte uns schon ermutigen. Manchmal sind unsere Sorgen so groß und unsere unbeantworteten Fragen so belastend, dass wir uns einfach wünschen, dass jemand um unsere Situation weiß. Wenn wir uns daran erinnern, dass „Jesus weiß", gibt uns das Trost.

Was wusste Jesus?

Er wusste, dass von den Gemeindemitgliedern erwartet wurde, sich der Autorität des Römischen Reiches zu unterwerfen, das die Anbetung des Kaisers verlangte. Genau wie in Rom sollten die Bürger in Smyrna ihre Treue zum Kaiser erklären und ihn vor allen anderen religiösen Verpflichtungen ehren.

In der Zwischenzeit wurde die Gemeinde auch von Juden verfolgt – höchstwahrscheinlich von Nichtjuden, die sich als Juden ausgaben, weil das Römische Reich den Juden mehr Nachsicht gewährte, und diese „Juden" verspotteten die Christen offenbar und verschlimmerten die ohnehin schon schwierige Situation.

Jesus wusste auch um ihre Armut. „Ich weiß von deiner ... Armut – obwohl du eigentlich reich bist!"

In dieser Kultur wurden die Christen gemieden. Sie durften keine Geschäfte machen; sie waren nicht mehr Teil des Handels in der ansonsten wohlhabenden Stadt. Wahrscheinlich hockten sie mit ihren Kindern in überfüllten Häusern, vielleicht hungrig und ohne anständige Kleidung und Schuhwerk. Jesus erkennt an, dass sie arm sind, aber dann sagt er: „Ihr seid reich." Sie hatten nicht den Reichtum dieser Welt, aber sie waren reich in der kommenden Welt.

Zweitens – und das ist das Wichtigste – bestätigte Jesus seine Souveränität über ihre Notlage. Sie würden „zehn Tage lang" in den Händen Satans sein. Wir wissen nicht, ob dieser Zeitrahmen wörtlich oder im übertragenen Sinne zu verstehen ist, aber so oder so brachte Jesus damit zum Ausdruck: „Wenn ich sage, dass es zehn Tage sind, können alle Mächte der Hölle und des Teufels daraus nicht elf Tage machen!" Ich bin gefragt worden: „Wie stark ist der Teufel?" Die Antwort ist, dass er so stark ist, wie Gott es ihm erlaubt, und kein bisschen mehr. Ja, diese Gläubigen wurden in die Hände des Teufels gegeben, aber wie Martin Luther gesagt hat: „Sogar der Teufel ist ein Teufel Gottes!" Jesus schrieb in seinem Brief an die Gemeinde in Smyrna Worte der Hoffnung und des Trostes: „Fürchte dich nicht." Jesus weiß es, und er hat das Sagen. Wenn wir durch das Feuer gehen, hat er seine Hände am Thermostat. Das Feuer kann nur so heiß sein und so lange dauern, wie er es zulässt.

Jesus wurde in die Hände von Übeltätern übergeben, um gekreuzigt zu werden. Und doch waren seine letzten Worte am Kreuz: „Vater, in deine Hände übergebe ich meinen Geist!" (Lk 23,46). Es kommt eine Zeit, wenn dem Bösen die Hände gebunden sein werden, doch wir sind die ganze Zeit über in den Händen unseres himmlischen Vaters.

Er hält uns fest, auch wenn das Feuer wütet.

Alles Leid wird vom Obersten Gerichtshof des Universums beurteilt werden

Egal, wie sehr wir uns um Gerechtigkeit bemühen, wir kommen oft zu kurz. Ich habe einen Dokumentarfilm über einen Nazi-Offizier gesehen, der für zahlreiche Morde in einem der Konzentrationslager

Hitlers verantwortlich war. Obwohl nach ihm gefahndet wurde, verstarb er nach einem friedlichen Leben in München. Das ist ein Beispiel – wenn auch ein extremes – für die Unzulänglichkeit der menschlichen Justiz. Es gibt Dutzende weniger dramatischer Beispiele, die uns immer wieder begegnen.

Aber – und dieser Punkt ist wichtig – jede einzelne Tat, ob sie vor menschlichen Gerichten verhandelt wurde oder nicht, wird am Tag des Endgerichts vom allmächtigen Gott selbst erneut verhandelt werden.

Für diejenigen, die nicht gläubig sind, lesen wir diesen erschreckenden Bericht:

> Und ich sah die Toten, die Großen und die Kleinen, vor dem Thron stehen, und Bücher wurden geöffnet; und ein anderes Buch wurde geöffnet, welches das des Lebens ist. Und die Toten wurden gerichtet nach dem, was in den Büchern geschrieben war, nach ihren Werken. (Offb 20,12)

Dies zeichnet ein Bild von Gottes akribischer Gerechtigkeit, die jedem Menschen das zukommen lässt, was er verdient. Niemand wird behaupten können, dass Gott ungerecht ist; alle Fakten werden bei dieser Beurteilung berücksichtigt werden. Diejenigen, die zuvor im Geheimen von ihrem schlechten Gewissen geplagt wurden, werden schließlich entlarvt werden, und jede Handlung und jeder Gedanke wird zur Beurteilung ans Licht gebracht werden.

Auch alle, die wir uns als Gläubige „außergerichtlich" geeinigt haben, werden vor dem Richterstuhl Christi Rechenschaft ablegen, um unsere Belohnung im kommenden Reich festzulegen. Deshalb konnte Paulus, als er zu den Christen sprach, sagen: „Rächt euch nicht selbst, Geliebte, sondern gebt Raum dem Zorn Gottes! Denn es steht geschrieben: ‚Mein ist die Rache; ich will vergelten, spricht der Herr'" (Röm 12,19).

Selbst Jesus hatte nicht das Bedürfnis, für das an ihm begangene Unrecht sofort Gerechtigkeit zu suchen. „Er wurde beleidigt und schimpfte nicht zurück, er litt und drohte nicht mit Vergeltung, sondern überließ seine Sache dem, der gerecht richtet" (1Petr 2,23; NeÜ). Als es um die Ungerechtigkeiten ging, die Jesus angetan wurden, sagte er sinngemäß: „Ich muss hier auf der Erde nicht auf Gerechtigkeit bestehen. Ich kann darauf warten, dass der oberste Gerichtshof des Universums die Angelegenheit klärt."

Jedes Ereignis auf der Erde wird schließlich vor dieses oberste Gericht gebracht werden, und für immer werden wir singen: „Gerecht und wahrhaftig ist alles, was du planst und tust, du König aller Völker!" (Offb 15,3; NeÜ).

Leiden ist kein Zeichen mangelnder Treue, sondern vielmehr der Beweis dafür

Was fällt Ihnen ein, wenn Sie Hebräer 11 lesen, das Kapitel, in dem die Helden des Glaubens aufgeführt sind? Wir denken an Abel, Noah und David sowie an viele andere, die durch ihren Glauben „Königreiche bezwangen, Gerechtigkeit wirkten, Verheißungen erlangten, der Löwen Rachen verstopften, des Feuers Kraft auslöschten, des Schwertes Schärfe entgingen, aus der Schwachheit Kraft gewannen, im Kampf stark wurden, der Fremden Heere zurücktrieben" (Hebr 11,33-34). Ein Wunder nach dem anderen wird in diesem Katalog früherer Heiliger aufgezählt, die bewiesen haben, dass Gott auf ihrer Seite war.

Aber wenn wir zu Vers 35 kommen, ändert sich alles. Plötzlich und ohne jede Fanfare enden die Wunder.

Es gibt eine zweite Gruppe von Gläubigen – *andere*.

> Andere aber wurden durch Verhöhnung und Geißelung versucht, dazu durch Fesseln und Gefängnis. Sie wurden gesteinigt, zersägt, starben den Tod durch das Schwert, gingen umher in Schafpelzen, in Ziegenfellen, Mangel leidend, bedrängt, geplagt. Sie, deren die Welt nicht wert war, irrten umher in Wüsten und Gebirgen und Höhlen und den Klüften der Erde. (Verse 36-38)

Und es gab keine Befreiung! Keine Stimmen vom Himmel, keine Engel, die den Löwen das Maul stopften, keine Mauern, die fielen, um die Schwäche ihrer Feinde zu entlarven, keine Flammen die von einer Hand aus dem Himmel gelöscht wurden. Nichts als Schmerz und ein vorzeitiger Tod. Und doch waren diese Heiligen bis zum Ende treu. Obwohl der Himmel schwieg.

Die einen werden befreit, die anderen nicht. Leiden ohne ein Wunder bedeutet nicht, dass der Glaube fehlt, sondern ist ein Beweis dafür, dass wir Gottes Eingreifen nicht sehen müssen, um weiter zu glauben. Und das erfordert einen noch größeren Glauben.

Wunder hin oder her, lasst uns im Leid an ihm festhalten!

Wir müssen Gott mehr fürchten als die Flammen

Schadrach, Meschach und Abednego waren nicht die einzigen, die Gott mehr fürchteten als die Flammen. Tausende von Christen sind im Laufe der Jahrhunderte auf dem Scheiterhaufen verbrannt worden, und einige haben es tapfer erduldet, andere nicht so sehr.

Ein berühmter Märtyrer widerrief sein Bekenntnis, als ihm der Tod drohte, änderte dann aber öffentlich seine Meinung und beendete sein langes und einflussreiches Leben auf dramatische Weise. Ja, er zerbrach unter der Verfolgung, wie viele andere Gläubige auch, aber in diesem Fall gab Gott ihm die Kraft, seinen Widerruf zu widerrufen.

Wenn wir den Preis für die Nachfolge Christi zahlen, können wir ermutigt werden, wenn wir uns an Brüder und Schwestern erinnern, die vor uns Verfolgung erlebt und uns den Weg gezeigt haben.

Kommen Sie mit mir nach England, als Maria I. (auch *Mary Tudor* oder *Bloody Mary)* auf dem Thron saß. Sie setzte sich dafür ein, die wachsende protestantische Bewegung in England wieder umzukehren, die ironischerweise und ungewollt von ihrem katholischen Vater, König Heinrich VIII. angestoßen wurde. Maria ordnete die Hinrichtung von etwa 200 Protestanten an, von denen sie insbesondere drei auf dem Scheiterhaufen verbrennen lassen wollte, um ihren Aufstieg zur Macht zu demonstrieren.

Einer davon war Nicholas Ridley, der Bischof von London, der vom Katholizismus konvertiert war, um fortan protestantische Lehren zu verkünden. Der zweite war Hugh Latimer, der Hofprediger, der König Heinrich selbst das Evangelium verkündet hatte.

Im Jahr 1555 wurden Ridley und Latimer nach Oxford gebracht, wo sie vor Gericht gestellt und verbrannt wurden. Als sie sich dem Feuer näherten, nahm Latimer dem Henker die Kerze ab, zündete sein eigenes Feuer an und sagte zu seinem Gefährten: „Spielt den Mann, Meister Ridley; an diesem Tage werden wir mit Gottes Gnade eine solche Kerze in England anzünden, die niemals ausgehen möge."[6] Latimer starb schnell, aber das Feuer war nicht stark genug, um auch Ridley zu verzehren. Er krümmte sich vor Schmerzen, während das Feuer nur seine Beine erreichte, bis die Flammen erneut angefacht wurden und er schließlich starb.

Einer ihrer Amtsbrüder, Thomas Cranmer, war gezwungen, dies mit anzusehen. Cranmer war der Erzbischof von Canterbury gewesen; er hatte die Scheidung zwischen der Mutter von Königin Maria (Katharina von Aragon) und ihrem berühmten Vater, König Heinrich VIII. verhandelt. Er war auch der Verfasser des anglikanischen *Book of Common Prayer* (dt.: Buch des gemeinsamen Gebets).

Königin Maria wollte, dass Cranmer das gleiche Schicksal erlitt wie seine Freunde.

Unter Druck widerrief er sein Bekenntnis zum protestantischen Glauben und unterzeichnete Dokumente, in denen er seinen Austritt aus der katholischen Kirche bedauerte. Maria betrachtete dies als einen großen nicht ausreichenden Sieg. Sie gab sich nicht zufrieden, bis auch er verbrannt war.

Cranmer wurde in die St. Mary's Church in Oxford gebracht, um seinen Irrtum, Protestant geworden zu sein, erneut zu bekennen. Doch zur Überraschung aller widerrief er seinen Widerruf! Er sagte, er habe zunächst aus Angst seinem Glauben abgeschworen, aber nach weiterer Überlegung sagte er, er würde lieber sterben und ehrlich zugeben, dass er immer noch an den protestantischen Lehren festhielt.

Als Cranmer auf den Scheiterhaufen gebracht wurde, bat er darum, dass die Hand, mit der er den ursprünglichen Widerruf unterschrieben hatte, als erstes verbrannt werden sollte. „Weil meine Hand gegen mein Herz verstoßen hat, soll meine Hand zuerst bestraft werden; denn wenn ich ins Feuer komme, soll sie zuerst verbrannt werden." Er hielt sie ins Feuer, bis sie verkohlt war, und starb mit den Worten: „Diese Hand hat gesündigt!"[7] Obwohl er kurzzeitig ins Wanken geraten war, starb er in Treue zu Christus.

Ich gehe nicht davon aus, dass wir jemals auf einem Scheiterhaufen verbrannt werden müssen, um unsere Treue zu Christus zu beweisen. Aber wir könnten aus den sozialen Medien entfernt oder von anderen verspottet werden, wir könnten von Familie und Freunden abgelehnt werden oder sogar unsere Arbeit verlieren. Wenn wir den Preis für die Nachfolge Christi zahlen, können wir ermutigt werden, wenn wir uns an Brüder und Schwestern erinnern, die vor uns Verfolgung erlebt und uns den Weg gezeigt haben.

Wir müssen Gott stets mehr fürchten als das Feuer.

Zwei Zusagen für den Alltag

Dies habe ich zu euch geredet, damit ihr keinen Anstoß nehmt. Sie werden euch aus der Synagoge ausschließen; es kommt sogar die Stunde, dass jeder, der euch tötet, meinen wird, Gott einen Dienst zu tun ... Dies aber habe ich zu euch geredet, damit ihr, wenn ihre Stunde gekommen ist, euch daran erinnert, dass ich es euch gesagt habe. (Joh 16,1-2.4)

Dies habe ich zu euch geredet, damit ihr in mir Frieden habt. In der Welt habt ihr Bedrängnis; aber seid guten Mutes, ich habe die Welt überwunden. (Joh 16,33)

Helden, die keinen Grund hatten, sich zu verstecken

Ich möchte Ihnen einige Helden der Gegenwart vorstellen, die uns lehren können, wie wir intensive Verfolgung aus dem Blickwinkel der Ewigkeit betrachten können. Angesichts ihrer Geschichte ist jeder Gegenwind, den wir erfahren, unwürdig, mit dem verglichen zu werden, was Millionen andere Gläubige heute erleben.

Vor Kurzem traf ich Daniel K. Wong, der mir erzählte, wie seine Eltern im kommunistischen China für ihren Glauben gelitten haben. Versetzen wir uns, so gut es geht, in ihre Lage.

Daniel erzählt, dass sein Vater sechs Tage in der Woche von früh bis spät arbeitete, aber trotz der langen Arbeitszeit nur ein Monatsgehalt von etwa fünf US-Dollar verdiente. Die Beamten der Schule, in der er arbeitete, hätten sein Gehalt erhöht, wenn er nur seinen christlichen Glauben verleugnet hätte; aber die Eltern von Daniel betrachteten es als eine Ehre, für Christus zu leiden.

Während Daniels Kindheit konnten ihm seine Eltern weder Schuhe noch richtige Kleidung geben. In kalten Wintern wurde die Haut an seinen Füßen rissig und blutete. Die Freude, die ihm das Auswendiglernen von Bibelstellen, das Singen von Anbetungsliedern und die Familienandacht bereiteten, war der einzige Trost, den er hatte.

Eines Abends, als Daniel etwa sieben Jahre alt war, nahm ihn sein Vater mit nach draußen und sagte ihm, dass eine schwere Verfolgung bevorstehe. Er bereitete ihn darauf vor, dass er und seine Mutter ins Gefängnis gebracht werden würden, aber dass Daniel trotzdem weiter auf Gott vertrauen sollte. Und obwohl er Angst hatte, nahm sich Daniel diese Worte zu Herzen.

Beamte der chinesischen Regierung kamen zu ihnen nach Hause, um ihre Bibel mitzunehmen, aber sie hatten sie einem Freund gegeben, der ihnen seine Hilfe angeboten hatte. Drei Tage und drei Nächte lang durchsuchten die Soldaten ihr Haus. Sie nahmen alle Möbel mit, schlugen alle Fenster ein, gruben den Boden auf und zerstörten die Wände und die Decke. Die Soldaten fragten Daniels älteren Bruder: „Willst du den Kommunismus oder Jesus?" Sein Bruder antwortete: „Ich will Jesus." Er wurde geschlagen und später in ein Krankenhaus gebracht.

Während Daniels Bruder im Krankenhaus lag, betete die Mutter: „Herr, um deinetwillen zu leiden ist eine Ehre, aber nimm mir meinen Sohn nicht weg." Der Herr sprach zu ihrem Herzen: „Dein Sohn hat genug gelitten, ich werde ihn nach Hause bringen, damit er sich ausruhen kann. Dein Sohn wird ein kleines Kind in meinem Haus sein." Kurze Zeit später starb er.

Nach der Hausdurchsuchung wurde Daniels Vater für zehn Jahre in ein Arbeitslager gebracht, wo er gefoltert, geschlagen und verspottet wurde. Seine Peiniger sagten zu ihm: „Du bist ein guter Mensch, verleugne nur Jesus, dann lassen wir dich frei." Seine Antwort war immer dieselbe: „Er ist mein Herr und mein Gott; selbst wenn ihr mich tötet – ich werde ihn niemals verleugnen."

Während Daniels Vater im Arbeitslager war, wurde seine Mutter dreimal dafür ins Gefängnis gebracht, dass sie ihren christlichen Glauben bezeugte. Jedes Mal fesselten die Verfolger sie mit Stricken und folterten sie 72 Stunden lang. Sie warfen sie in einen dunklen Kerker. Inmitten ihrer Prüfungen sang sie Loblieder, betete Gott an und bat um die Erlaubnis, das Gefängnis zu putzen. Schlussendlich wurde sie zu lebenslanger Haft verurteilt.

Daniels Vater, der sich noch im Arbeitslager befand, bat darum, sie ein letztes Mal zu sehen. Man erlaubte ihm, zum Gefängnis zu fahren, aber er durfte es nicht betreten. Er ging um das Gefängnis herum und sang christliche Lieder, in der Hoffnung, dass seine Frau ihn hören konnte. Später sagte er zu Daniel: „Wann immer du die Gelegenheit hast, deine Mutter zu sehen, sag ihr, dass ich sie immer lieben und ihr treu sein werde." Seine Augen füllten sich mit Tränen, als er sich verabschiedete.

Die Familie betete um Freiheit, und Gott erhörte ihre Gebete. Daniel beantragte ein Visum, um China zu verlassen, und obwohl es ihm zunächst verweigert wurde, erhielt er später die ersehnte Erlaubnis. Durch eine Verbindung in die USA und eine Reihe von glücklichen Umständen wurden seine Eltern schließlich aus dem Gefängnis befreit und durften zu Daniel in die USA kommen.

In der Folge halfen Daniels Eltern, eine Gemeinde in Hongkong und in Los Angeles zu gründen. Unglaublicherweise riskierten sie sogar ihr Leben und ihre Gesundheit, um nach China zurückzukehren und ihre Heimatgemeinden zu ermutigen, Gläubige zu stärken und Leiter auszubilden.

Heute leben sie in den USA. Ohne Zorn, Rache oder Bitterkeit gründen sie weiterhin Gemeinden und teilen das Evangelium mit dem chinesischen Volk. Daniel lernte Englisch, machte seinen Abschluss am Dallas Theological Seminary und lehrte 20 Jahre lang an der *The Master's University.*

Mit einer Stimme bezeugt die ganze Familie, dass das Leiden für Christus ein Ehrenabzeichen ist!

Aktionsschritt

Ich habe die Zeitschrift *The Voice of the Martyrs* abonniert und unterstütze ihren Dienst, und es macht mich demütig, wenn ich lese, was Gläubige in anderen Ländern für Christus erleiden. Ich versuche, es so gut wie möglich zu begreifen, aber mir ist klar geworden, dass ich mich nur durch Gebet gerade mal ansatzweise in ihre Notlage versetzen kann. Um unsere leidenden Brüder und Schwestern in Christus zu unterstützen, sollten wir alle beten und für Organisationen spenden, die das Evangelium weitergeben und denjenigen helfen, die in Ländern leben, in denen Menschen wegen ihres Glaubens verfolgt werden.

In der Heiligen Schrift heißt es: „Denkt an die Gefangenen, als wärt ihr selbst mit im Gefängnis, und an die Misshandelten, als wär's euer eigener Körper!" (Hebr 13,3; NeÜ). Wir müssen Gott um Weisheit bitten, wie wir denjenigen in unseren Gemeinden helfen können, die wegen ihres Zeugnisses auf Widerstand stoßen.

Eine gute Möglichkeit, damit anzufangen, ist, die Missionare kennenzulernen, die Ihre Gemeinde unterstützt, auch in Ländern, die Christen gegenüber feindlich eingestellt sind. Schreiben Sie ihnen Briefe und E-Mails der Ermutigung und fragen Sie sie, wie Sie für sie beten können.

Sie können sich auch auf dem Laufenden halten, indem Sie die Veröffentlichungen und Webseiten wie die von *Voice of the Martyrs*, *Open Doors International*, *Prison Fellowship* und anderer solcher Organisationen verfolgen. Auch im Rahmen von Einsätzen in Gefängnissen vor Ort oder durch das Engagement in Obdachlosenunterkünften können Sie aus Ihrer Komfortzone heraus und mit Menschen in Kontakt kommen, die sich in einer schwierigen Lage befinden und Gebet, Unterstützung und Ermutigung brauchen. Auf diese Weise bringen Sie Hoffnung und dienen als Werkzeug der Fürsorge Gottes für diese Menschen.

Und wenn Sie selbst wegen Ihrer Treue zu Christus leiden, leiden Sie ehrenvoll. In der Ewigkeit werden Sie für die mutigen Entscheidungen, die Sie jetzt treffen, belohnt werden.

Jesus lehrt uns, wie wir erfolgreich das Ziel erreichen können

Unsere Herausforderungen sind groß, aber sie sind nicht so groß wie unser Gott. Nur wenn wir glauben, dass die Dinge dieser Welt mehr wert sind als die Freuden der kommenden Welt, werden wir wanken und den Mut verlieren. Wir mögen versucht sein, um die politische Macht zu kämpfen oder uns zu verstecken, bis Christus kommt. Aber wir müssen auf Prüfungen und Versuchungen nicht so reagieren, wie es die Welt tut. Wir leben für eine andere Welt. Wenn wir den Lauf des Lebens erfolgreich laufen wollen, müssen wir bereit sein, die Dinge, die wir sehen können, gegen die wertvolleren Dinge einzutauschen, die wir nicht sehen können.

Das erinnert mich an das, was ich im ersten Kapitel geschrieben habe, nämlich dass das Böse niemals von sich aus zurückweicht, sondern nur, wenn es von einer stärkeren Macht dazu gezwungen wird. Wir könnten versucht sein, auf der Bühne der Politik zu kämpfen, aber unsere Herausforderungen sind viel größer als ein Regierungswechsel. Wie schon gesagt, ist die Politik wichtig, aber sie ist nicht das Wichtigste. Wir müssen mutig und im Gebet daran arbeiten, die Macht Christi zu bezeugen, die Herzen und Leben verändert. Die Gemeinde darf sich nicht zurückziehen, sondern muss sich dem Gegenwind stellen und den Blick über diese Welt hinaus auf die nächste richten.

Paulus drückt es so aus:

> Deshalb ermatten wir nicht, sondern wenn auch unser äußerer Mensch aufgerieben wird, so wird doch der innere

Tag für Tag erneuert. Denn das schnell vorübergehende Leichte unserer Bedrängnis bewirkt uns ein über die Maßen überreiches, ewiges Gewicht von Herrlichkeit, da wir nicht das Sichtbare anschauen, sondern das Unsichtbare; denn das Sichtbare ist zeitlich, das Unsichtbare aber ewig. (2Kor 4,16-18)

Stellen Sie sich eine altmodische Waage vor – die Art, bei der man ein Ein-Pfund-Gewicht auf die eine Waagschale und ein Gegengewicht auf die andere Waagschale legt. Paulus sagt, dass Sie alle Ihre Prüfungen – die Angst vor einer neuen COVID-19-Variante, den Verlust unserer Freiheiten, die Neigung zu einer abweichenden Sexualmoral, Verfolgung aufgrund des Glaubens, Kinder, die nicht mit Gott gehen, eine unglückliche Ehe – gebündelt in die eine Schale legen sollen. In die andere Schale legen Sie dann das „ewige Gewicht an Herrlichkeit". Diese Schale wird nach unten schnellen, und ihre Probleme werden gar nicht ins Gewicht fallen! Das, was uns im Himmel erwartet, ist „unermesslich". Wie wir eines Tages entdecken werden, ist die unsichtbare Welt genauso real wie die sichtbare, und schon heute muss sie die Quelle unserer Motivation und Freude werden.

Jesus hat sich nicht versteckt.

Er sprach offen über seine umstrittene Lehre und setzte trotz öffentlicher Widerstände den Willen seines Vaters um. Er wurde öffentlich verschmäht und gekreuzigt. Und unsere Herausforderung ist diese: „Deshalb lasst uns zu ihm hinausgehen, außerhalb des Lagers, und seine Schmach tragen!" (Hebr 13,13).

Wie können wir in seine Fußstapfen treten?

Wir sollen „hinschauen auf Jesus, den Anfänger und Vollender des Glaubens, der um der vor ihm liegenden Freude willen die Schande nicht achtete und das Kreuz erduldete und sich gesetzt hat zur Rechten des Thrones Gottes" (Hebr 12,2). Für Jesus gab es keine Freude in Gethsemane, und es lag auch keine Freude darin, das Kreuz zu ertragen. Seine Freude lag darin, über das Leiden hinaus auf die Krone zu schauen, die er empfangen würde, und auf die Freude, die er hatte, wenn er den Willen seines Vaters tat. Er blickte nicht auf die Freude dieser Welt, sondern auf die Freude, die ihm in der kommenden Welt zuteilwerden würde.

Und nun zu den Einzelheiten.

Wenn Sie schon einmal im *Garden of the Gods* in Colorado Springs waren, wissen Sie, dass es sich um ein erstaunlich schönes Fleckchen Erde handelt, mit hohen Felsen, tiefen Schluchten und Wanderwegen, die nichts für schwache Nerven sind. Ich möchte eine Geschichte von David Bryant weitergeben, die von einer Familie handelt, die auf den höher gelegenen Pfaden wanderte, wo ihr Abenteuer fast in einer Tragödie endete.

Vier Familienmitglieder waren dabei, eine vertikale Felswand zu erklimmen, als die 16-jährige Tochter plötzlich auf halber Höhe erstarrte, gelähmt durch die Angst vor dem Absturz und unfähig, sich auch nur einen Zentimeter weiter zu bewegen. Ihr Vater hatte bereits die Spitze der knapp 20 Meter hohen Steinsäule erreicht. Von dort aus rief er ihr sanft und ruhig folgende Anweisungen zu: „Sieh dich nicht um. Schau nur zu mir hoch und klettere weiter." Sie gehorchte, sah ihren Vater an und kletterte Stückchen für Stückchen weiter. Innerhalb von 15 Minuten erreichte sie sicher und wohlbehalten den Gipfel.

In seinem Artikel nimmt David die drei Anweisungen des Vaters und wendet sie darauf an, wie wir uns auf unserer Reise bewegen und unseren Weg in dieser tückischen Welt finden sollten. Anhand von Davids Gliederung gebe ich meine eigene Interpretation, wie die weisen Worte des Vaters auf uns angewendet werden können.[1]

„Sieh dich nicht um" – verbringen Sie nicht Ihre ganze Zeit damit, Nachrichten zu sehen, die von einer Krise nach der anderen berichten. Lassen Sie nicht zu, dass die Dunkelheit und die Ängste der Welt Ihren Verstand und Ihr Herz in Beschlag nehmen, wie z. B. die Sorge über die neueste COVID-19-Variante oder den Zusammenbruch unserer Freiheiten und die Ungewissheit über unsere politische und moralische Zukunft.

Lassen Sie sich nicht von einer Kultur in Beschlag nehmen, die durch Wut, Groll und Schuldzuweisungen polarisiert ist. Wenn Sie sich in Ängsten und Konflikten verlieren, werden Sie erstarren und nicht mehr in der Lage sein, in Ihrer Beziehung zu Gott voranzukommen. Laut dem Autor des Hebräerbriefs sollen wir, „jede Bürde und die uns so leicht umstrickende Sünde ablegen und mit Ausdauer laufen den vor uns liegenden Wettlauf" (12,1).

Manche Christen versuchen, den Berg Gottes mit einem 100-Pfund-Gewicht auf ihrer Seele zu erklimmen. Reduzieren Sie sich auf das Wesentliche; befreien Sie sich von den Ketten, die Sie festhalten, wie zum Beispiel Ihrer Wut auf bestimmte Politiker und die neuesten Skandale und politischen Kontroversen. Hören Sie auf, sich von der Kultur leiten zu lassen; schauen Sie sich nicht um, sonst laufen Sie Gefahr, in den Abgrund von Niederlage und Angst zu stürzen. Wenn Sie es zulassen, dass Sie sich vom Ballast dieser Welt, einschließlich der Sünden und Ablenkungen Ihres Herzens, lähmen lassen, dann tun Sie Buße.

Weiter geht's ...

„Schau nur zu mir hoch" – Wir müssen über diese Welt hinaus auf unseren Erlöser Jesus schauen, der gekreuzigt, auferweckt und in den Himmel aufgefahren ist. Er ist König und Herr inmitten all des Chaos. Wie bereits erwähnt, sollen wir „hinschauen auf Jesus, den Anfänger und Vollender des Glaubens". Erinnern Sie sich an die Worte, die Savonarola aus Italien zugeschrieben werden, der für seinen Glauben gemartert wurde: „Wer glaubt, dass Christus oben regiert, braucht sich nicht zu fürchten vor dem, was unten geschieht."

In dem Buch, das Sie in den Händen halten, wird natürlich hauptsächlich über die kulturellen Fragen gesprochen, die uns betreffen. Mein Rat: *Schauen* Sie auf die Kultur, aber *richten Sie Ihren Blick* auf Jesus. Verbringen Sie jeden Morgen Zeit damit, ihn anzubeten und ihm erneut zu sagen, warum Sie ihn lieben. „Ihn liebt ihr ja, obwohl ihr ihn noch nie gesehen habt, an ihn glaubt ihr, obgleich ihr ihn auch jetzt nicht seht, und jubelt in unsagbarer, von Herrlichkeit erfüllter Freude. So werdet ihr das Ziel eures Glaubens und Lebens erreichen: das endgültige Gerettetsein" (1Petr 1,8-9; NeÜ). Lesen Sie die Psalmen, die Evangelien und die Briefe an die Gemeinden. Lesen Sie sie immer wieder.

Ja, die heutige Kultur macht das Leben zu einer Herausforderung, aber Jesus ist unser Vorläufer und hat es über die Ziellinie geschafft. Er wartet darauf, dass wir uns ihm anschließen. „Diese [Hoffnung] haben wir als einen sicheren und festen Anker der Seele, der in das Innere des Vorhangs hineinreicht, wohin Jesus als Vorläufer für uns hineingegangen ist, der nach der Ordnung Melchisedeks Hoher Priester in Ewigkeit geworden ist" (Hebr 6,19-20). Die Bildersprache in diesem Bibelvers ist diese: In der Antike war ein Vorläufer jemand, der aus einem Boot sprang, zum Ufer schwamm und dann mit einer Winde das Boot sicher ans Ufer führte, damit es beim Einlaufen in den Hafen nicht an den Felsen zerschmettert wurde. Jesus ist dieser Vorläufer, und er sagt zu uns: „Schaut auf mich. Ich habe es nach Hause geschafft, und ich werde euch dorthin führen, wo ich bin."

Endlich ...

„Klettere weiter". Also leben wir weiter, wir laufen weiter. Wir haben keine andere Wahl. Wie David Bryant es ausdrückt: „Wir sind dazu berufen, mit Christus zu wachsen und weiter und tiefer und höher zu gehen. Das ist der Gipfel, den wir heute erklimmen sollen."[2] Nur wenn wir auf Christus schauen, können wir sicher sein, dass wir die richtige Richtung einschlagen.

Wir müssen Entscheidungen treffen; wir haben Schwierigkeiten, die wir bewältigen müssen; wir haben Freunde, die uns nicht verstehen; wir haben gesundheitliche Probleme. Aber wir machen weiter, wir wachsen und lieben weiter. Dabei blicken wir auf die Probleme, aber halten unseren Blick auf Jesus. Und wir gehen weiter. Andere haben es erfolgreich bis zur Ziellinie geschafft, und wir können das auch. Und Jesus ist bei jedem Schritt zur himmlischen Stadt an unserer Seite. Er ist ihn bereits gegangen und „er kennt den Weg, der bei mir ist. Prüfte er mich, wie Gold ginge ich hervor" (Hi 23,10).

Jesus sagt uns also: „Seht euch nicht um. Schaut nur zu mir hoch. Und klettert weiter."

Und während wir aufsteigen, sollten wir unsere Lampe nicht unter einem Scheffel verstecken, sondern sie leuchten lassen, damit diese dunkle Welt den Weg sieht, der zum Himmelreich führt.

Es gibt für uns keinen Grund, uns zu verstecken!

Denken Sie daran, dass nur das zählt, was in der Ewigkeit zählt.

Letzte Zusage für den Alltag

Kämpfe den guten Kampf des Glaubens; ergreife das ewige Leben, zu dem du berufen worden bist und bekannt hast das gute Bekenntnis vor vielen Zeugen! ... dass du das Gebot unbefleckt, untadelig bewahrst bis zur Erscheinung unseres Herrn Jesus Christus! Die wird zu seiner Zeit der selige und alleinige Machthaber zeigen, der König der Könige und Herr der Herren, der allein Unsterblichkeit hat und ein unzugängliches Licht bewohnt, den keiner der Menschen gesehen hat, auch nicht sehen kann. Dem sei Ehre und ewige Macht! Amen. (1Tim 6,12.14-16)

Der Herr wird mich retten von jedem bösen Werk und mich in sein himmlisches Reich hineinretten. (2Tim 4,18)

Quellenangaben und Literaturhinweise

Kapitel 1 – Aufgeben, untergehen oder schwimmen

1   „John F. Kennedy and PT 109", John F. Kennedy Presidential Library and Museum, https://www.jfklibrary.org/learn/about-jfk/jfk-in-history/john-f-kennedy-and-pt-109; s. auch „John F. Kennedy: World War II Naval Hero to President", National Park Service, https://www.nps.gov/articles/kennedyww2.htm

2   Gerald R. McDermott, „What Jonathan Edwards Can Teach Us About Politics", *Christianity Today*, 18. Juli 1994, 33. S. auch Jonathan Edwards, „Christian Charity (Or the duty of charity to the poor, explained and enforced)", https://bibleportal.com/sermon/jonathan+edwards/christian-charity-or-the-duty-of-charity-to-the-poor-explained-and-enforced

3   Gerald R. McDermott, „What Jonathan Edwards Can Teach Us About Politics".

4   Open Doors USA, https://www.opendoorsusa.org/christian-persecution/world-watch-list/north-korea/

5   T. S. Eliot, zitiert nach Bonnie Kristian, „A New Year's Resolution to Build Well", *Christianity Today*, Dezember 2021, 24.

6   J. I. Packer, *Gott erkennen*, Herold Verlag, 2014.

7   John R.W. Stott, *The Radical Disciple: Some Neglected Aspects of Our Calling* (Downers Grove, IL: InterVarsity Press, 2012), 43–44.

8   Vasyl Ostryi, „To Stay and Serve: Why We Didn't Flee Ukraine", *The Gospel Coalition*, 24. Februar 2022, https://www.thegospelcoalition.org/article/church-stayed-ukraine/

9   Anton Schulte, „Ich bin entschieden zu folgen Jesus", https://www.evangeliums.net/lieder/lied_ich_bin_entschieden_zu_folgen_jesu.html

Kapitel 2 – Lassen wir uns durch kollektive Verteufelung einschüchtern?

1   Alexander Solschenizyn, Der Archipel Gulag, zitiert nach https://beckassets. blob.core.windows.net/product/other/9537525/leseprobe_verbrannte-erde.pdf

2   Victor Davis Hanson, „Are Americans Becoming Sovietized?" *Real Clear Politics*, 6. Mai 2021, https://www.realclearpolitics.com/articles/2021/05/06/are_americans_becoming_sovietized_145713.html

3   Carl R. Trueman, „The Failure of Evangelical Elites", *First Things*, November 2021, https://www.firstthings.com/article/2021/11/the-failure-of-evangelical-elites.

4   John Milton, *Areopagitica* (Oxford, UK: Clarendon Press, 1874), 50. Zitiert nach https://www.studocu.com/de/document/universitat-ulm/kommunikation-wissenschaftlicher-ergebnisse/6-kommunikation-wissenschaftlicher-ergebnisse/15209673

5   Fatma Khaled, „Police Officer Fired Over $25 Donation to Kyle Rittenhouse Demands Job Back After Verdict", *Newsweek*, 21. November 2021, https://www.newsweek.com/police-officer-fired-over-25-donation-kyle-rittenhouse-demands-job-back-after-verdict-1651720

6   „Arlene's Flowers v. State of Washington", *Alliance Defending Freedom*, aktualisiert am 8. März 2022, https://adflegal.org/case/arlenes-flowers-v-state-washington

7   Yonat Shimron, „Are LGBTQ students at Christian schools discriminated against? A lawsuit, scholarly studies say yes", *Religion News Service*, 5. April 2021, https://religionnews.com/2021/04/05/are-lgbtq-students-at-christian-schools-discriminated-against-a-lawsuit-and-scholarly-studies-say-yes/

8   „ADF tells court that President Biden cannot order religious schools to house men in women's dorms", *Alliance Defending Freedom*, 16. November 2021, https://adflegal.org/press-release/adf-tells-court-president-biden-cannot-order-religious-schools-house-men-womens-dorms

9   „College of the Ozarks Asks Appeals Court to Halt Biden Order that Opens Dorms, Showers to Opposite Sex", *College of the Ozarks*, 14. Juni 2021, https://www.cofo.edu/News/moduleId/1421/Id/209/controller/PressRelease/action/Details

10 Hemal Jhaveri, „Oral Roberts University isn't the feel good March Madness story we need", *ForTheWin*, 23. März 2021, https://ftw.usatoday.com/2021/03/oral-roberts-ncaa-anti-lgbtq-code-of-conduct

11 Albert Mohler, 15. Mai 2021, https://twitter.com/albertmohler/status/1393576140934090755

12 Hanson, „Are Americans becoming Sovietized?"

13 Kevin Roose, „How the Biden Administration Can Help Solve Our Reality Crisis", *The New York Times*, 2. Februar 2021, https://www.nytimes.com/2021/02/02/technology/biden-reality-crisis-misinformation.html

14 Frederick Douglass, „Plea for Freedom of Speech in Boston", 9. Dezember 1860. Den vollständigen Text finden Sie hier: https://lawliberty.org/frederick-douglass-plea-for-freedom-of-speech-in-boston/

15 Leonid Bershidsky, „Tech Censorship Is the Real Gift to Putin", *Bloomberg*, 11. Januar 2021, https://www.bloombergquint.com/gadfly/tech-censorship-is-the-real-gift-to-putin

16 Rod Dreher, *Live Not by Lies: A Manual for Christian Dissidents* (New York: Sentinel, 2020), xv–xvi

17 Merriam-Webster, s.v. „white supremacy", https://www.merriam-webster.com/dictionary/white%20supremacy

18 Peter Aitken, „Army orders commanders to 'flag' unvaccinated troops to block reenlistment, effectively end careers", *Fox News*, 19. November, 2021, https://www.foxnews.com/us/ army-commanders-flag-unvaccinated-soldiers

19 Aus einem Brief von Lord John Emerich Edward Dalberg Acton an Bischof Mandell Creighton aus dem Jahr 1887.

20 Rod Dreher, „Soft Totalitarians vs. Semi-Christian Schools", *The American Conservative*, 9. September 2021, https://www.theamericanconservative.com/dreher/lgbt-catholic-soft-totalitarians-come-for-semi-christian-schools/

21 Lucas Miles, *The Christian Left* (Savage, MN: Broadstreet Publishing, 2021), 59.

22 Aris Folley, „Auschwitz museum: Important to remember Holocaust 'did not start from gas chambers'", *The Hill*, 27. November 2018, https://thehill.com/blogs/blog-briefing-room/news/418487-auschwitz-museum-says-its-important-to-remember-holocaust-did. S. auch den Tweet des Auschwitz Museums: https://twitter.com/AuschwitzMuseum/status/1067175336184606720?ref_src=twsrc%5Etfw%7Ctwcamp%5Etweetembed%7Ctwterm%5E1067175336

184606720%7Ctwgr%5E%7Ctwcon%5Es1_&ref_url=https%3A%2F%2Fthe hill.com%2Fblogs%2Fblog-briefing-room%2Fnews%2F418487-auschwitz-museum-says-its-important-to-remember-holocaust-did

23 Constanze Hallgarten, in einer Notiz, die sie im Exil 1939–1940 verfasste. Zitiert nach https://www.fembio.org/biographie.php/frau/biographie/constanze-hallgarten/

24 James Emery White, „Is Christian Nationalism True?", *Church & Culture*, 8. Februar 2021, https://www.churchandculture.org/blog/2021/2/8/is-christian-nationalism-true

25 Aleksandr Solzhenitsyn, *Der Archipel Gulag*, Band 2 (New York: Harper Perennial Modern Classics, 2007), 615.

26 Dreher, *Live Not by Lies*, 17.

27 Aleksandr Solzhenitsyn, „The Templeton Address", *Templeton Prize*, 10. Mai 1983, https://www.templetonprize.org/laureate-sub/solzhenitsyn-acceptance-speech/

Kapitel 3 – Werden wir die größte Lüge und zugleich liebste Illusion unserer Nation entlarven?

1 Die Worte wurden übernommen von dem bekannten Gedicht „Invictus" von William Ernest Henley aus dem Jahr 1875.

2 Carl R. Trueman, *The Rise and Triumph of the Modern Self* (Wheaton, IL: Crossway, 2020), 88.

3 Trueman, *The Rise and Triumph of the Modern Self,* 13.

4 Quoted by Peter Kwasniewski in "A little-known side of Karl Marx: his poetry…and his diabolism", Life Site, November 20, 2018, https://www.lifesitenews.com/blogs/a-little-known-side-of-karl-marx-his-poetry-and-his-diabolism/ Deutsch zitiert nach https://www.akweb.de/ausgaben/666/advocatus-diaboli-marx%CA%BC-teuflische-gedichte/

5 Quoted by David McLellan in Karl Marx: His Life and Thought (London: The Macmillan Press LTD, 1973), 22. Deutsch zitiert nach https://docplayer.org/182920914-Karl-marx-war-ein-bekennender-satanist-meine-seele-die-einst-gott-gehoerte-ist-nun-fuer-die-hoelle-bestimmt.html

6   Karl Marx, *Critique of Hegel's Philosophy of Right* (Cambridge: Cambridge University Press, 1970), Introduction, https://www.marxists.org/archive/marx/works/1843/critique-hpr/index.htm. Deutsch zitiert nach https://oe1.orf.at/artikel/649476/Karl-Marx-und-die-Religion#:~:text=%22Die%20Religion%20ist%20der%20Seufzer,bekanntesten%20Zitate%20von%20Karl%20Marx

7   Trueman, *The Rise and Triumph of the Modern Self*, 235.

8   „Get Set for the Great Reset", *Spectator World*, 3. Januar 2022, https://spectatorworld.com/topic/get-set-for-great-reset/

9   Ceri Parker, „8 predictions for the world in 2030", *World Economic Forum*, 12. November 2016, https://www.weforum.org/agenda/2016/11/8-predictions-for-the-world-in-2030/?utm_content=bufferdda7f&utm_medium=social&utm_source=facebook.com&utm_campaign=buffer

10 Rod Dreher, *Live Not by Lies: A Manual for Christian Dissidents* (New York: Sentinel, 2020), 30.

11 Michael Knowles, *Speechless: Controlling Words, Controlling Minds* (Washington, DC: Regnery Publishing, 2021), 17.

12 Knowles, *Speechless*, 20.

13 Knowles, *Speechless*, 22.

14 Peter Bakker and John Elkington, „To build back better, we must reinvent capitalism. Here's how", *World Economic Forum*, 13. Juli 2020, https://www.weforum.org/agenda/2020/07/to-build-back-better-we-must-reinvent-capitalism-heres-how/

15 Trueman, *The Rise and Triumph of the Modern Self*, 204.

16 Trueman, *The Rise and Triumph of the Modern Self*, 125–126.

17 Trueman, *The Rise and Triumph of the Modern Self*, 263.

18 Trueman, *The Rise and Triumph of the Modern Self*, 28.

19 Benjamin Wiker, *Worshipping the State: How Liberalism Became Our State Religion* (Washington, DC: Regnery Publishing, 2013), 197.

20 Wiker, *Worshipping the State*, 191.

21 Wiker, *Worshipping the State*, 193.

22 David Truman, „The Rise and Folly of Selfism", *Soul Progress*, http://soulprogress.org/html/ArticlesFolder/Articles/RiseAndFollyLONG.shtml

23 Anthony Bright Atwam, *Building Your Life on the Principles of God: The Solid Foundation* (Bloomington, IN: AuthorHouse, 2014), 86.

24 Michael Horton, The Gospel Coalition Conference, 13. April 2021, Indianapolis, Indiana.

25 Keith Ablow, „We are raising a generation of deluded narcissists", *Fox News*, 27. November 2015, https://www.foxnews.com/opinion/we-are-raising-a-generation-of-deluded-narcissists

26 Trueman, *The Rise and Triumph of the Modern Self*, 261.

27 Glennon Doyle, *Untamed* (New York: The Dial Press, 2020), 75.

28 Leonardo Blair, „Harvard chaplains elect atheist as new president: 'We don't look to a god for answers'", *The Christian Post*, 27. August 2021, https://www.christianpost.com/news/harvard-chaplains-elect-atheist-as-new-president.html

29 Tim Keller @timkellernyc, 27. März 2021, https://twitter.com/timkellernyc/status/1375832553261764609

30 Das vollständige Zitat lautet: „Diese Dinge – die Schönheit, die Erinnerung an die eigene Vergangenheit – sind gute Bilder für das, was wir wirklich begehren; aber wenn sie mit der Sache selbst verwechselt werden, werden sie zu stummen Götzen, die die Herzen ihrer Anbeter brechen." Aus C.S. Lewis, *Das Gewicht der Herrlichkeit* (New York: HarperOne, 2001), 30–31.

31 Augustinus, Predigt 344, 1.

32 John Flavel, *Keeping the Heart* (Morgan, PA: Soli Deo Gloria Publishers, 1998), 21.

33 Übernommen aus Flavel, *Keeping the Heart*, 93.

34 Dietrich Bonhoeffer, *Letters and Papers from Prison* (New York: Macmillan, 1971), 381-382.

35 Helmut Thielicke, *The Prayer that Spans the World* (Cambridge, UK: Lutterworth Press, 2016), 93.

36 C.S. Lewis, *Mere Christianity* (New York: HarperOne, 2002), 176–177.

37 Aus dem Lied „Walking with God" von William Cowper, 1772, https://hymnary.org/text/o_for_a_closer_walk_with_god

Kapitel 4 – Werden Vielfalt, Gleichberechtigung und Inklusion für Einheit oder Spaltung sorgen?

1   Tony Evans, *Kingdom Race Theology* (Chicago, IL: Moody Publishers 2022), 21.

2   Thomas Sowell, *Race and Culture* (New York: Basic Books, 1994), XIII.

3   „TF1N Pledge", *Task Force One Navy Final Report*, 26. Januar 2021, 10, https://media.defense.gov/2021/Jan/26/2002570959/-1/-1/1/TASK%20FORCE%20ONE%20NAVY%20FINAL%20REPORT.PDF

4   Secretary of Defense, „Actions to Improve Racial and Ethnic Diversity and Inclusion in the U.S. Military", 17. Dezember 2020, 2, https://media.defense.gov/2020/Dec/18/2002554854/-1/-1/0/ACTIONS-TO-IMPROVE-RACIAL-AND-ETHNIC-DIVERSITY-AND-INCLUSION-IN-THE-U.S.-MILITARY.PDF

5   Rod Dreher, *Live Not by Lies: A Manual for Christian Dissidents* (New York: Sentinel, 2020), 15.

6   „Working at CIA—Diversity and Inclusion", CIA, https://www.cia.gov/careers/working-at-cia/diversity/

7   Mike Berry, „Don't Let Pentagon Elites Drive Religion Out of Military", *Newsweek*, 24. März 2021, https://www.newsweek.com/dont-let-pentagon-elites-drive-religious-out-military-opinion-1578394

8   Bob Woodson and Ian Rowe, „Critical Race Theory Distracts from Widespread Academic Underachievement", *Newsweek*, 17. September 2021, https://www.newsweek.com/critical-race-theory-distracts-widespread-academic-underachievement-opinion-1629028

9   Heather Mac Donald, *The Diversity Delusion* (New York: St. Martin's Press, 2018), 53.

10 Evans, *Kingdom Race Theology*, 33.

11 Evans, *Kingdom Race Theology*, 57.

12 Hannah Farrow Medill News Service, „The 1619 Project curriculum taught in over 4,500 schools—Frederick County Public Schools has the option", *The Frederick News-Post*, 20. Juli 2020, https://www.fredericknewspost.com/news/education/the-1619-project-curriculum-taught-in-over-4-500-schools-frederick-county-public-schools-has/article_a2921b75-d012-5e9e-9816-8e762539f1d4.html

13   Robert L. Woodson Sr., Hrsg., *Red, White, and Black* (New York: An Emancipation Book, 2021).

14   Woodson and Rowe, „Critical Race Theory Distracts from Widespread Academic Underachievement".

15   Cole Carnick, „New 1776 Initiative Aims to Counter 'Lethal' Narrative of 1619 Project", *The Washington Free Beacon*, 17. Februar 2020, https://freebeacon.com/issues/new-1776-initiative-aims-to-counter-lethal-narrative-of-1619-project/

16   Carnick, „New 1776 Initiative Aims to Counter 'Lethal' Narrative of 1619 Project".

17   Carnick, „New 1776 Initiative Aims to Counter 'Lethal' Narrative of 1619 Project".

18   Mao Tse-tung, "A Single Spark Can Start a Prairie Fire", 5. Januar 1930, https://www.marxists.org/reference/archive/mao/selected-works/volume-1/mswv1_6.htm

19   Weather Underground Organization, *Prairie Fire: The Politics of Revolutionary Anti-Imperialism* (San Francisco, CA: Communications Company, 1974), 10.

20   Robin DiAngelo, *White Fragility: Why It's So Hard for White People to Talk About Racism* (Boston, MA: Beacon Press, 2018), 21.

21   Robin DiAngelo, White Fragility, 17.

22   Thaddeus J. Williams, *Confronting Injustice Without Compromising Truth: 12 Questions Christians Should Ask About Social Justice* (Grand Rapids, MI: Zondervan Academic, 2020), 86–87.

23   Rachel Poser, „He Wants to Save Classics from Whiteness. Can the Field Survive?" *The New York Times*, 2. Februar 2021. https://www.nytimes.com/2021/02/02/magazine/classics-greece-rome-whiteness.html

24   National Council on Family Relations, „Toward Dismantling Family Privilege and White Supremacy in Family Science", *NCFR*, 11. Mai 2021, https://www.ncfr.org/events/ncfr-webinars/toward-dismantling-family-privilege-and-white-supremacy-family-science

25   Nicole Fallert, „'Help Me Hate White People': Entry in Bestselling Prayer Book Stokes Controversy", *Newsweek*, 8. April 2021, https://www.newsweek.com/help-me-hate-white-people-entry-bestselling-prayer-book-stokes-controversy-1582043

26 John Perkins, *One Blood: Parting Words to the Church on Race and Love* (Chicago, IL: Moody Publishers, 2018), 36.

27 Perkins, *One Blood*, 81.

28 Evans, *Kingdom Race Theology*, 91.

29 Tammy Bruce, *The Death of Right and Wrong: Exposing the Left's Assault on Our Culture and Values* (Roseville, CA: Prima Publishing, 2003), 29.

30 Bess Altwerger, Carole Edelsky und Barbara Flores, *Whole Language, What's the Difference?* (Portsmouth, NH: Neinemann, 1991), 32.

31 Owen Strachan, *Christianity and Wokeness: How the Social Justice Movement Is Hijacking the Gospel—and the Way to Stop It* (Washington, DC: Salem Books, 2021), 109.

32 Sergiu Klainerman, „There Is No Such Thing as 'White' Math", *Common Sense*, 21. März 2021, https://bariweiss.substack.com/p/there-is-no-such-thing-as-white-math

33 Klainerman, „There Is No Such Thing as 'White' Math".

34 Williams, *Confronting Injustice Without Compromising Truth*, 148.

35 Ewan Palmer, „'Woke Supremacy' Definition as Sen. Tim Scott Uses Phrase to Rail Against Cancel Culture", *Newsweek*, 11. März 2021, https://www.newsweek.com/woke-supremacy-definition-tim-scott-phrase-cancel-culture-1575448

36 Chrissy Clark, „Exclusive: Virginia Mother Who Delivered Fiery Takedown Of Critical Race Theory Speaks Out", *The Daily Wire*, 13. Mai 2021, https://www.dailywire.com/news/exclusive-virginia-mother-who-delivered-fiery-takedown-of-critical-race-theory-speaks-out – Siehe auch: Michael Lee, „Black mother compares critical race theory in schools to KKK tactics", *Washington Examiner*, 13. Mai 2021, https://www.msn.com/en-us/news/us/black-mother-compares-critical-race-theory-in-schools-to-kkk-tactics/ar-BB1gHtMa

37 Samantha Chang, „Black Parent Goes Off on Critical Race Theory in Impassioned School Board Speech", *The Western Journal*, 14. Mai 2021, https://www.westernjournal.com/black-parent-goes-off-critical-race-theory-impassioned-school-board-speech/.

38 Valerie Edwards, „Bi-racial high school senior who can pass for white receives failing grade after refusing to publicly confess his 'white dominance' and 'attach derogatory labels' to his race, gender, religious and sexual identity", *Daily Mail*, 11. März 2021, https://www.dailymail.co.uk/news/article-9352639/

Bi-racial-high-school-senior-looks-white-failed-refusing-confess-white-domi
nance.html

39 Strachan, *Christianity and Wokeness*, 24.

40 John Stonestreet und Glenn Sunshine, „The Heresy of Wokeness", *Salvo* #58, 56, https://salvomag.com/article/salvo58/the-heresy-of-wokeness.

41 Patrick Miller, „Truth over Tribe", The Crossing (Columbia, Missouri), January 3, 2021.

42 Voddie T. Baucham, *Fault Lines: The Social Justice Movement and Evangelical-ism's Looming Catastrophe* (Washington, DC: Salem Books, 2021), 37.

43 Baucham, *Fault Lines*, 228–229.

Kapitel 5 – Können wir etwas tun, um unsere Geschichte von Rassismus, gestohlenem Land und Kollektivschuld zu überwinden?

1 Mehr zum Thema finden Sie in Isaac Adams Buch *Talking About Race: Gospel Hope for Hard Conversations* (Grand Rapids, MI: Zondervan, 2022).

2 Michael P. Farris, *We Are Americans* (Scottsdale, AZ: Alliance Defending Freedom, 2021), 5.

3 Farris, *We Are Americans, 7.*

4 Farris, *We Are Americans*, 11.

5 Farris, *We Are Americans*, 18.

6 Den gesamten Brief von King, „Letter from Birmingham Jail", finden Sie auf der Internetseite von *The Martin Luther King, Jr. Research and Education Institute* an der *Stanford University,* https://kinginstitute.stanford.edu/sites/mlk/files/letterfrombirmingham_wwcw_0.pdf

7 Michael Ruiz, „Black Lives Matter Utah chapter calls American flag 'symbol of hatred'", *Fox News*, 7. Juli 2021, https://www.foxnews.com/us/black-lives-matter-utah-american-flag-symbol-hatred

8 Emily McFarlan Miller, „Jen Hatmaker apologizes for line in inaugural prayer critiqued as erasing Native Americans", *Religion News Service*, 21. Januar 2021, https://religionnews.com/2021/01/21/jen-hatmaker-apologizes-for-inaugural-prayer-seen-as-erasing-native-americans/

9   Xusana Davis, „EHS Speaker Series", ursprünglich angegebener Link funktioniert nicht mehr (Anm. d. dt. Hg.).

10 Black Lives Matter @Blklivesmatter https://twitter.com/Blklivesmatter/status/1463982548707524613?ref_src=twsrc%5Etfw%7Ctwcamp%5Etweetembed%7Ctwterm%5E1463982548707524613%7Ctwgr%5E%7Ctwcon%5Es1_&ref_url=https%3A%2F%2Fwww.theblaze.com%2Fblaze-news%2Fyou-are-eating-dry-turkey-and-overcooked-stuffing-on-stolen-land-black-lives-matter-declares-on-thanksgiving

11 „Edward Winslow: the unsung Pilgrim who met a tragic end", *Mayflower 400*, https://www.mayflower400uk.org/education/who-were-the-pilgrims/2019/june/edward-winslow

12 S. Wikipedia-Artikel zu den Massasoit unter: https://en.wikipedia.org/wiki/Massasoit

13 Thomas Sowell, *Discrimination and Disparities* (New York: Basic Books, 2019), 117.

14 Sowell, *Discrimination and Disparities*, 146.

15 Carol M. Swain und Christopher J. Schorr, *Black Eye for America: How Critical Race Theory Is Burning Down the House* (Be the People Books, 2021).

16 Nick Caloway, „Student petition asks Vanderbilt to suspend conservative professor", *WKRN-TV*, 9. November 2015. Die Internetseite des Senders enthielt den Artikel, er wurde jedoch entfernt.

17 Colleen Flaherty, „Carol Swain to Retire from Vanderbilt", *Inside Higher Ed*, 25. Januar 2017, https://www.insidehighered.com/quicktakes/2017/01/25/carol-swain-retire-vanderbilt

18 Jonathan Gibson, „Jonathan Edwards: A Missionary?" *themelios*, Band 36, Ausgabe 3, https://www.thegospelcoalition.org/themelios/article/jonathan-edwards-a-missionary/

19 Paul Wilkinson, „What Should We Think About Israel's 'Occupation'?", in *What Should We Think About Israel?*, Hrsg. J. Randall Price (Eugene, OR: Harvest House, 2019), 125–129.

20 „Fact Sheet: Palestinian Citizens of Israel", *Institute for Middle East Understanding*, 17. März 2021, https://imeu.org/article/fact-sheet-palestinian-citizens-of-israel

21 Emily McFarlan Miller und Tom Heneghan, „The Nazis Exploited Martin

Luther's Legacy. This Berlin Exhibit Highlights How", *Sojourners*, 20. Oktober 2017, https://sojo.net/articles/nazis-exploited-martin-luther-s-legacy-berlin-exhibit-highlights-how

22 Rede auf der Republican National Convention, Platform Committee Meeting, Miami, Florida, 31. Juli 1968.

23 Frederick Douglass, *Life and Times of Frederick Douglass* (Hartford, CT: Park Publishing, 1881), 110.

24 Douglass, *Life and Times of Frederick Douglass*, 111.

25 Farris, *We Are Americans*, 13.

26 Farris, *We Are Americans*, 14.

27 Eric Mason, „Contending for Black Souls", *Christianity Today*, Januar/Februar 2022, 46.

28 Farris, *We Are Americans*, 17.

Kapitel 6 – Lassen wir uns von der Sprache der Propagandisten täuschen?

1 Fred Holloman, zitiert nach R. Kent Hughes, *Disciplines of a Godly Man* (Wheaton, IL: Crossway Books, 1991), 119–120.

2 Hugh Trevor-Roper, Final Entries, 1945: The Diaries of Joseph Goebbels (New York: Putnam, 1978), 19.

3 Craig Groeschel, *Winning the War in Your Mind* (Grand Rapids, MI: Zondervan, 2021), 141.

4 Cathy Lowne, „Nineteen Eighty-four", *Britannica*, https://www.britannica.com/topic/Nineteen-Eighty-four

5 Michael Sheldon, „George Orwell: A Sage for All Seasons; Lesson 23, 1984: Big Brother and the Thought Police", *The Great Courses*, https://www.thegreatcourses.com/courses/george-orwell-a-sage-for-all-seasons

6 Aldous Huxley, *Brave New World and Brave New World Revisited* (New York: Harper Perennial Modern Classics, 2005), 11. Deutsch zitiert nach https://www.signaturen-magazin.de/aldous-huxley--neuer-totalitarismus.html

7 George Orwell, *Nineteen Eighty-Four* (London: Signet Classics, 1977), 4.

8 Albert Mohler, „New Words, New Moral Reality: How Changes in Language

Point to More Fundamental Moral Changes in Society", *The Briefing*, 30. März 2021, https://albertmohler.com/2021/03/30/briefing-3-30-21

9   Steve Miller, *Foreshadows* (Eugene, OR: Harvest House, 2022), 184.

10   Bernadette Hogan, Carl Campanile und Bruce Golding, „Brandeis warns students not to say 'picnic', 'rule of thumb', calling words 'oppressive'", *New York Post*, 24. Juni 2021, https://nypost.com/2021/06/24/brandeis-warns-students-not-to-say-picnic-rule-of-thumb/

11   United Nations @UN, https://twitter.com/UN/status/1262322788687323136? ref_src=twsrc%5Etfw%7Ctwcamp%5Etweetembed%7Ctwterm%5E1262322 788687323136%7Ctwgr%5E%7Ctwcon%5Es1_&ref_url=https%3A%2F%2 Freason.com%2F2020%2F05%2F18%2Funited-nations-gender-neutral-lan guage-twitter%2F

12   „PETA's Call to the 'Bullpen': Rename Outdated Term 'Arm Barn'", *People for the Ethical Treatment of Animals*, 28. Oktober 2021, https://www.peta.org/media/ news-releases/petas-call-to-the-bullpen-rename-outdated-term-arm-barn/

13   Emily Ekins, „Poll: 62 % of Americans Say They Have Political Views They're Afraid to Share", *Cato Institute*, 22. Juli 2020, https://www.cato.org/survey-reports/poll-62-americans-say-they-have-political-views-theyre-afraid-share

14   Jamie Glazov, „Our Culture, What's Left of It", *FrontPage Magazine*, 31. August 2005, https://archive.is/WBcUY

15   Supreme Court of Canada, Saskatchewan (Human Rights Commission) v. Whatcott, 27. Februar 2013, Docket 33676, https://scc-csc.lexum.com/scc-csc/ scc-csc/en/item/12876/index.do?q=151&pedisable=true&iframe=true.

16   Brittany M. Hughes, „Canadian MP Says 'Honk Honk' Is a Euphemism For 'Heil Hitler'", *mrcTV*, 23. Februar 2022, https://www.mrctv.org/index.php/ blog/canadian-mp-says-honk-honk-euphemism-heil-hitler

17   Taylor Dystart, „The Ottawa trucker convoy is rooted in Canada's settler colonial history", *The Washington Post*, 11. Februar 2022, https://www.washingtonpost. com/outlook/2022/02/11/ottawa-trucker-convoy-is-rooted-canadas-settler-colonial-history/

18   Huxley, *Brave New World and Brave New World Revisited*, 11.

19   Timothy Keller, *Generous Justice: How God's Grace Makes Us Just* (New York: Riverhead Books, 2010), 149.

20   Keller, *Generous Justice*, 169.

21 „H.R. 5—Equality Act", Congress.Gov, https://www.congress.gov/bill/117th-congress/house-bill/5

22 Gillian Flynn, *Gone Girl* (New York: Crown, 2012), 190.

Kapitel 7 – Werden wir einen Kompromiss mit der christlichen Linken eingehen?

1   Horatius Bonar, *Earth's Morning: or, Thoughts on Genesis* (New York: Robert Carter and Brothers, 1875), 365–366.

2   Lucas Miles, *The Christian Left: How Liberal Thought Has Hijacked the Church* (Savage, MN: BroadStreet Publishing, 2021), 17.

3   Yonat Shimron, „Bethany Christian Services to Allow LGBTQ Couples to Adopt, Foster Children", *Ministry Watch*, 2. März 2021, https://ministrywatch.com/bethany-christian-services-to-allow-lgbtq-couples-to-adopt-foster-child ren/

4   Albert Mohler, „Pivoting to Surrender: A Warning for All Christians", *Decision*, 1. April 2021, https://decisionmagazine.com/albert-mohler-pivoting-to-surrender/

5   Beschreibung des Buches auf der Website von InterVarsity Press: https://www.ivpress.com/can-white-people-be-saved

6   Samuel Sey, „Do Not Grow Weary Rejecting Critical Race Theory", *Slow to Write*, 11. Dezember 2020, https://slowtowrite.com/do-not-grow-weary-rejecting-critical-race-theory/

7   Alba Onofrio, „'Christian supremacy is a front for power': Reverend Alba Onofrio explains", *OpenDemocracy*, 13. Oktober 2020, https://www.opendemocracy.net/en/5050/christian-supremacy-is-a-front-for-power-reverend-alba-onofrio-explains/

8   Albert Mohler, „Considering an Argument About to Explode Before Our Eyes: Is Christianity Just Another Form of Identity Politics?", *The Briefing*, 30. April 2021, https://albertmohler.com/2021/04/30/briefing-4-30-21?mc_cid=d3c62537f3&mc_eid=286f9bc8f0

9   Dan Hayden, *Crafted by God: Examining the Divine Design of the Bible as a Living Book* (Somersault Group, 2012), 158.

10   Steve Warren, „Max Lucado Issues Apology After Coming Under Fire by LGBT Community", *CBN News*, 11. Februar 2021, https://www1.cbn.com/cbn-news/us/2021/february/max-lucado-is-cancel-cultures-latest-target-after-preaching-at-dcs-national-cathedral

11   Al Mohler, „The Question Remains—Will Christian Institutions Be Allowed to Operate According to Christian Convictions?", *The Briefing*, 31. März 2021, https://albertmohler.com/2021/03/31/briefing-3-31-21

12   Wyatt Massey, „After Lee University publicly corrects campus speaker, alumni organize to protect LGBTQ students who say they are in danger", *Chattanooga Times Free Press*, 21. März 2021, https://www.timesfreepress.com/news/local/story/2021/mar/21/after-lee-university-publicly-corrects-campus/543652/

13   Mohler, „The Question Remains—Will Christian Institutions Be Allowed to Operate According to Christian Convictions?"

14   Steve Cable, „Probe Religious Views Study 2020—Do Christians Believe in Christ as the Only Savior of the World?", *Probe Ministries*, 2. August 2021, https://probe.org/probe-religious-views-study-2020-do-christians-believe-in-christ-as-the-only-savior-of-the-world/

15   Sarah Pulliam Bailey, „In a post-Trump world, these pastors are ditching the evangelical label for something new", *The Washington Post*, 22. Oktober 2021, https://www.washingtonpost.com/religion/2021/10/22/christian-evangelical-church-post-trump/

16   A.W. Tozer, *Of God and Men* (Chicago, IL: Moody Publishers, 2015), 39.

17   Sarah E. Hinlicky, „Talking to Generation X", *Gale Academic Onefile*, Februar 1999, https://go.gale.com/ps/i.do?id=GALE%7CA53744259&sid=googleScholar&v=2.1&it=r&linkaccess=abs&issn=10475141&p=AONE&sw=w&userGroupName=oregon_oweb&isGeoAuthType=true

18   David Truman, „The Rise and Folly of Selfism", *Soul Progress*, http://soulprogress.org/html/ArticlesFolder/Articles/RiseAndFollyLONG.shtml

19   James Emery White, „The Real Reason Churches Are in Decline", *Church & Culture*, 1. November 2021, https://www.churchandculture.org/blog/2021/11/1/the-real-reason-churches-are-in-decline

Kapitel 8 – Werden wir die Fiktion einer geschlechtsneutralen Gesellschaft ablehnen?

1   Henry Blackaby, zitiert nach dem Wortlaut der Homepage von *Watchmen on the Wall*, https://watchmenpastors.org/

2   Kaylee Greenlee, „Proposed House Rules Eliminate Gendered Terms Like 'Father' And 'Daughter'", *Daily Caller*, 1. Januar 2021, https://dailycaller. com/2021/01/01/proposed-house-rules-gender-terms/

3   Emily Jacobs, „Rep. Emanuel Cleaver closes Congress' opening prayer with 'amen and awoman'", *New York Post*, 4. Januar 2021, https://nypost.com/ 2021/01/04/rep-emanuel-cleaver-closes-congress-opening-prayer-with-amen-and-awoman/

4   Christina Zhao, „Birthing People's Day? Cori Bush Debate Rages into Mother's Day Weekend", *Newsweek*, 8. Mai 2021, https://www.newsweek.com/birthing-peoples-day-cori-bush-debate-rages-mothers-day-weekend-1589846

5   Zhao, „Birthing People's Day? Cori Bush Debate Rages Into Mother's Day Weekend."

6   Andrew Mark Miller, „New Smithsonian exhibit features first 'genderless voice assistant'", *Fox News*, 27. November 2021, https://www.foxnews.com/politics/ new-smithsonian-exhibit-features-first-genderless-voice-assistant

7   John Stonestreet, „The French Resist Another Revolution... of Words", *BreakPoint*, 14. Dezember 2021, https://www.breakpoint.org/the-french-resist-another-revolution-of-words/.

8   Julianne McShane, „Here Comes the ... Broom?", *The New York Times*, aktualisiert am 21. Februar 2022, https://www.nytimes.com/2022/02/18/style/bride-groom-nonbinary.html

9   Rod Dreher, *Live Not by Lies: A Manual for Christian Dissidents* (New York: Sentinel, 2020), 41.

10 Mark McLaughlin, „Hate crime bill: Saying trans women aren't women could break the law", *The Times*, 24. November 2020, https://www.thetimes.co.uk/ article/hate-crime-bill-saying-trans-women-arent-women-could-break-the-law-9fg6cgh8v

11 Chrissy Clark, „Student Suspended From Education Program For Saying, 'A Man Is A Man, A Woman Is A Woman'", *The Daily Wire*, 25. Februar 2021,

https://www.dailywire.com/news/student-suspended-from-education-pro
gram-for-saying-a-man-is-a-man?utm_source=facebook&utm_medium=
social&utm_campaign=dwbrand

12   Clark, „Student Suspended From Education Program For Saying, 'A Man Is A
Man, A Woman Is A Woman'".

13   Albert Mohler, „'My Femininity Does Not Define Me': Historic Women's College Faces Reckoning of the LGBTQ+ Revolution as Non-Binary Students
Demand Recognition", *The Briefing*, 16. Dezember 2021, https://albertmohler.
com/2021/12/16/briefing-12-16-21

14   Colin M. Wright and Emma N. Hilton, „The Dangerous Denial of Sex", *The Wall
Street Journal*, 13. Februar 2020, https://www.wsj.com/articles/the-dangerous-
denial-of-sex-11581638089

15   Mehr dazu finden Sie auf der Website *Sex Change Regret* unter: http://sexchange
regret.com/resources/

16   Ayn Rand, *Die Tugend des Egoismus* (New York: Signet, 1964), 13.

17   Rod Dreher, *Live Not by Lies: A Manual for Christian Dissidents* (New York:
Sentinel, 2020), 17.

18   Andrew T. Walker and Denny Burk, „National Geographic's 'Gender Revolution': Bad Argument and Biased Ideology", *The Witherspoon Institute*, 6. Januar
2017, https://www.thepublicdiscourse.com/2017/01/18491/

19   Andrew T. Walker, „He, She, Ze, Zir? Navigating pronouns while loving your
transgender neighbor", *TheGoodBook*, 31. August 2018, https://www.thegood
book.co.uk/blog/interestingthoughts/2018/08/31/he-she-ze-zir-navigating-
pronouns-while-loving-you/

20   Glenn T. Stanton, *Loving My LGBT Neighbor* (Chicago, IL: Moody Publishers,
2014), 103.

21   James Emery White, „The Transgender Issue", *Church & Culture*, 6. Mai 2021,
https://www.churchandculture.org/blog/2021/5/6/the-transgender-issue

22   Jamie Dean, „Suffer the Children", *World*, 28. März 2017, https://wng.org/
articles/suffer-the-children-1617305100

23   Dean, „Suffer the Children".

24   Walt Heyer, „I Was a Transgender Woman", *The Witherspoon Institute*, 1. April
2015, https://www.thepublicdiscourse.com/2015/04/14688

Kapitel 9 - Werden unsere Kinder vom Feind indoktriniert werden?

1   Anton Carillo, „California Gov. Signs Bill Preventing Parents From Knowing If Their Kids Had Abortions, Transgender Treatment", *Christianity Daily*, 28. September 2021, https://www.christianitydaily.com/articles/13419/20210928/california-gov-signs-bill-preventing-parents-from-knowing-if-their-kids-had-abortions-transgender-treatment.htm. S. auch: California Assembly Bill AB 1184, https://openstates.org/ca/bills/20212022/AB1184/

2   Albert Mohler, „Gender Neutrality by Government Decree—Legislature of California Seeks to Push Itself Into Every Aspect of Life, Including the Toy Aisle", *The Briefing*, 9. September 2021, https://albertmohler.com/2021/09/09/briefing-9-9-21

3   Phil Ginn, „The Battle for our Children's Souls—parents must be alert to the anti-Christian agenda of the secular elites", *Decision*, 1. Februar 2022, 9.

4   „Nazi Conspiracy and Aggression, Volume 1, Chapter VII, Section 8, part A, point (1)", *Yale Law School*, https://avalon.law.yale.edu/imt/chap_07.asp

5   William L. Shirer, *The Rise and Fall of the Third Reich* (New York: Simon & Schuster, 1990), 249.

6   Illinois State Board of Education, „Illinois State Board of Education Implements New Teaching Standards to Better Serve Diverse Population of Students", 16. Dezember 2020, https://www.isbe.net/Lists/News/NewsDisplay.aspx?ID=1349

7   Alex Newman, „Pushing Parents Out, Biden Administration Further Weaponizes 'Education'", *Illinois Family Institute*, 30. Oktober 2021, https://illinoisfamily.org/education/pushing-parents-out-biden-administration-further-weaponizes-education/

8   Allison Schuster, „Speaker: Most Parents Have No Idea Their Kids' Schools Are Pushing Insane Transgender Ideology", *The Federalist*, 28. Juli 2020, https://thefederalist.com/2020/07/28/speaker-most-parents-have-no-idea-their-kids-schools-are-pushing-insane-transgender-ideology/

9   Abigail Shrier, „Employee: 'Trans-Identifying Kids Are Cash Cows' For Planned Parenthood", *The Federalist*, 11. Februar 2021, https://thefederalist.com/2021/02/11/employee-trans-identifying-kids-are-cash-cows-for-planned-parenthood/

10   Thomas Sowell, *Controversial Essays* (Stanford, CA: Hoover Institution Press, 2002), 308.

11   Dr. Michael L. Brown, „No, Juan Williams. 'Parents' Rights' Is Not a Code for White Race Politics", *Illinois Family Institute*, 3. November 2021, https://illinoisfamily.org/media/no-juan-williams-parents-rights-is-not-a-code-for-white-race-politics/

12   Brown, „No, Juan Williams. 'Parents' Rights' Is Not a Code for White Race Politics".

13   Elizabeth Elizalde, „NYC school encourages kids to stop using words like 'mom,' 'dad' in 'inclusive language' guide", *New York Post*, 10. März 2021, https://nypost.com/2021/03/10/nyc-school-encourages-kids-to-stop-using-words-mom-dad/

14   Dr. Luis Rojas Marcos, „Student Wellbeing☒", zitiert aus dem Newsletter der Numurkah Primary School, https://newsletters.naavi.com/i/PJK8K4M/issue-10/page/6

15   Melissa Moschella, „To Whom Do Children Belong? A Defense of Parental Authority", *The Public Discourse*, 16. April 2013, https://www.thepublicdiscourse.com/2013/04/9880/

16   Moschella, „To Whom Do Children Belong? A Defense of Parental Authority", *The Public Discourse*, 6. Oktober 2015, https://www.thepublicdiscourse.com/2015/10/15409/

17   Moschella, „To Whom Do Children Belong? A Defense of Parental Authority".

18   Klara Hitler, *Wikipedia*, https://en.wikipedia.org/wiki/Klara_Hitler

19   Nathan Bomey, „Ben Carson's mom, former Detroiter, is 'critically ill'", *Detroit Free Press*, 4. Mai 2015, https://www.freep.com/story/news/politics/2015/05/04/sonya-carson-detroit-ben-carson-republican-presidential-candidate/26859463/.

Kapitel 10 – Werden wir uns dem großen globalen Umbruch unterwerfen?

1   Sheri Fink, „Experts Call for Sweeping Reforms to Prevent the Next Pandemic", *The New York Times*, 12. Mai 2021, https://www.nytimes.com/2021/05/12/us/covid-pandemic.html

2   Klaus Schwab und Thierry Malleret, *COVID-19: The Great Reset* (Geneva, Switzerland: World Economic Forum, 2020), 3.

3   Schwab und Malleret, *COVID-19: The Great Reset.*

4   Klaus Schwab, „Now is the time for a 'great reset'", *World Economic Forum*, 3. Juni 2020, https://www.weforum.org/agenda/2020/06/now-is-the-time-for-a-great-reset/

5   Ceri Parker, „8 predictions for the world in 2030", *World Economic Forum*, 12. November 2016, https://www.weforum.org/agenda/2016/11/8-predictions-for-the-world-in-2030/?utm_content=bufferdda7f&utm_medium=social&utm_source=facebook.com&utm_campaign=buffer

6   Callie Patteson, „WH defends not requiring negative COVID test from illegal migrants", *New York Post*, 20. September 2021, https://nypost.com/2021/09/20/wh-defends-not-requiring-neg-covid-test-from-illegal-migrants/

7   Scott A. David, „Report: Border Patrol says 250,000 illegal immigrants 'got away' into the U.S. in the first six months", *Law Enforcement Today*, 13. Juni 2021, https://www.lawenforcementtoday.com/report-border-patrol-got-away-total-for-2021-reaching-250k-in-june/

8   Isabel Vincent, „Coyotes promise migrants cushy travel to border—then leave them for dead", *New York Post*, 18. September 2021, https://nypost.com/2021/09/18/coyotes-promise-migrants-cushy-travel-to-border-then-leave-them-dead/

9   Stef W. Kight, „Distant migrants now targeting U.S.-Mexico border", *Axios*, 26. Mai 2021, https://www.axios.com/us-border-immigration-mexico-northern-triangle-5a263f5e-eefe-4e8f-9d8e-6a9dd70ed7dd.html

10   Atossa Araxia Abrahamian, „There Is No Good Reason You Should Have to Be a Citizen to Vote", *The New York Times*, 28. Jul i 2021, https://www.nytimes.com/2021/07/28/opinion/noncitizen-voting-us-elections.html

11   Kelly Mena, „New York City gives noncitizens right to vote in local elections",

CNN, 9. Dezember 2021, https://www.cnn.com/2021/12/09/politics/nyc-non-citizens-local-elections-voting-rights/index.html

12   David Dykstra, *Yearning to Breathe Free?: Thoughts on Immigration, Islam & Freedom* (Birmingham, AL: Solid Ground Christian Books, 2006), 44.

13   David McCullough, *Mornings on Horseback* (New York: Simon & Schuster, 2007), 350.

14   Schwab und Malleret, *COVID-19: The Great Reset*, 68.

15   Schwab und Malleret, *COVID-19: The Great Reset*, 72–74.

16   Schwab und Malleret, *COVID-19: The Great Reset*, 74.

17   Schwab und Malleret, *COVID-19: The Great Reset*, 137-138.

18   Schwab und Malleret, *COVID-19: The Great Reset*, 142,151.

19   Schwab und Malleret, *COVID-19: The Great Reset*, 143,145.

20   Dr. Joseph Mercola, „Mercola: The Global Technocrat Takeover Is Underway", *Technocracy News & Trends*, 23. Oktober 2020, https://www.technocracy.news/mercola-the-global-takeover-is-underway/

21   Schwab und Malleret, *COVID-19: The Great Reset*, 160.

22   Schwab und Malleret, *COVID-19: The Great Reset*, 167, 169.

23   Michael Guillen, *The End of Life as We Know It* (Washington, DC: Salem Books, 2018), 152.

24   Guillen, *The End of Life as We Know It*, 155.

25   „Overseas organizations, individuals not allowed to operate online religious info services within the Chinese territory: regulations", *Global Times*, 21. Dezember 2021, https://www.globaltimes.cn/page/202112/1242971.shtml – Jerry An, „Chinese Christian Media Ministries Face Bitter Winter of Censorship", *Christianity Today*, 24. Dezember 2021, https://www.christianitytoday.com/ct/2021/december-web-only/chinese-christian-internet-mission-wechat-sara-religion-ban.html

26   David Rosenthal, „The Global Rise of Authoritarianism and the Social Credit (Digital Surveillance) System", *Zion's Fire*, November/Dezember 2020, 4-5.

27   Rosenthal, „The Global Rise of Authoritarianism and the Social Credit (Digital Surveillance) System", 5.

28   Thomas L. Friedman, „Our One-Party Democracy", *The New York Times*, 9. September 2009, https://www.nytimes.com/2009/09/09/opinion/09friedman.

html – Deutsch zitiert nach https://wwwmayr.in.tum.de/personen/meixner/Mausfeld-Stabilitaetssicherung-Transskript17112017.pdf

29 David E. Smith, „Illinois State Lawmakers Rescind Parental Rights, Conscience Rights", *Illinois Family Institute*, 28. Oktober 2021, https://illinoisfamily.org/politics/illinois-state-lawmakers-rescind-parental-rights-conscience-rights/

30 Gluboco Lietuva@gluboco, T*hreadReade*r, 7. Oktober 2021, https://threadreaderapp.com/thread/1446134032027176965.html

31 Guillen, *The End of Life as We Know It*, 115.

32 Guillen, *The End of Life as We Know It*, 171-172.

33 Guillen, *The End of Life as We Know It*, 119.

34 Guillen, *The End of Life as We Know It*, 121-122.

35 Guillen, *The End of Life as We Know It*, 92.

36 Guillen, *The End of Life as We Know It*, 92.

37 Guillen, *The End of Life as We Know It*, 129.

38 Guillen, *The End of Life as We Know It*, 129.

39 Guillen, *The End of Life as We Know It*, 129-130.

40 Guillen, *The End of Life as We Know It*, 99.

41 Ashlee Vance, „Mark Sagar Made a Baby in His Lab. Now It Plays the Piano", *Bloomberg Businessweek*, 7. September 2017, https://www.bloomberg.com/news/features/2017-09-07/this-startup-is-making-virtual-people-who-look-and-act-impossibly-real

42 Guillen, *The End of Life as We Know It*, 128.

43 Rory Cellan-Jones, „Stephen Hawking warns artificial intelligence could end mankind", *BBC News*, 2. Dezember 2014, https://www.bbc.com/news/technology-30290540

Kapitel 11 – Werden wir den Segen des Leidens um des Evangeliums willen annehmen?

1 Zitiert nach Eberhard Bethge, *Bonhoeffer: Exile and Martyr* (New York: Seabury Press, 1975), 155. Deutsch zitiert nach https://www.stiftung-20-juli-1944.de/reden/die-autoritat-des-endes-prof-dr-eberhard-bethge-20071972

2   Rod Dreher, *Live Not by Lies: A Manual for Christian Dissidents* (New York: Sentinel, 2020), 13.

3   Matt Walsh, „Dear Christians in America: never forget how easy you have it", *The Blaze*, 31. Mai 2017, https://www.theblaze.com/contributions/matt-walsh-dear-christians-in-america-never-forget-how-easy-you-have-it

4   Philip Miller, „The Helper", Predigt in der Moody Church, 6. Juni 2021.

5   Aus dem Newsletter von *Voice of the Martyrs* von August 2010, zitiert nach *Christian Coalition of America* unter: http://www.cc.org/blog/outrage_ground_zero_mosque_open_911_anniversary – Erstmaliger Zugriff am 12. Mai 2012, nicht mehr verfügbar.

6   „Hugh Latimer", *Wikipedia*, https://en.wikipedia.org/wiki/Hugh_Latimer#Death. Deutsch zitiert nach https://de.wikipedia.org/wiki/Hugh_Latimer

7   Marilee Hanson, „Archbishop Thomas Cranmer Death By Execution", *English History*, 4. Februar 2015, https://englishhistory.net/tudor/thomas-cranmer-death/

Epilog – Jesus lehrt uns, wie wir erfolgreich das Ziel erreichen können

1   David Bryant, „Here's How YOU Can Survive the National Chaos", *ChristNow.com*, 6. Oktober 2020, https://christnow.com/heres-how-you-can-survive-the-national-chaos/ – verwendet mit freundlicher Genehmigung.

2   Bryant, „Here's How YOU Can Survive the National Chaos".

Erwin Lutzer
Wir werden nicht schweigen
Als Christen für Freiheit und Werte eintreten

Erwin W. Lutzer bereitet in diesem Buch Christen darauf vor, ihre Überzeugungen gegen eine wachsende Flut von Anfeindungen auszuleben. Es ist frustrierend, das Gefühl zu haben, dass man die biblische Wahrheit nicht durchsetzen kann, ohne verurteilt zu werden, und es macht Angst, Zeuge zu werden, wie Empörung und Opferhaltung Respekt und Vernunft ersetzen. Wie kann man inmitten dieses Konflikts weiterhin öffentlich für Jesus Zeugnis ablegen?

Pb., 320 S., 13,5 x 20,5 cm
Best.-Nr. 271773
ISBN 978-3-86353-773-9

Rebecca McLaughlin
Das neue Credo
Fünf säkulare Glaubenssätze im Test

Die Autorin geht Botschaften unserer heutigen Zeit nach und zeigt, dass diese ein säkulares Glaubensbekenntnis sind. Sie hilft Christen zu unterscheiden, welche Überzeugungen zu bejahen und welche abzulehnen sind. Sie lädt uns zum Gespräch mit unseren Nachbarn ein, um auf die Liebe Gottes hinzuweisen, die das wahre Fundament für Vielfalt und Gerechtigkeit ist.

Die fünf Glaubenssätze: „Black Lives Matter", „Liebe ist Liebe", „Die Schwulenbewegung ist die neue Bürgerrechtsbewegung", „Frauenrechte sind Menschenrechte", „Transfrauen sind Frauen".

Pb., 192 S., 14 x 19 cm
Best.-Nr. 271822
ISBN 978-3-86353-822-4

Rico Tice
Von Jesus reden
So schön … so schwer

Mit anderen über Jesus reden? Bitte nicht! – So denken viele, wenn
es um persönliche Evangelisation geht. Die Erfahrung hat uns gelehrt, dass man mit unangenehmen Reaktionen rechnen muss, wenn
man mit anderen über Jesus spricht. Der christliche Glaube ist in
unserer Gesellschaft einfach längst nicht mehr allgemein akzeptiert.
Doch was wir dabei nicht bedenken, ist, dass gleichzeitig ein großer Hunger nach Jesus existiert und es keine größere Freude gibt als
mitzuerleben, wie Menschen ihn kennenlernen und sich von ihm
verändern lassen.

Dieses Buch will helfen, realistisch einzuschätzen, womit wir rechnen müssen, wenn wir Jesus bekennen, möchte aber gleichzeitig
ermutigen und anleiten, wie man das Evangelium umfassend und
verständlich weitergeben kann.

Tb., 160 S., 11 x 18 cm
Best.-Nr. 271763
ISBN 978-3-86353-763-0

John C. Lennox
Gegen den Strom
Von Daniel lernen, unangepasst zu leben

Daniel praktizierte seinen Glauben öffentlich in der pluralistischen
Gesellschaft Babylons. Würde er heute leben, stünde er an vorderster
Front in einer öffentlichen Debatte, in der die Ausübung des Chris-
tentums zunehmend ins Private abgedrängt wird. Was gab ihm die
Kraft und Überzeugung, gegen den Strom zu schwimmen, oft unter
großem Risiko?

Gb., 592 S., 13,5 x 20,5 cm
Best.-Nr. 271795
ISBN 978-3-86353-795-1